设计教育
创新与实践丛书

# 融合创新创业教育的高校环境设计专业课程体系构建与实践

曾丽娟 著

RONGHE CHUANGXIN CHUANGYE JIAOYU DE

GAOXIAO HUANJING SHEJI ZHUANYE

KECHENG TIXI GOUJIAN YU SHIJIAN

中国水利水电出版社
www.waterpub.com.cn
·北京·

**图书在版编目（CIP）数据**

融合创新创业教育的高校环境设计专业课程体系构建与实践 / 曾丽娟著. -- 北京：中国水利水电出版社，2022.11
（设计教育创新与实践丛书）
ISBN 978-7-5226-1065-8

Ⅰ. ①融… Ⅱ. ①曾… Ⅲ. ①高等学校－创造教育－研究－中国②高等学校－环境设计－教学研究 Ⅳ. ①G640②TU-856

中国版本图书馆CIP数据核字(2022)第204570号

| 书　　名 | 设计教育创新与实践丛书<br>**融合创新创业教育的高校环境设计专业课程体系构建与实践**<br>RONGHE CHUANGXIN CHUANGYE JIAOYU DE GAOXIAO HUANJING SHEJI ZHUANYE KECHENG TIXI GOUJIAN YU SHIJIAN |
|---|---|
| 作　　者 | 曾丽娟　著 |
| 出版发行 | 中国水利水电出版社<br>（北京市海淀区玉渊潭南路1号D座　100038）<br>网址：www.waterpub.com.cn<br>E-mail: sales@mwr.gov.cn<br>电话：(010) 68545888（营销中心） |
| 经　　售 | 北京科水图书销售有限公司<br>电话：(010) 68545874、63202643<br>全国各地新华书店和相关出版物销售网点 |
| 排　　版 | 中国水利水电出版社微机排版中心 |
| 印　　刷 | 北京市密东印刷有限公司 |
| 规　　格 | 170mm×240mm　16开本　13.5印张　214千字 |
| 版　　次 | 2022年11月第1版　2022年11月第1次印刷 |
| 定　　价 | **68.00元** |

凡购买我社图书，如有缺页、倒页、脱页的，本社营销中心负责调换
**版权所有·侵权必究**

# 内 容 提 要

　　创新创业教育环境下，高校专业教学和学生专业优势、能力体现得更加明显，知识融合互补多元化，促使专业人才培养具有新时代特点。创新创业教育融合高校环境设计专业人才培养模式，使大学生在毕业就业前获得了创业模拟和思维锻炼，通过明确就业方向的项目训练，提前进入了职业生涯规划。创新创业教育为高校大学生提供解难题、汇众智、集群思的众创空间，以此平台将学生与企业、科研单位通过"共建、共享、协同、融合"等理念共同推动科技成果的研发与转化，最终实现高质量人才培养目标。本书通过对高校环境设计专业设置与人才培养现状问题剖析和对高校环境设计专业创新创业教育现状与问题的分析，探讨高校环境设计创新创业教育模式与途径、课程体系构建与创新创业训练项目实践。本书的特色在于：

　　**剖析高校环境设计专业创新创业教育现状与问题。** 本书在对环境设计专业创新创业教育实施背景进行深入调研分析的基础上，提出高校环境设计专业创新创业教育目前主要存在创新创业教育平台课程设置针对性不强、缺乏相应的复合型师资队伍和相应教材、专业课程与创新创业教育融合缺乏整体构建以及大学生创新创业实践活动文化支撑有待完善等问题，并进一步分析得出目前高校环境设计专业大学生创新创业存在创新创业热情不高、创业失败率高和面临融资困难等现状。

　　**聚焦高校环境设计创新创业教育模式与途径。** 基于以上存在的问题与现状分析，本书力图通过深化创新创业教育理念对环境设计专业教学的覆盖、打造具有创新创业意识的环境设计专业师资队伍、加强实践环节教学，彰显环境设计专业教学特色，以及建立环境设计专业创新创业平台，拓宽学生创新创业空间的方式，探索高校环境设计创新创业教育模式与途径。

　　**构建融合创新创业教育理念的梯级式专业课程体系。** 本书以课程体系构建为抓手，将创新创业教育理念渗透、融合与密切关联在专业课程知识体系中。融合创新创业教育理念的环境设计专业梯级课程体系分三个阶梯实施：第一阶梯是创意构思——大一大二创意思维形成期；第二阶梯是创新训练——大三创新训练期；第三阶梯是创业实践——大四创业实践期。构建大学生创新创业训练与实践课程，需依托地区特色和学校平台优势，有针对性地开展相关训练项目实践。

　　本书可供高等院校环境设计、建筑学、风景园林和艺术设计等相关专业的师生参考，也可供高校创新创业教育研究人员和管理人员使用。

# 前　言

耶鲁大学校长理查德·查尔斯·莱文说："真正的教育不传授任何知识和技能，却能令人胜任任何学科和职业。"高校创新创业教育，亦是如此。互联网的快速发展促使人类世界信息互通有无，人们可以通过媒体迅速、便利地获取和学习某个知识点；通过互联网信息，对某项技术技能甚至可以无师自通，自学成才。快速发展的世界，让象牙塔中的学子们深感压力：一方面，繁重的学业不能让学生过多地投入到社会实践中；另一方面，社会日新月异的快速变化，又迫使学生不得不挤压学习时间投身社会实践去检验专业前沿领域理论。因此，如何在高校教育中融合创新创业教育的理念，与学生专业学习、社团活动、校园生活形成有机体，将创新创业教育从顶层设计落实到底层课程教学中，让学生具备创新创业能力，毕业后无论是否从事本专业职业，面对日新月异的世界，依然能轻松胜任。这值得从事教育事业的我们深思。

创新创业教育在我国虽然经历了30多年的发展历程，但由于专业结构、发展特点不一样，与社会行业合作方式等也有所区别，高校环境设计专业创新创业教育仍然处于起步阶段，在探索中前行。原因是教育因人因校而异，没有标准模板。各个地区的经济发展、产业结构、行业势头、高校专业教师师资队伍、社会资源等都存在差异性，因此不能因学校建立创新创业二级学院、教研室修改制定新的人才培养方案即可实现专业创新创业教育，而是需要一个实践检验之后反复修正的改革过程。高校环境设计创新创业教育与社会发展密切相关，受到新冠肺炎疫情的影响，尤其是房地产行业低迷的影响，环境设计专业教育也应更积极主动地结合创新创业教育理念进行教育教学改革和学科建设。

本书探讨高校环境设计专业创新创业教育，通过剖析高校环境设计专业设置与人才培养存在的问题、高校环境设计专业创新创业教育现状与问题，探讨了高校环境设计创新创业教育模式与途径和融合创新创业教育理念的环境设计专业课程体系构建，并展现了多个大学生创新创业训练项目实践案例。基于广东主要高校环境设计专业人才培养方案现状调研的基础上，本书选取华南师范大学、广东财经大学、广东第二师范学院、仲恺农业工程学院和广东技术师范大学五所高校的环境设计专业人才培养方案为切入点，结合笔者主讲的大量翔实的课程案例和参赛实践案例，阐述创新创业教育如何渗透到专业课程设计、教学内容、教学组织和教学实践当中，最终归纳总结出高校环境设计创新创业教育是如何实施与实践的若干理论，实现更好地推动环境设计专业的改革建设，以获得更好的育人成效，在社会主义新时代，培养出更接地气的优秀人才。

　　本书的创作缘起有感于创新创业教育在高校各个专业的改革与建设、融合与借鉴取得的飞速惊人的发展。创作的缘由主要有两方面，一方面是个人多年科研教学成果的积累。"互联网＋"大学生创新创业大赛、挑战杯等比赛的举办，以及社会企业对专业人才培养、课程实施的不断渗透，促使很多有创意、有社会价值和意义的想法经过不同专业背景的学生的头脑风暴，很自然地出现在笔者的日常教学活动中。在与学生组成参赛团队，参与各级各类创新创业比赛的过程中，笔者见证了学生们在创意创新创业能力方面的提升。这些教学活动为本书的撰写积累了丰富的素材，也为获得教育部、省级、市级重点创新创业教育教学类科研项目立项提供了扎实的支撑材料。另一方面，也是更为重要的一点：虽有前人相关论文文献对环境设计创新创业教育教学进行了局部的探讨，但并未见此类更为全面的理论研究专著出版，以至在学术上留下了研究空白，为笔者的进一步创作提供了契机。综合以上因素，基于前人的重要研究基础与结合笔者的前期积累，于去年初正式进入展开本书的撰写工作，并在繁忙的教学工作与生活的零碎时间中完成。本书的创作，既是笔者提升个人学术理论水平的实践机会，又是一次深刻的学术探索之旅。借本书出版之际，期待书中内容能对同类专业师生与同行读者起到一些借鉴作用。

本书的创作，得益于广东技术师范大学吴健平、陈静敏、张璐璐、陈超、周峻岭、陈国兴、陈春娱、王牧宇、吕阿霍、陈怡和华南农业大学佘美萱、华南师范大学常娜、仲恺农业工程学院许树贤等诸位老师的宝贵意见。在与他们的日常教学工作学习与学术交流讨论中，坚定了笔者撰写本书的初心，感谢他们在背后一直给予的支持与帮助。感谢华南师范大学、广东财经大学、广东第二师范学院和仲恺农业工程学院等高校，以及广州尚诺柏纳空间策划事务所、广州芳村市政园林建设有限公司和广州华之尊光电科技有限公司等企业在高校人才培养方案和创新创业训练项目调研中提供的宝贵资料，感谢研究生王泊静、钟子欣和本科生邓长景的图片整理工作，同时，也要感谢中国水利水电出版社为本书提供出版的机会与大力支持。

限于笔者的水平，难免有疏漏之处，恳请各位前辈、同仁批评斧正，不吝赐教。谢谢！

曾丽娟

2022年夏于广州

本书为2018年度广东省教育科学"十三五"规划项目"创新创业教育导向的广东环境设计专业核心课程体系构建研究"（2018GXJK099）和2019年度广州市高校创新创业教育项目课程与教学研究重点项目"基于大学生创新创业训练项目的环境设计专业梯级课程体系构建"（2019KC115）的研究成果。

# 目　录

前言

**第一章　创新创业教育概述** …………………………………… 1
    一、相关概念辨析 ………………………………………………… 1
    二、国内外高校创新创业教育研究现状 ………………………… 4
    三、我国高校创新创业教育应对策略 ………………………… 20
    参考文献 ………………………………………………………… 27

**第二章　高校环境设计专业设置与人才培养** ………………… 29
    一、环境设计及其专业 ………………………………………… 30
    二、国内外环境设计专业设置现状 …………………………… 32
    三、高校环境设计专业人才培养方案研究 …………………… 34
    四、高校环境设计专业课程设置现状分析 …………………… 39
    五、高校环境设计专业人才培养存在的问题 ………………… 42
    参考文献 ………………………………………………………… 43

**第三章　高校环境设计专业创新创业教育现状与问题** ……… 45
    一、环境设计专业创新创业教育实施背景调研分析 ………… 46
    二、高校环境设计专业创新创业教育现状 …………………… 63
    三、高校环境设计专业创新创业教育存在问题分析 ………… 71
    四、高校环境设计专业大学生创新创业现状分析 …………… 74

参考文献 ……………………………………………………………… 75

## 第四章　高校环境设计专业创新创业教育模式与途径 …………… 77
　　一、创新创业机制构建和氛围营造 …………………………… 77
　　二、创新创业教育与专业人才培养相结合 …………………… 80
　　三、创新创业教育与教学模式改革相结合 …………………… 85
　　四、高校环境设计专业开展创新创业教育模式构建 ………… 88
　　五、以创新创业能力为核心的环境设计专业应用型课程改革 … 92
　　参考文献 ……………………………………………………………… 96

## 第五章　融合创新创业教育的环境设计专业课程体系构建 ……… 98
　　一、"创意构思—创新训练—创业实践"梯级专业课程体系构建 … 98
　　二、"互联网＋"新时期体现以学生为中心的教育教学模式 …… 111
　　三、校企合作共建共享资源平台全方位课程构建 …………… 127
　　四、特色创新课程构建案例 …………………………………… 129
　　五、课程教学成果展览 ………………………………………… 155
　　参考文献 ……………………………………………………………… 166

## 第六章　高校环境设计专业大学生创新创业训练项目实践 ……… 167
　　一、依托粤港澳大湾区发展建设特色创新人才培养 ………… 167
　　二、依托区域特色打造"创新创业＋"共享平台 …………… 169
　　三、依托学校平台优势开展大学生创新创业训练项目 ……… 175
　　四、广东高校大学生创新创业实践及比赛成果展示 ………… 187
　　参考文献 ……………………………………………………………… 204

# 第一章 创新创业教育概述

## 一、相关概念辨析

### (一) 创新教育和创业教育的内涵

#### 1. 创新与创新教育

"创新"这一概念与经济学、社会学、管理学等多个领域相关。创新有革故鼎新、创造发明的意思。从哲学上看,创新既包括肯定,也包括否定,创新的核心是矛盾。创新的内涵丰富,并且随着社会的发展而不断变化[1]。从技术创新层面出发,熊彼特教授认为:"创新"意味在生产体系中,实现生产要素的新组合,如图1-1所示。这些新组合包括五种,其核心是"新"[2]。

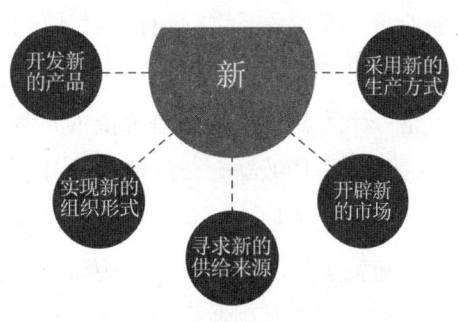

图1-1 生产要素的五种新组合

在创新的本质这一问题上,马克思认为,创新是一种求新求异的创造性实践活动,它是一种较高级较复杂的劳动,体现了人的本质力量。与其他的实践活动相比,创新对人的知识和智慧提出了更高的要求,这意味着需要付出更多的时间和精力,创造的社会价值也要更大,因而是一种高级形式的实践活动。创新要求人面对新情况时,不断破除旧观念和旧理论,发现事物的新属性和新规律,并且灵活运用事物的新属性和新规律进行发明创造[3]。

创新在实践中发展,它是人类主观能动性的高级表现形式,是人有目的的创造性实践活动。如今,创新已成为促进经济发展与社会进步的原动

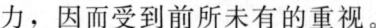

力,因而受到前所未有的重视。

创新教育(Innovation Education)的定义有上百种,是一个具有高度争议性的概念。目前,创新教育的定义在国际上大致分为广义和狭义两大类,狭义的创新教育指以培养具备创新精神、意识、素养、能力的创新人才为目标的教育活动;广义的创新教育指以培养学生的创新素养,旨在最大限度地激发学生的创造力而开展的一种新型教育活动,这有别于守旧式的、填鸭式的教育形式。

**2. 创业与创业教育**

创业与创业教育的概念在学界颇具争议,下文将借鉴国内外相关文献,分析创业和创业教育的内涵。

《辞海》对创业的解释为"创立基业"。具体来说,创业是创业者对其所拥有的资源进行优化整合,从而实现更大经济或社会价值的过程。广义的创业不仅仅指建立企业,还兼有经济、政治和社会意义[4]。并且,创新与创业是"双生关系"[5]。有学者认为创业是一种思考、推理和行动的方法,它不仅要受机会的制约,还要求创业者有缜密的思路和平衡的领导艺术。创业还是一个不断更新的创造价值的过程,创业者在价值创造过程中,将整个经济这块蛋糕越做越大,并使整个社会都能从中获益。创业能为所有的参与者和利益相关者创造、提高和实现价值,或使价值再生[6]。孙惠敏、陈工孟在综合相关文献的基础上,认为研究者主要从人格特质、活动、过程和结果三个不同的视角对创业进行定义,他们认为创业是一个丰富的概念,是一种综合的实践活动,是一种思维方式和行为模式,其核心在于创新[2]。

创业教育始于美国,它被联合国教科文组织称为教育第三本护照。创业教育可证明一个人的事业心和开拓技能。创业教育有狭义和广义之分。狭义的创业教育的核心在于培养学生创办新企业的能力,与职业规划紧密联系,偏重于培训和就业,未上升到意识高度,仅注重技能、技巧和资源。而这种把创业教育"窄化"为"培养未来企业家的教育"显得有失偏颇[5]。广义的创业教育的核心在于培养具有创业品质的开创性人才,重视学生创业意识、能力的培养,关注学生的终身学习能力和社会责任感。有学者认为创新教育目前侧重理念层面,它需要实质内容作为支撑;而创业教育具有较浓厚的商业意义[7]。

现如今,创业教育呈快速发展的态势,成为全球教育改革发展的一大潮流。

**3. 创新与创业的关系**

"创新创业"的提法最早由李克强总理在 2014 年 9 月召开的夏季达沃斯论坛上，提出了"借改革创新的'东风'掀起'大众创业''草根创业'的新浪潮……通过发挥各类专业人才和各类技能劳动者的聪明才智，形成'万众创新''人人创新'的新势态"[8]。在社会与高校中，"双创"的概念越来越深入人心，相关的理论研究成果、项目孵化也越来越多。创新和创业两者有什么关联？为何人们习惯将两者联系起来。首先，创新的英文是"innovation"，原词蕴含着更新和变化的意思。因此，创新的含义体现了它并不来源于一时的灵感或凭空而来的意念，更倾向于将旧的产品或服务更新以赋予新的价值。创业，最简单的解释就是创办一家新企业，其目的是以产品或服务来满足客户的需求，同时也让创业者自己的需求（如金钱、名誉或成就感等）得到满足。创业过程中，创意和创新必不可少，创业者通过创新创造价值、获取收益的过程，实际上就是创业的过程[9]。可见，两者在本质上是一样的，即都要具有开创新颖且能产生积极作用的做法或结果[10]。两者在内涵上各不相同，但却互相联系，具有同等的重要性，如图 1-2 所示。

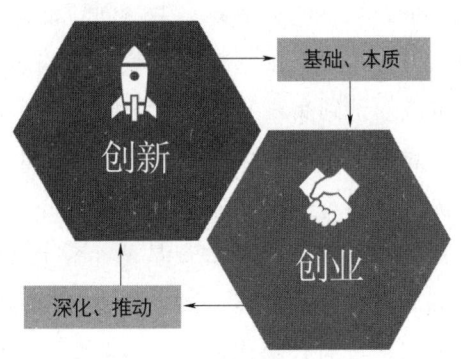

图 1-2 创新与创业关系

**（二）创新创业教育的内涵**

创新创业教育是社会经济和教育改革发展过程中的时代产物，也是符合时代发展而形成的一种新型教育观念及教育形式，其目标是培养与时俱进的高素质人才。目前，人们对于创新创业教育的认识还不够全面和深入，普遍存在两种偏差：一是创办企业论，认为创新创业教育就是教学生怎样创办企业，为了提高就业率和促进社会经济发展；二是第二课堂论，认为创新创业教育就是开展相关实践活动，锻炼学生的实践能力。

创新创业教育涉及多个学科，包括经济学、管理学、艺术学、心理学、社会学、哲学和法学等，是一种综合性的教育。此外，创新创业教育与素质教育、专业教育密切相关,三者在目标层面存在一定的一致性。

王占仁认为"创新创业教育"既包涵了创新教育、创业教育的科学内涵,又不与二者简单等同,是综合性、系统性的教育[10]。杨冬、孙士茹认为创新创业教育是一个有机耦合了创新教育和创业教育科学内核的整体性、综合化系统,是一种新型教育理念与范式[11]。王洪才则认为创新创业教育兼具通识教育和专业教育的品性、合作教育和终身教育的旨趣,而其逻辑起点则是一种主体性教育[12]。

创新创业教育在不同文化背景下的内涵是不同的,它包含了个体和公众不同的价值判断。

### (三)创新教育、创业教育与创新创业教育的关系

创新教育注重培养学生的创新意识、创新思维,养成创新人格,形成创新能力,而创业教育则是对创新教育的进一步延伸和实用化,实现从意识、思维或理论到实践的转化。虽同为教育,两者也存在差异:创新教育更侧重于人意识层面上的培养及开发;而创业教育则更侧重于人实践层面上的培养及提升。两者密切结合才能相辅相成,且两者的共性要远远大于其个性。

创新教育与创业教育是两个密切相关的概念,从二者关系上看,二者目标取向和作用高度一致,都注重学生的创新精神和实践能力的提高,都是知识经济时代提出的重要课题,都重视培养学生的终身发展能力。此外,二者在内容结构上相辅相成,创新是创业的基础,创业是创新的表现形式。

创新创业教育是一个综合系统,它具有创造性、创新性和实践性,是一种新型教育范式。创新创业教育对于促进经济社会发展具有重大意义,是实现高等教育内涵式发展的关键。

## 二、国内外高校创新创业教育研究现状

### (一)国内高校创新创业教育研究现状

#### 1. 国内创新创业教育发展历程

创新创业教育在我国有30多年的发展史。对于我国创新创业教育发展历程,不同的学者基于不同标准进行了不同的划分,其发展整体呈不断系

统化、深入化与优化。

孙惠敏、陈工孟认为我国创新创业教育发展分为四个阶段[2]，如图1-3所示。

图1-3 孙惠敏和陈工孟划分的我国高校创新创业教育的四个阶段

高雅认为我国的创新创业教育大概经历了五个阶段[13]，这五个阶段大致可以归纳为起步阶段、启蒙阶段、政策提出阶段、育人论阶段和育才论阶段，具体发展特征如图1-4所示。

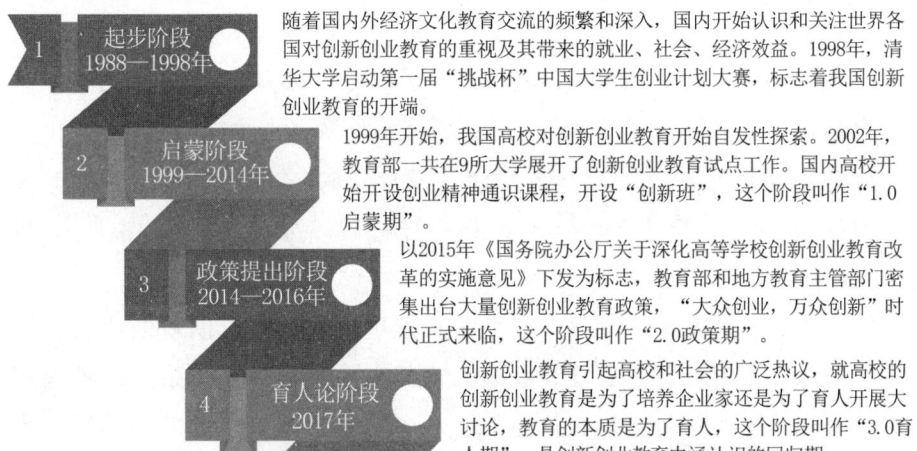

图1-4 高雅划分的我国创新创业教育五个阶段

杨冬依据我国创新创业教育政策变迁，认为我国创新创业教育发展分为四个阶段[14]，如图1-5所示。

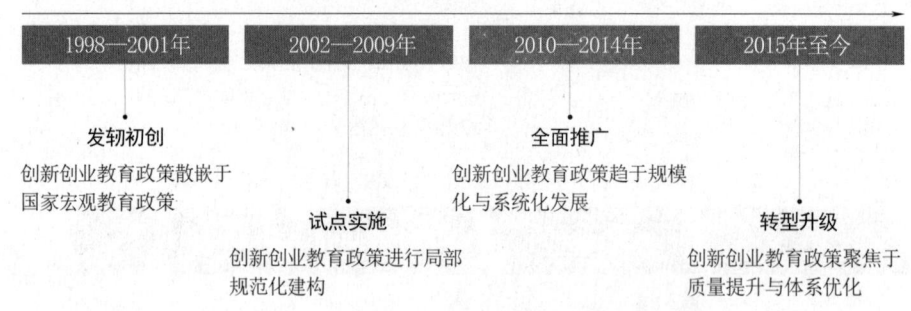

图1-5 杨冬划分的我国创新创业教育四个阶段

从"发轫初创"阶段表现出的陌生感、相关政策不健全和不受重视，到"试点实施"阶段，国家政策虽缺乏对创新教育与创业教育的有机统一及其制度性确认，也有待进一步完善与发展，但创新创业教育开始逐步实现规范化；到"全面推广"阶段，政府为推动创新创业教育发展出台了一系列政策，创新创业教育在意识和实践层面都有了质的飞跃，但仍存在实践与政策要求不相同步的问题；最后到"转型升级"阶段，政府通过一系列政策措施的制度深化创新创业教育改革，注重其内涵式发展，力求构建与社会发展需求相适应的创新创业教育体系，使创新创业教育得到质的提升，是我国创新创业教育政策和体系相互完善、相互促进发展的历史进程。为更清楚地了解从1998年至今这四个发展阶段我国出台的创新创业教育政策，笔者按时间顺序，将杨冬阐述的我国教育政策的发展绘成图，以更清楚地了解其变迁过程，如图1-6、图1-7和图1-8所示。

综上所述，国家对创新创业教育越来越重视，各方对创新创业教育的认识渐趋深入，创新创业教育经历波浪式前进的过程，其体系建设日趋完善。政策涉及层面不断优化、具体化，从个别到全体，由分散到系统。政策的不断发展与完善有力地为我国创新创业教育发展保驾护航，为创新创业教育的持续开展与实施提供了宏观指引与行动指南，同时对其具有规范性与约束性。创新创业教育在系统化的政策指引下在日常实践与检验中日趋完善。

第一章 创新创业教育概述

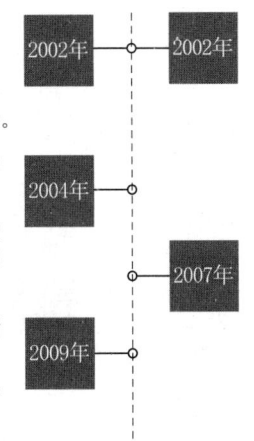

**《关于进一步深化普通高等学校毕业生就业制度改革有关问题的意见》** 2002年

提倡大学生自主择业和创业，并予以简化工商和税收等行政审批手续支持。

**《关于在部分高等院校开展"创办你的企业"培训课程试点的通知》** 2004年

遴选出37所有创业教育基础的高校开展大学生"创办你的企业"培训课程试点。

**《关于批准2008年度人才培训模式创新实验区建设项目的通知》** 2009年

认证了32个创新创业教育类人才培养模式创新实验区，着力构建高质量、多样化的创新创业人才培养体系。

2002年 **《创业教育试点工作座谈会纪要》**

以试点形式在9所高校开展创业教育。

2007年 **《大学生职业发展与就业指导课程教学要求》**

将创业教育纳入高校课程教学计划和学生职业发展与就业指导板块，并就下设的教学目标、内容和方法作出了规定性说明。

图1-6 "试点实施"阶段创新创业相关政策

**《关于成立2010—2015年教育部高等学校创业教育指导委员会的通知》** 2010年4月

决定成立教育部高等学校创业教育指导委员会，大力推进高等学校创业教育工作，加强对高校创业教育工作的宏观领导，充分发挥专家学者的研究和指导作用。

**《关于大力推进高等学校创新创业教育和大学生自主创业工作的意见》** 2010年6月

提出要大力推进高等学校创新创业教育工作：加强创业基地建设，打造全方位创业支撑平台；进一步落实和完善大学生自主创业扶持政策，加强创业指导和服务工作。

**《关于全面提高高等教育质量的若干意见》** 2012年3月

明确提出加强创新创业教育和就业指导服务，把创新创业教育贯穿人才培养全过程。

2010年5月 **《关于实施大学生创业引领计划的通知》**

要求各高等院校积极建立创业学院，从而实现创业教育专业化、制度化、规范化。将创业教育融入人才培养体系，贯穿人才培养全过程，推动在校大学生普及创业教育。

2012年2月 **《关于做好"本科教学工程"国家级大学生创新创业训练计划实施工作的通知》**

在制度层面规定以项目制方式、通过专项资金资助，基于创新训练、创业训练和创业实践三大模块推行国家级大学生创新创业训练计划（简称"国创计划"）。

2012年8月 **《普通本科学校创业教育教学基本要求（试行）》**

各地各高校要按照要求，结合本地本校实际，精心组织开展创业教育教学活动增强创业教育的针对性和实效性。对教学目标、原则、内容、方法、组织作出明确要求。

图1-7 "全面推广"阶段创新创业相关政策

7

《关于大力推进大众创业万众创新若干政策措施的意见》
提出推进大众创业、万众创新要按照"四个全面"战略布局，坚持改革推动。加快实施创新驱动发展战略；从九大领域、30个方面明确了96条政治措施。

《关于推动创新创业高质量发展打造"双创"升级版的意见》
指出要进一步优化创新创业环境，大幅降低创新创业成本，提升创业带动就业能力，增强科技创新引领作用，提升支撑平台服务能力，推动形成线上线下相结合等方面，为实现更充分就业和经济高质量发展提供坚实保障。

《关于深化高等学校创新创业教育改革的实施意见》
明确了人才培养质量标准、培养机制、课程体系、教学方法和考核方式等改革重点方向，就地方和高校重视不够，理念滞后，与专业教育结合不紧，与实践脱节，教师意识及能力等方面提出意见。

《关于加快构建大众创业万众创新支撑平台的指导意见》
提出以众智促创新、以众包促变革、以众扶促创业、以众筹促融资等重大发展方向和17条重点举措，旨在激发全社会创新创业热情，指导"四众"规范发展，进一步优化管理服务。

图 1-8 "转型升级"阶段创新创业相关政策

## 2. 国内创新创业教育面临的困境

当今我国创新创业教育还面临诸多困境，创新创业教育仅完成了初步的制度化建构，仍处于模仿借鉴和边实践边改革阶段，尚存在底子薄、根基弱、经验少等问题，发展中存在功利主义倾向。尽管我国创业教育建设取得了一些成效，但从总体看，尤其是与部分发达国家或地区相比，我国创业教育目前尚处于初级阶段，仍存在许多问题。

有学者指出，创新创业教育内涵式发展面临着多重困境[11]。张绍丽、郑晓齐指出当前高校创新教育、创业教育、专业教育存在明显的分立，主要体现在教育理念、课程设置、师资配备、管理归口这四个方面[7]。马永斌、柏喆认为我国创新创业教育模式匮乏，主要体现在课程设置、师资队伍、评估模式、支撑体系建设存在不足[15]。

（1）创新创业目标功利性和本体认识偏差。在我国，人们普遍对创新创业教育认识尚浅，更有甚者将其等同于就业教育，忽略其实质内涵，存在以功利性为价值导向的问题。在早期，受"就业教育"理念影响，一些高校仅关注学生创业技能的获得与提升而非创业意识和精神，关注学生创立的公司的数量而非质量，这就导致存在大量的低层次的生存性创业，由此而建立的公司通常寿命短，容易被市场淘汰。学生在这种功利性的价值导向下，很难具备创业能力，把握创业机会。

创新创业教育是在国家"双创"战略下产生的一种内涵丰富的教育理念及模式，人们对其内涵普遍存在认识偏差。具体表现为：人们在落实创新创业教育时，只是将其视为一种纯粹的实践活动，而非一种教育理念；只是将其视为第二课堂，而非一种整体性的教育模式。此外，由于部分教育者将教育等同于传授知识，认为唯有可以具体的知识才能向学生传授，否则就无关紧要，这致使创新创业教育不受重视，其有效落实存在重大阻力，最终导致创新创业教育举步维艰，严重阻碍创新创业教育的效果达成。

（2）政策缺乏针对性。各级政府出台的一系列相关政策措施大都是面向全社会，针对性地面向高校学生的则是凤毛麟角，且已有的针对性文件也相对零散，缺乏系统性。国家在2010年和2015年先后出台了两个纲领性文件来大力支持创新创业教育的实践开展，各级政府也纷纷颁布了相应的实施细则和配套文件，但除教育部门外，其他各部门参与度低，没有形成体系，部分还停留在表面，不够深入，难以付诸实践。此外，创业是一项复杂的工程。在学校内部，创新创业教育需要各部门的协调合作，而一些学校内部各部门职责相互脱节，缺乏联动机制，这种缺乏系统性的创业教育难以有效实施。虽然国家出台了鼓励大学生自主创业的优惠政策，但是社会各界并没有形成联动机制，进而导致政策的可操作性不强。

（3）创新创业文化氛围缺乏，学生创新创业意识薄弱。创新创业氛围的营造是激发高校学生创新创业意识至关重要的一步，创新创业教育理念若能够有机融入高校文化环境，有利于在高校中形成一种生生不息的创业精神，从而影响更多的学生。很多高校普遍关注"硬实力"，而忽略了"软环境"的重要性，这对学生创新创业人格的养成构成阻碍。此外，高校采取的措施难以唤醒学生对创新创业的兴趣，尚有大量学生的参与度低，缺乏对创新创业的认识和实践，缺乏相应的创新品质。同时，创新创业教育与专业教育两者"顾此失彼"的失衡现象仍广泛存在。部分学生只是被动地接受创新创业课程来获得学分,缺乏内驱力,对创新创业的认识极为粗浅。

(4)高校创新创业师资队伍建设亟待加强。当前,各高校普遍都对创新创业教育工作予以重视,但薄弱的师资力量难以担负和推进创新创业教育的高质量发展。具体而言,创新创业教育注重能力和实践,只有理论与实践兼备的"双师型"教师才能在创新创业课程教学中更有效地促进广大学生对创新创业的深入学习。然而,高校教师大都缺少相关社会阅历,加之对该教育缺乏深入思考,授课形式枯燥,这导致高校创新创业教育无法跳出低水平的"泥淖"。此外,部分高校虽外聘教师,但由于没有配套的管理考核制度,而存在诸多问题。

(5)创新创业类课程体系建设碎片化,不成体系。我国许多高校已把创新创业教育纳入正规的教学计划中。但是,整体上,我国创新创业教育课程体系还相当不健全。目前,虽然各高校均按政府相关要求将创新创业的课程列入教学大纲与计划,但由于缺乏与专业教育的科学衔接和深度融合,相关课程建设存在不完善之处,例如创新创业课程设置不连贯、课程内容浅薄、授课方式不合理等,这些问题已成为制约创新创业教育有效实施的重要因素。创业课程与其他课程之间以及创业课程内部的逻辑性有所欠缺。在以第二课堂形式开展实践中,由于所需成本高,受资金、场地、设备等方面的限制,导致创新创业实践覆盖面窄,校际差异大,无法保证让全体学生从中获益。在课程的受众方面,我国创新创业教育对研究生的培养存在一定的忽视,大都面向本科生。相比美国的百森商学院全方位、多层次的创业教育,我国创新创业教育还存在着差距。从学科角度讲,创新创业教育作为一个综合性学科,涉及的学科范围相当广泛,因此要着重引导学生意识层面的构建。此外,受知识本位论的深度影响,很多高校开设的创新创业课程重知识,轻实践,这大大降低了创新创业课程的实施效果。因此,要重视设置完善的实践课程,以促进学生知识与实践有机结合。

(6)校企合作和实践平台供给不足。学校与企业和平台的关系如"基础"与"应用",需要不断地在实践应用中获得基础能力的锻炼与突破。创新创业教育以"实践为导向",注重能力的培养,是一种包括知识、技能、应用能力提升及成果转化的教育模式,这种模式的形成离不开校校、校企、校地间的协同,需要专业化平台的助力。大部分高校的创新创业教育仅仅局限于课上教学之中,并未注重课上、课下有效衔接,校内、校外有机结合,导致创新创业教育不成体系。此外,创新创业相关基础设施有待完善,相关基础设施及场地不足,且利用率低,实践平台无法起到多维联动、资源共享等功能。

### (二) 国外创新创业教育研究现状

**1. 国外创新创业教育模式及特点**

(1) 国外高校创新创业教育模式。

国外创新创业教育模式大体上可分为四类,分别是聚焦模式、磁石模式、辐射模式和混合模式[16]。"聚焦模式"培养对象主要指向商学院学生,开展创业教育所需的人力、物力和财力资源全部由商学院和管理学院负责,课程内容具有系统化和专业化的特点,是早期的一种传统教育模式,具有指向性和纯粹性,典型的代表如美国哈佛商学院和荷兰鹿特丹商学院;"磁石模式"面向广大对创新创业教育有兴趣的学生,该模式的管理机构同"聚焦模式"一样,都是商学院或管理学院的创业教育中心,"磁石模式"通过创业教育中心,整合资源和技术吸引全校学生进行学习与实践,学生可以基于自身兴趣对创业课程进行选修或辅修,具有很高的开放性,典型代表有美国麻省理工学院、百森商学院、法国图卢兹商学院和里昂商学院等;"辐射模式"的受众更为广泛,它面向全校师生,以创新创业氛围吸引和鼓励师生参与实践活动,通过在全校范围内成立的创业教育委员会进行统筹协调,它与"磁石模式"的本质区别在于让参与创业教育的学院共同管理创业教育[2],这种模式能够促使师生能够有效针对个人专业背景和兴趣特长进行教与学,典型代表有美国康奈尔大学、德国奥登堡大学和日本早稻田大学等;"混合模式"是将以上三种模式进行混合,在校内同时开展,既具有针对性,也具有广泛性。其突出特点是"产学研合作",体现校政企紧密结合下的协同创新,典型代表有英国剑桥大学、德国慕尼黑大学和荷兰代尔夫特理工大学等。

(2) 国外高校创新创业教育特点。

1947年,美国哈佛商学院设立"新创企业管理"课程,创新创业教育由此兴起。随后,百森商学院成为创新创业教育领域的先锋。随着创新创业教育不断深入发展,各国创新创业教育都有其鲜明的特色。在路天浩等学者对典型国家创新创业教育发展状况的研究基础上[16],笔者对美国、英国和德国三国的创新创业教育在政策措施、课程体系和师资队伍进行了归纳分析,详见表1-1。

表1-1　　　　　　　　　三国创业教育比较

| 国家 | 政策措施 | 课程体系 | 师资队伍 |
| --- | --- | --- | --- |
| 美国 | 《美国创新战略》《创新美国》《创新法案》"创客运动"、《拜杜法案》、创业孵化器建设和"小企业创新研究" | 构建出系统化的创新创业课程体系,课程结构具有整合性,通过模块化课程进行针对性教学,并设置多种多样的选修课 | 致力于打造"双师型"教师队伍,外聘经验丰富的专家和企业家进行教学及研究,设立专门的项目进行教师培训,提高教师素质 |
| 英国 | "大学生创业项目""高等教育创业"计划、"全球创业观察项目""国际创业教育者项目"、《全国大学生创业教育黄皮书》及《创业型大学指导框架》报告 | 课程体系系统完善,课程覆盖面从本科生到研究生,重视实践和课外创业活动,开发创业网络课程 | 师资队伍面向国际化标准,教师来源背景多元立体化,专业化水平高,能够为学生提供高质量的指导与服务 |
| 德国 | 建立创新创业教育的教授席位制度、实施"双轨制"教育、高新科技战略和欧盟"地平线2020"计划 | 开发特色课程,重视以赛促学和以兴趣为导向的实践项目,与创业教育研究中心协同开展密切的实践教学 | 师资队伍专兼结合,邀请实践经验丰富人士担任客座教授,以教师为主导,构建丰富教育资源 |

由表1-1可知,在政策措施方面,美国、英国、德国三国均有相对成熟的政策、配套资金和各类机构支持创新创业教育,但又呈现出不同的特点。

美国高校创新创业教育重心在于科研人员创新积极性、科研成果转化和创新企业培育。美国是全球创新的引领者,美国政府于2009年、2011年、2015年先后颁布了三版创新战略,创新战略将教育、科研和基础设施作为国家发展战略的支撑。2009年版创新战略用以确保美国在创新经济中的引领地位，克服在经济社会中的困难；2011年版创新战略强调"寓创新于创业"，基本上构建出面向未来竞争的整体战略布局；2015年美国政府发布《美国创新新战略》以支持美国创新生态系统，该战略明确指出创新是美国经济增长的源泉。"创客运动"推动了美国新一轮创新创业浪潮。在制度法规建设方面，美国国会于1980年通过了《拜杜法案》，旨在激励创新，增进社会福祉。该法案通过设立"科技成果转化办公室"，保护科研人员的权益及促进科研成果的转化。

英国呈现"大学—行业—政府三合一模式"[16]，在全社会中构建了支持网络，使创新创业蔚然成风。在全社会中构建了支持网络，使创新创业蔚然成风。英国创新创业教育的资金大都来源于政府，政府颁布的一系列政策措施为大学生创业提供了良好的政策环境。英国高校创业教育组织机构可分为内部和外部两大类。内部组织机构有大学科技园、孵化中心及创业俱乐部等；外部支持机构有全国高校企业家协会、全国大学生创业委员会、全国创业教育中心等。这些组织在创新创业教育中发挥着重大作用。此外，英国政府实行各种优惠政策为创业者提供机遇；2010年英国政府颁布"迷你硅谷"发展的计划，致力于将伦敦东部打造成高科技产业中心；2018年英国成立研究与创新局（UKRI），该组织致力于创新领域的工作，推动英国经济增长。为支持年轻人创业，英国还开展了"贷款担保计划"，政府为小企业进行担保。新冠肺炎疫情期间，英国推出"未来基金"（Future Fund）计划，旨在为受疫情冲击的创新型企业提供扶持。

德国大力促进产学研协同，将专业知识和技能锻炼紧密结合。德国作为最早开展职业教育的国家之一，将知识与实践紧密相连。1956年，德国高校首次开展"模拟公司"的创业教育方式，这被认为是其创业教育的开端。20世纪70年代，西德高校开创了创业教育的教授席位制度。1970年，科隆大学设立了相关课程和研究计划，同时逐步进行"专创融合"。20世纪90年代，德国政府又相继推出了一系列创业发展计划，投入了大量的资金用以创业教育发展。在政策层面，德国政府为调动大学生创业积极性，不断完善相关税收法案，降低大学生创业的税收标准。2010年，德国政府通过了"2020高科技战略",强调高校、研究机构与企业间的交流,通过推出"研究型校园"项目,资助产研学协作。

在课程体系方面,各国都注重专业理论和交叉学科知识的融合学习,扩大选修课程范围,以通过扎实的理论基础,在创新创业技能培养和创新创业实践相结合实现能力的提升。此外,课程体系还将创新创业课程划分为不同层次和模块,覆盖创新创业活动于不同学习阶段,并且形成独特的考评制度和评价机制激发学生的积极性。在美国,高校已形成系统性的创新创业课程体系。高校针对不同层次的培养目标,开设了不同类型的创新创业课程,包含激发全体学生创业意识的课程和致力于实际操作的专门课程等;针对不同学段学生设置层次多样的创业课程。高校通过将各种类型的课程进行系统规划,增强课程的针对性和实效性,为学生创造了全方位、立体式的创业教育氛围。在授课方式上,高校往往采用鲜活多样的教学方法,例如计算机模拟、实地考察、案例讨论、企业家演讲等。这些颇具创新性的授课方式,促进了课堂教学与实践的有机结合。此外,美国借助发展成熟的科技力量为创新创业教育广泛提供媒介,有效促进了学生学习的主动性,大大激发了学生的创业激情。在英国,高校创业课程各具特色,校校之间的课程体系建设存在一定的差异性,大体包含创业、创新、创新管理和技术转移管理四大类。还有部分高校面向特殊人群开展相关的创业课程。在德国,创新创业教育并不要求学生掌握精深的理论知识,而是注重学生解决问题和动手实践的能力的培养。因此德国高校尤为重视实践教学,形成了比较完善且独具特色的创业教育课程体系。各高校开设的创业课程均涵盖了不同创业领域所需的各种必备知识和技能。在课程开设上,德国高校联合政府与金融机构共同设计,开发的课程涵盖了诸如企业创立、融资和管理等多方面的实用内容。在课程实施上,普遍以教师指导,学生自主探索的形式展开。除进行日常教学之外,高校还会积极举办一些不同层次的创业比赛,利用各种技术资源,创建创新创业教育实践平台,以促进大学生创新创业。

在教师队伍建设上,各国都注重打造理论与实践相结合的"双师型"教师,培养高素质高水准的专职教师,此外还重视吸纳实践经验丰富的教师及企业优秀的管理人员。在美国,创新创业教育师资一般由从事学科教学的专职教师和经验丰富的兼职教师两大类构成，高校着力提升教师队伍的质量，通过开展一系列的相关培训，全方面提升高校教师的综合素质、实践能力、思维意识等。英国创新创业教育师资由创新型和创业型两大类组成，此外，高校还会给予教师以政策支持。高校还会邀请优秀创业者进行相关课程教学。在德国，高校十分重视创业教育师资队伍建设。许多高校具有自己的创业教育研究机构及人员，不仅对创业教育展开研究，而且还负责学校创业教育工作。此外，高校还会聘请创业成功、具有丰富创业经验的人士进行教学，这些具有丰富的企业管理经验的创业教师往往更能够把握住创业的本质。德国这种专兼相结合的师资队伍结构不仅能够有效解决高校教师实践经验不足的问题，而且丰富了创业教育的内容，调动学生学习积极性，取得了较好的教学效果。与此同时，德国高校还鼓励教师从事创业实践以获取创业教育指导经验。

以美国、英国和德国为代表的欧美国家，高校创新创业教育由于起步早，发展相对比其他国家要成熟，创新创业教育体系也更完善。

美国高校创新创业教育体系发展形成于1947年，其历史较英国和德国早。美国高校致力于打造跨学科和基于科技的创业教育，注重校企合作。美国高校创新创业教育的特点主要有：

一是具有先进的创新创业理念。美国高校注重学生的长远发展，在进行创新创业技能培训的同时，还注重学生的意识与思维的提升。

二是具有健全的课程体系。美国高校以学生个体差异性为出发点，针对学生的实际需要，开设一系列灵活多样的课程。课程设置灵活且具有针对性。美国高校优化课程体系，且根据自身优势打造多层次、高品质的创新创业课程。

三是注重实践教学。美国高校以更加包容的姿态将市场力量纳入教学体系当中，通过校企合作，为高校广大师生提供充足的实践机会，鼓励学生参与企业经营管理中，让学生获得实践经验，提升学生的实践能力。

英国政府和高校积极践行创新创业教育，推动创业教育体系的构建与完善，培养了众多人才。英国创新创业教育特点包括以下两方面：

一是创新创业氛围浓厚。英国以政府为主导，在全社会为高校创新创业提供支持与保障。英国政府从20世纪设立科学创业中心，到后来设立

"创业洞悉"项目,颁布一系列政策文件,进一步提升了高校创新创业服务质量,致力于构建系统的创新创业实践服务体系,体现了政府与高校协同打造的创新创业实践文化,唤起民众创新创业意识,形成了良好的氛围。

二是注重实践,加速创业成果转化。各高校制定了相应的教学方案,注重学生创新创业实践经验的积累。同时,高校强化与企业的实践合作,聘请企业中的创业导师根据学生情况进行针对性指导。政府与高校相互配合,共同致力于提高创业实践服务。此外,为激发国民创业积极性,政府还开展众多竞赛项目,高校开展各类创业实践活动,在各方面的支持下,使高校学生切身体会创业实践。

德国高校创新创业教育奉行"洪堡教育理念",这种非功利性的教育理念倡导学生追求真理,热爱学习。此后,德国高校注重创业教育与通识教育的融合,将创新创业课程广泛拓展到其他学科领域。除此之外,德国高校对学生对创新创业的意识层面的引导十分重视,根据学生情况开展个性化的培训,从而保证高校创新创业教育质量及学生创效创新的综合实力。德国高校还会与大型企业进行深度而广泛的合作,给予具有创新创业意向的学生以"沃土",强力支持创业人才成长。催生出洪堡大学、慕尼黑大学、慕尼黑工业大学等一批创新创业型大学,引领经济社会发展。德国创新创业特点包括三方面:

一是具有完善的创业政策环境。德国政府实行优惠的投融资政策,推出一系列的优惠税收政策,并为大学生创业提供资金上的支持。此外,政府采取一系列措施规范中小企业产业竞争的新秩序,为大学生创业营造良好的发展环境。

二是注重学生个性化培养。德国高校根据学生实际情况提供多种多样的学习资源,开设如财务管理、企业家精神训练等相关课程以满足学生的需要。此外,高校在学生入学时还进行倾向性测试,并基于学生特点,筛选课程及教育教学活动,从而更好地为其提供个性化服务。

三是与企业联系紧密。高校与企业协同,合作共赢。通过设立创业型投资基金,将外部创新创业力量注入高校,共同助力创新创业教育发展及人才成长。

通过对各国创新创业教育发展情况的梳理,国外创新创业教育发展有以下特点：

第一，关注对象从学生个体到社会整体，从学校辐射到社会。国外创新创业教育从商学院发起，从局部关注学生的创新创业的视野，发展到重视国家和社会层面。

第二，创新创业育人模式由"标准化"向"个性化"发展。国外创新创业育人模式从早期的学院派标准化，逐渐形成多样化个性培养模式，更多注重学生的个性发展，以学生为中心，通过设置分层课程和进行差异化教学，充分挖掘学生创新创业的潜能，促进学生自我发展。

第三，逐渐从解决社会经济问题的局限性转变为培育高品质创新创业者的教育目标和理念。回归教育的本质，以立德树人的人才培养为初心与目标，去除过于功利化的教育目标，最终实现创新创业教育者的培养，进而带动社会经济发展。

第四，产学研合作与实践平台构建逐渐普及化。产学研合作带来的实践平台构建成为提升创新创业教育效益最佳实现路径[16]。同时，产学研合作与实践平台从国内走向国际，其数量与质量也不断攀升高度，成为当今高校创新创业教育人才培养的必要抓手。

**2. 国外创新创业教育对我国的启示**

创新创业教育无疑是一项复杂的工程，推动我国创新创业教育向纵深发展这需要不断借鉴经验、反思问题、调整方法、实践落实。国外创新创业教育以学生为主体的教育思想和理念，重视学生的个人素质，培养他们创新创业方面的能力，以增强他们创新创业的自信心；同时，国外政府机构，在支持企业人才和高校学生创新创业出台了很多保障措施、政策、策略或计划，极大地推动了创新创业教育的发展。鉴于此，国内的创新创业教育应构建符合我国国情的创新创业教育理念与目标、支持体系、实践模式和"产学研"教育模式，为企业和高校提供更为灵活自由且有制度保障的机制体系，实现创新人才的培育。

（1）加强创新创业教育理念与文化的培养。

创新创业教育的理念与目标在时代变迁中不断发展，发达国家创新创业教育的理念与目标呈现由功利性向非功利性转变[13]。我国创新创业教育的理念应摆脱功利化的束缚，以人为本，培养学生良好的创新创业素质及能力。此外,还要结合时代需求及民族文化特征,对我国创新创业教育进行深度阐释与探索发展。最后,基于创新型人才成长规律与学生特点,深度探讨创新创业教育的方法论、原则及具体的实施方法等。

(2)协调各方构建完善的服务体系。

从各国创新创业教育的支持模式中不难看出,优秀的支持体系是政策、机构、资金和科研成果转化等诸多方面协调配合的结果,目前我国在创新创业教育上的各方面协调不够紧密,仅靠个别部门的"单打独斗"是无法支撑创新创业教育有序有效进行。因此,可设立创新创业教育与发展中心完善创新创业教育服务体系。目前,我国对创新创业人才的相关培训与资助机构较少,创新创业教育与发展中心可以为高校提供相应的服务,对创业者提供帮助,还可以筛选出达到标准的创业群体并为其提供税收优惠政策及资金支持。而各级政府可以依托创新创业中心引进和推广创业课程,积极配合创新创业教育,为本土创业者提供助力。

作为一项复杂的系统,创新创业教育只有得到社会各界的广泛支持才能完善发展,需要社会、政府、高校共同承担责任和义务。在具体实施过程中,政府发挥着举足轻重的作用,扮演着相当重要的角色。因此,政府制定政策时应以市场需求为出发点,提供一系列优惠政策,致力于营造良好的创业环境。与此同时,政府还要完善相关的法律法规,搭建投融资平台以促进大学生创业环境不断优化。除此之外,企业也需要承担其责任与义务,从实践环境和资金供给上予以有力支持。校友资源也是创新创业教育支撑体系中不容忽视的一部分。校友与母校间有情感连接,很多校友利用自身资源,为母校贡献一份力量,这有利于提高高校在全社会中的声誉。

创新型人才的培养需要良好的教育生态系统来进行支撑。在政策支持上,完善与健全创新创业教育监督管理与问责机制,并纳入法制体系,确保政策的有效实施。在师资方面,要建立"双师型"师资队伍,提供咨询指导;实践型师资注重学生的创业实践体验,使知识向能力有效转化。借鉴国外创新创业教育中注重师资来源的广泛性和多元性、注重教师创新创业意识培养、教学水平提升,以及实践中创新创业经验积累的共性特点,启发国内教育生态系统的各方面建设。在产学合作上,构建科学规范的产学联盟支持系统必不可少,通过整合各支持要素从而实现优势互补、合力育人。

(3)构建科学的课程体系和评价制度。

创新创业教育实践的成功需要科学的课程体系、优越的师资力量、先进的评价制度和合理的教育模式。

一是构建科学的课程体系,促进创新创业教育与专业教育的深度融合。在课程种类方面,通过设置不同类型的课程来促进高校学生创新创业意识及相关技能的生成与进阶;在课程安排方面,对不同学段的学生有针对地开设课程;在课程内容方面,将创新创业教育与专业教育融会贯通。我国创新创业教育在广大院校中渐渐扎根,逐渐实现由精英式教育向广谱式教育的转变,因此,要推动"专创融合",进行跨学院、跨学科创新创业教育课程群的构建。

具体而言,跨学科的创新创业课程群是高校进行创新创业教育的重要载体,科学的课程体系在创新创业教育的实施成效上起着举足轻重的作用。通过国外相关课程的研究发现创新创业教育呈现以下三方面的特点:首先,在纵向上,学校设置的课程群层层递进,衔接紧密,而非由零散的几门课程的简单拼凑,且学生可依据自己的实际状况对课程进行灵活的选择;其次,在横向上,创新创业课程已不再局限于管理学,课程已逐渐蔓延到其他专业,打破创新创业教育与专业教育之间的壁垒,拓宽了创新创业教育的宽度与广度;最后,坚持理论与实践课程并重,注重实践能力的培养。尤其以德国为首的欧洲国家,职业技术教育引领世界,教师下企业、学生在企业完成实践课程、阶段性课程的能力培养非常普遍,师生职业技能、创造力、创新能力的成效也有目共睹。

二是创新教学和评价制度。鼓励高校中具备条件的教师从事创新创业项目;通过建立相应的奖励制度鼓励教师积极投身到创新创业教育活动当中去;采用灵活的管理制度,给予教师更为宽松的学术假期,从而让教师有充足时间去创新创业,且对其晋升不产生不利影响;采用双行绩效考评制度,以改变教育界重量轻质,偏离社会正确价值导向的不良局面。双行绩效考评制度可切实提升科研环境,提高科研人员素质,提供更多创业机会,进而为创新创业教育发展打下坚实的基础。

（4）实施"产学研"协同创新的教育模式。

一是校校协同。我国高校类型众多，有研究型、应用型、教学型等，这些高校都有其独特的优势，只有不同高校之间优势互补、相互协同才能大大促进创新创业教育的良好发展，这也是我国进行高水平高校建设的必经途径。

二是校企协同。企业为学生提供创新创业实践平台，不仅能够广泛地吸纳各种人才，还能够通过借助高校的科研优势进行开发与升级产品。在国内外各级各类大学生创业计划竞赛可知，在企业的参与和支持下，对学生创新思维和能力的培养都有举足轻重的作用。校企协同育人模式对合作双方来说无疑是共赢。高校要重视复合型人才的培养，学生可在教师的引导下参与到实际的创新创业项目当中，从而切实地提高个人的创新创业素养；在项目选择上，要基于市场需求，挑选高质量、高科技、高潜力的相关项目，以确保创新创业教育向良好方向发展。

三是创新创业中心与企业孵化器协同[16]。高校创新创业发展中心或创新创业学院和企业孵化器为高校科研在思路开拓、资金短缺、技术攻坚和成果转化等各方面起到了桥梁纽带和整合资源等关键作用。众多创新创业项目在举步维艰阶段，由于企业孵化器的介入，可有效减低项目风险、提高创业成功率，促进科技成果的转化与落地，推动周边区域的创新创业发展，成为高校科研成果转化的重要保障和基石。

我国正处于探索创新创业教育适合路径的关键时期，应积极借鉴世界其他国家创新创业教育的成功经验，立足实际情况，结合各地的区域经济发展现状，探索具有鲜明中国特色，符合国情的创新创业教育发展之路，有利于尽早实现创新创业教育质的飞跃，从而促进我国社会进步。

## 三、我国高校创新创业教育应对策略

创新创业教育在全球范围内备受关注，近年来，我国创新创业教育的理念和实践都得到不断发展，取得了长足进步，但与发达国家相比，尚存在一定差距。当前，我国创新创业教育发展仍面临许多问题，结合国外相关经验，基于我国国情，本书提出以下几点策略。

## (一) 重塑创新创业教育发展理念

树立科学的创新创业教育理念对教育发展起着至关重要的指导作用。有学者指出,更新观念是决定我国高校创新创业教育基本走向的关键,创新创业教育范式的构建应与创新型国家相适应[17]。我国必须树立科学的创新创业教育理念。

**1. 遵循内涵式发展理念**

在新时期,内涵式发展可以促进高等教育同质化、"大而不强"、发展失衡等问题的解决,能够担负新的时代背景下对教育提出的新任务,满足人民对高等教育的新期待,是高等教育永恒的发展要求,因此我国高等教育应当始终坚持实现内涵式发展[18]。

内涵式发展与外延式发展相对应,而又不是对外延式发展的简单否定,其核心指向质量的提升,但其绝不等同于教育质量的提升。与外延式发展相比,内涵式发展作为一种协调质量、结构、制度等各要素的可持续发展的模式,它更注重事物的本质和聚焦事物内生性的质量建设与提升。聚焦到内生性的质量建设与提升。内涵式发展是在宏观和微观上革除各种阻碍人才培养和质量提升的机制,而非一味追求规模和数量上的无效增长,它通过对教育结构、教学质量等方面的不断优化,推动高等教育朝着有序、高效的方向稳步发展。发展,是一种科学的发展模式。内涵式发展是随着高等教育不断发展而自然实现的,是通过师生的自觉完善教育教学过程等实现的[18]。内涵式发展对社会精神文明进步和国民素质提高发挥巨大作用。

党的十八大、十九大报告皆提及"内涵式发展",由此可见,它已经成为新时代下我国高等教育发展的重大课题,并代表着创新创业教育改革的主要方向,代表着创新创业教育改革的主要方向,其重点不再聚焦突破教育系统中存在的个别分散的问题,而是从根本上清除阻碍创新创业人才培养的要素,它注重教育理念、教育科研、教师素质、课程体系、教学内容等实质性内容的优化,以事物内部因素作为动力,实现一种跨越式发展。因此,内涵式发展理念在创新创业教育发展中扮演着不可替代的角色,它是创新创业教育发展的自然且必然的选择。

## 2. 坚持"专业式"与"广谱式"双轨并进

"专业式"创新创业教育始于哈佛大学商学院开设的"创业企业管理"课程，其教育对象仅面向工商管理硕士。而"广谱式"创新创业教育课程则面向全体学生。王占仁认为学科建设需要结合中国国情走一条"专业式"与"广谱式"双轨并进的特殊道路[19]。当前我国创新创业教育的实行存在一些问题，"广谱式"创新创业教育不仅能有效破解矛盾，还可以摆脱我国现阶段创新创业教育的困境，实现深层次拓展与突破。

"广谱式"创新创业教育通过结合专业教育，实现全覆盖、分层次和差异化的统筹兼顾方式，防止其过于"狭化"和"泛化"，避免将创新创业教育等同于职业教育或素质教育的认识，切实贯彻面向全体学生的核心理念，科学有效地推进了高校创新创业教育的发展。一方面，它能够在"只教创业"与"不教创业"的教育间把握平衡点，充分融合素质教育和专业教育的特点，为学生提供优质高效且有针对性的创新创业教育；另一方面，它并不局限于指导大学生创办企业和解决就业，不仅推动高等教育内涵式发展和高校学生自我价值的实现，还是关系到创新型国家建设的重大战略问题[20]。

## （二）加强政策支持力度，营造良好创新创业环境

完善的政策对高校创新创业教育起到有力的支撑及保障作用，并且有利于营造良好的创新创业教育环境。在制定政策时，要注重其可操作性及有效性，使其能切实促进双创教育的高效发展，这就需要政府、学校和企业紧密结合，共同发力，以实现我国创新创业教育的可持续发展。

（1）构建校政企一体化参与机制，协同各方，形成合力。科学划分政府、高校和社会参与创新创业教育的权责范围，进一步消除政府、高校与社会之间的沟通壁垒，优化政府各部门的管理方式和能力，从而提高其有效治理能力，为创新创业教育的转型升级提供战略引导和制度支撑。扩大创新创业相关的普惠性政策的制定与落实，完善创新创业合作育人机制。各级地方政府及相关部门、高校党委应将创新创业教育工作摆在突出地位，协调各方面力量，统筹兼顾、督促落实。

(2) 优化政策变迁的目标和动力机制。创新创业教育作为注重学生创新思维、能力、实践的一种新型教育范式，面向全社会，区别于传统教育。本体价值指向人的教育与培养；社会价值指向经济发展和社会服务。为更好地实现本体价值与社会价值，首先需从制度层面科学界定、重申创新创业教育的实质，重构可利于经济发展和实现社会价值的人才培养范式，以此为目标和动机，制定与优化政策，从而促进高等教育内涵式发展，达到其本体价值和社会价值的和谐统一，回归高校创新创业教育的本质。

(3) 注重创新创业教育新旧政策之间的衔接性，促进新旧政策间的过渡。这就需要在基于既定政策的合理性成分上进行优化升级，通过调整政策体系，从而促进创新创业教育发展的整体性、有序性和稳定性。在对政策的渐进调整中，降低相关制度变迁的风险。同时，要注重政策的统筹度和衔接性，确保相关政策既要面向社会大众，也要向高校学生倾斜，发挥政府的引导作用。政府作为政策的制定者及推动者，需要夯实创新创业教育的制度性基础，推进相关政策的制定与实施。教育部门应加快落实各部门责任，发挥牵头作用，在政策制定的过程中，充分听取相关部门相关意见及建议，提高效益，保障高校创新创业教育的开展。

梅伟惠、孟莹认为我国创新创业教育政策在突出战略性的同时，也要兼顾针对性和有效性。注重创新创业教育的战略布局已成为未来发展的重要趋势，他们指出我国推动双创教育发展可从以下三方面入手[21]：一是将创业教育视为终身学习过程，注重学生意识层面的培养与引导；二是为大学生创业提供企业孵化器支持，加快项目研发成果转化与促进企业初创期的投资；三是进一步细化创业政策，降低创业风险。

### （三）建立并完善高校创新创业教育体系

教育体系对教育发展至关重要。高校应着力打造系统、完善、科学的创新创业教育体系，增强创新活力，保障创新创业教育的可持续发展。

**1. 制定完备的人才培养模式**

现如今，高校创新创业教育忽略学校和市场需求之间的双链向，重理论轻实践，无法有效落实"双创"人才的培养。此外，受传统思维的局限，高校并未将双创教育融入日常教育教学和人才培养的各环节中，导致出现人才培养目标短视的问题，人才输出与社会需求之间不平衡。因而高校必须制定完备的人才培养模式，时刻关注市场需求，提升学生的综合竞争力。

一方面，高校要注重引导，在打破双创教育功利性倾向的基础上，重视学生创新人格的养成，提升他们自主创新意识和能力。除此之外，面对复杂多变的外部环境，学生还要具备良好的心态及品格，能够善创新、敢创业。高校还需尊重学生兴趣，进一步扩大学生的学习自主权，强化学生自学意识。此外，高校应基于学生的实际需要，有针对性地进行教学，还要增强运用大数据的能力，实时掌握各种市场信息，为学生提供与时俱进的学习资源。

另一方面，高校应依据市场需要，注重多样化人才的培养，着力构建多元化人才培养模式，最大化整合资源，构建理论与实践、校内与校外、国内与国外等相结合的开放式教育教学模式，从而促进人力资源素质提升，革除传统守旧的课程体系、教学方法及考核评价机制的弊端，进一步加强对学生各方面的培训，实现大学生更加充分更高质量就业。

**2. 打造创新创业教育师资队伍**

师资是创新创业教育体系建设中至关重要的因素。当前，我国高校创新创业教育教师存在数量不足、水平不高、结构不合理等方面的问题，阻碍创新创业教育的发展。

在充分认识本体价值与社会价值相辅相成的基础上，内外结合、双管齐下，进而推进创新创业教育的稳步发展。对内，一是高校应尽快完善师资队伍建设总体规划，立足校内挖掘一批拥有跨学科知识结构、丰富的创新创业教育经验的专职教师，制定相应的配套管理制度，统筹兼顾，促进教师整体水平的提高。二是通过各种专项支持，激励各学科教师广泛参与创新创业教育教学实践，加强对教师的培训与引导，支持教师到企业进行学习与交流，从而提升教师各方面实力。三是促进高校教师专业化发展，注重创新创业教育教师的意识、专业能力及综合素质。对外，加强对本土区域经济发展有重大影响的企业界的合作。创新创业教育是一种具有实践性、开放性的教育，它的发展需要外部力量的支持，高校应主动对外吸收人才，并借助多种互动形式促进人才交流。一方面，高校应积极聘请企业家、创业者、专家学者及政府官员等作为讲师，整合资源，建立一支多元化的高素质教师队伍。另一方面，高校要建立规范的聘任机制，对兼职教师的条件、薪酬、任务及评价等做出规范，让兼职教师在学校的统一协调管理下开展创新创业教育的工作。

**3. 建立全覆盖、分层次的课程结构体系，推进"专创融合"**

为有效兼顾不同学生的个性特点，构建全覆盖、分层次的课程结构体系，使创新创业教育课程实现"量"的增加与"质"的提升，面向全体学生，增加相关的通识课程，使课程目标指向创业精思维、精神及人格的培养，满足学生日益增长的需求。对处于不同教育阶段、不同创业意向的学生开展不同的创新创业教育课程，增加课程的针对性。此外，创新创业教育具有跨学科的特点，必修的基础理论和跨学科的选修课因人而异，构建综合性的创新创业课程体系：通过必修课培养学生的创新意识和精神；通过选修课对学生进行针对性、专业化的指导；通过对课程数量和形式的有机组合，满足不同学生的个性化需要。此外，在现有课程体系的基础上，还应着眼于课程质量的提高。创业教育具有实践性这一显著特征，课程体系建立多元分层的创业实践内容十分必要。同时，也不能弱化理论知识，要让理论与实践并行，将二者进行有机融合而非割裂开来，在实践中增长知识，用知识来促进实践。

专业教育旨在为专门职业培养特定的人才，是一种注重培养学习者知识、可持续发展的能力及创新意识的专门化的教育，是在实践与研究的基础上形成了一种正式的教育。专业教育能够对实践具有指导作用，它有其自身深厚的理论基础，为教育实践指明了前进方向，是教育活动中不可或缺的一部分。创新创业教育以专业教育为基础，综合全覆盖、分层次的创新创业实践能扎实有效提升学生知识及各方面能力的培养，因此进行创新创业教育就必须基于一定的专业基础，但又不拘泥于现有的专业教育体系，它是一种超越式的教育，它超越现有的、固定的知识体系，在实践这不断发展、丰富已有的知识体系[7]。

"专创融合"是新形势下学生综合素质能力教育和专业教育的大融合，有学者基于"大学—政府—企业"生态网模式的理论体系，认为要在学生需求的基础上融合理论与实践，进行多层次、立体化的双创教育课程体系的开发[15]。

### 4. 构建创新创业实践平台

实践性是创新创业教育的显著特征,这就表明单纯通过传授理论和知识是不足以有效实施创新创业教育的。创新创业教育领域中,不同于可以明确表达的"显性知识",同时还存在大量的"隐性知识"是无法通过语言表达传授给学生。因此体现了实践性的特殊性和重要性。

创新创业教育需要通过政府、高校、企业三方协同,形成一种与社会实践紧密相联的教学模式,打造出全方位、立体化、高质量的教学平台。政府、高校、企业协同,有利于为创新创业教育的有效实践提供强大支持,通过科学管理,统筹兼顾,架构相应的保障机制。其中,政府应在制定政策,提供决策,平台搭建等方面扮演好角色,起到作为创新创业教育的监督者和推动者的作用。作为市场经济主体,企业天然拥有丰富的市场信息,是创新创业教育不可或缺的引导者。各高校在创新创业教育的实践中是主角,要从师资队伍、部门职责、意识培养等方面着手促进创新创业教育发展。

创新创业教育的核心是创新,重点是创业,创业是创新在实践领域的具体化[22]。高校应树立长效的实践育人观念,搭建创新创业实践平台,打造全方位、多维度的育人共同体。高校应提高各类实践基地的普及力度,破除与外界互动的隔阂,秉持开放包容的理念办学,加强与政府的沟通。同时,高校需及时了解并适应经济社会发展的新需求,将区域科技创新战略和经济发展战略融入创新创业教育中,增强人才供给与社会需求的相适应性。

此外,构建完善的组织管理制度和治理体系机制对创新创业教育具有重要意义。我国一些高校创业教育组织实施模式落后,课程组织、课时安排、课程评价等方面受到高校传统职能划分的局限,缺乏灵活性。为此,需要革除旧弊,注重制度建设与科学治理,如落实学分积累和转化制度改革、构建一体化的组织与管理制度、搭建科学的治理架构和完善保障体系,营造开放包容的制度文化环境。通过促进资源整合,秉持内涵式发展理念,推动创新创业教育的开展向高效化、科学化、专业化方向迈进,让创新创业教育真正地落到实处,为创新创业只有构建综合体系才能真正地将"双创"教育落到实处。

## 参考文献

[1] 王晓迪,王松武,李海波. 论创新教育与教育创新[J]. 实验室研究与探索,2013(6):283-286.

[2] 孙惠敏,陈工孟. 全球创新创业教育研究报告[M]. 北京:经济管理出版社,2016:2.

[3] 刘红玉,彭福扬. 创新理论的拓荒者[M]. 北京:人民出版社,2013:18.

[4] 王占仁. 创新创业教育的核心要义与周边关系论析[J]. 国家教育行政学院学报,2018(1):21-26.

[5] 王占仁. 高校全面推进创新创业教育的争论与反思[J]. 教育发展研究,2015,35(Z1):113-119.

[6] 杰弗里·蒂蒙斯,小斯蒂芬·斯皮内利. 创业学[M]. 周伟民,吕长春,译. 北京:人民邮电出版社,2005:23.

[7] 张绍丽,郑晓齐. 专业教育、创新教育与创业教育的分立与融合:基于"三螺旋"理论视角[J]. 黑龙江高教研究,2017(6):100-104.

[8] 李克强出席2014夏季达沃斯论坛开幕式并致辞(文字实录)[EB/OL]. (2014-09-01).

[9] 黄明睿,朱梦梅,马小龙. 创新创业基础与实践[M]. 北京:科学出版社,2021:8.

[10] 王占仁. "广谱式"创新创业教育的体系架构与理论价值[J]. 教育研究,2015(5):56-63.

[11] 杨冬,孙士茹. 内涵式发展视域下大学创新创业教育的困境审视与路径选择[J]. 黑龙江高教研究,2021(7):96-102.

[12] 王洪才. 论创新创业教育的多重意蕴[J]. 江苏高教,2018(3):1-5.

[13] 高雅. 国内外高校创新创业现状研究[J]. 教育现代化,2019(98):252-254.

[14] 杨冬. 我国高校创新创业教育政策变迁的轨迹、机制与省思[J]. 高校教育管理,2021(5):90-104.

[15] 马永斌,柏喆. 大学创新创业教育的实践模式研究与探索[J]. 清华大学教育研究,2015(6):99-103.

[16] 路天浩,李北伟,李扬. 国外创新创业教育发展述评与启示[J]. 创新与创业管理,2020(1):23-36.

[17] 王占仁. 高校创新创业教育观念变革的整体构想[J]. 中国高教研究,2015(7):75-78.

[18] 别敦荣. 论高等教育内涵式发展 [J]. 中国高教研究, 2018 (6): 6-14.

[19] 王占仁. 中国高校创新创业教育的学科化特性与发展取向研究 [J]. 教育研究, 2016, 37 (3): 56-63.

[20] 王占仁. "广谱式"创新创业教育通论 [M]. 北京: 教育科学出版社, 2017: 82-83.

[21] 梅伟惠, 孟莹. 中国高校创新创业教育: 政府、高校和社会的角色定位与行动策略 [J]. 高等教育研究, 2016 (8): 9-15.

[22] 包水梅, 杨冬. 美国高校创新创业教育发展的基本特征及其启示: 以麻省理工学院、斯坦福大学、百森商学院为例 [J]. 高教探索, 2016 (11): 62-70.

# 第二章　高校环境设计专业设置与人才培养

环境设计专业在国内外学科中一直占有重要的地位。专业设置在一定程度上反映了市场对人才的需求。人们对美的追求提供了环境设计专业发展的内需动力，这种追求反映在室内空间、景观环境、家具品质、软装搭配等与人们生活息息相关的方方面面中。因此，环境设计专业成为人们实现对生活质量追求的桥梁与纽带，在社会发展中具有重要地位。

人才培养方案作为高校专业开办和教学运行的重要依据和参考文件，一直是高校育人和专业建设的核心内容，也是人才培养和质量提升的根本保障措施。人才培养方案是否发挥和符合高校在该地区的优势特色，直接影响和制约高校的办学水平、人才质量、专业建设以及服务于地区经济发展的社会影响力等方面。

专业设置与人才培养方案需要不断地随着社会的需求进行相关内容修订。脱离社会市场需求和经济发展而构建人才培养方案，不仅会导致人才培养与社会需求之间逐渐出现偏差，甚至会限制专业的建设发展。社会对人才需求、相关专业技术人员的评价反馈，恰是专业设置、人才培养方案制定的重要依据。社会评价与学校评价的差异要求高校构建新型专业人才培养方案，才能有效地、与时俱进地推动专业的改革与发展。

关于高校环境设计专业人才培养方案研究，重点选择调研了广东省五所高校，收集了其环境设计专业2019年人才培养方案，并进行了分析和研究：综合分析了广东高校环境设计专业人才培养与专业建设情况；基于广东省内部分高校环境设计专业人才培养现状，分析存在的问题，在创新创业教育视域下，构建创新型人才培养方案，为培养具有创新创业能力的人才提供客观有效的数据信息，从而推进人才培养方案的改革与发展。

# 一、环境设计及其专业

## （一）环境设计

环境设计，即我们常说的环境艺术设计。环境艺术设计是指通过艺术设计的方式对室内外环境进行规划、设计的一门实用艺术[1]。虽然人类对环境的意识观念具有悠久的历史，而对环境设计来说是一个相对年轻的概念，它主要是指建筑的室内空间的设计及对建筑外部空间环境的整体规划和造型设计，旨在为大众创造出具有视觉审美效益和良好生活体验的环境空间。如何与环境有机融合，是其重点关注与思考的问题。环境设计最终表达与呈现出来的是通过巧妙结合客观环境自身的特点来凸显设计的智慧。环境设计的工作过程是以大自然为出发点，强调室内外环境空间设计，基于一定的物质条件，为建造现实或虚拟的理想空间而进行的创新创造过程。在空间设计的工作过程中，通过达到人与自然、艺术与科技相互结合并融合发展的共生状态。由此可见，环境设计是一门兼具自然生态、实用时尚与艺术科技结合的学科。环境设计是艺术设计的一门重要学科，该学科的形成、演变都与建筑学密切相关。发展到今天，环境设计与风景园林学也有着重要联系，除作为环境中主体的建筑外，被人类赋予艺术性改造的园林，也是重要的环境艺术载体。因而环境设计这一学科与建筑学和园林学紧密联系。

环境设计是主体通过各种设计手法对建筑内部和外部环境进行创造的艺术，它是功能性、艺术性、科学性的统一。因此，环境设计很多时候与建筑学存在很多共性，从其实用功能、技术与科技的紧密结合可看出。

环境设计是一门综合性的学科，其学科领域十分广泛，涉及建筑学、风景园林、城市设计、城市规划、环境心理学、环境行为学、社会学、民族学、宗教学等，体现了艺术性与科学性的统一。环境，从行为学的观点来看，是指人们所生存的、从事生产和生活的外部世界，包括自然环境、人工环境和社会环境。从设计的观点来看，环境是指人们所处的空间场所。

空间是环境设计最为关注的对象。环境是相对某个中心物体而言的概念，考虑环境系统的整体性在设计过程中占据重要地位。因此，环境设计涉及的工作内容经常是跨学科的，大到城市规划、区域景观设计，小到室内空间的装饰、光影变化、绿化种植等，需要体现整体设计和统一规划的逻辑性。

### (二) 环境设计专业

我国环境设计专业的前身为环境艺术设计专业，其创建历史始于1957年中央工艺美术学院室内装饰系的成立[2]，至今已有65年的历史沿革。在国家经济、政治、文化、社会、生态建设发展需求的大背景下，环境设计学科在探索与研究中成为最早、最成功的交叉学科（美学、建筑学、设计学）之一[3]。环境设计学科随着社会生产力的发展不断走向成熟。在65年的学科建设中，环境设计经历室内装饰、建筑装饰、室内设计、环境艺术、环境设计等多个名称的演变，这折射出该学科在不同的历史阶段所呈现和关注的不同的研究视角。这也反映了环境设计学科在历史发展过程中的探索和确认。1987年12月，国家教委颁发《普通高等学校社会科学本科专业目录》，确立了环境艺术设计专业，此后，2012年10月《普通高等学校本科专业目录和专业介绍》和2013年9月《学科授予和人才培养一级学科简介》发布，经过多年的反复论证，设计学融会人文艺术与科学技术，以其独立的概念与完整的架构成为国家认证的高等学校一级学科，"环境设计"由此成为艺术门类设计学学科方向[4]。

作为与建筑学、风景园林、城市规划等多个学科交叉性极强的专业，环境设计的学科建构不断地积累并发展壮大，尤其在改革开放以来，国民多元的物质与文化生活需求，以及各项建设均取得了前所未有的巨大成就也激发了设计行业的快速发展，极大地推动了该学科的发展建设。主要体现在：一是国内设置环境设计专业的高校众多，本科生、研究生毕业人数规模庞大；二是环境设计相关领域的从业人员人数大幅增加，成为我国为相关产业贡献近万亿的巨大群体。

## 二、国内外环境设计专业设置现状

### （一）国内外环境设计专业情况分析

紧扣国家职教师资人才培养目标，选取了国内外高等院校相同或相近本科专业的同类课程进行比较研究。研究对象遍及我国东北、华北、华中、华东、华南、港台，以及美国、英国、日本和韩国，涉及 25 所普通高等院校、中高职院校环境设计、室内设计、景观设计及建筑装饰、会展设计等 8 个建筑大类相关专业。通过对表 2-1 中罗列的国内外高等职业院校同类专业课程大纲的调查研究，比较它们之间的课程名称、开设时间、课程性质、课程内容等（限于内容，调研附件内容省略），在广度和深度上对环境设计专业课程大纲编写具有重要的代表性和参考意义。

### （二）广东高校环境设计专业设置现状

环境设计专业是培养适应国家社会和经济发展需求、掌握系统的设计理论和知识、具备创新创业的设计思维、能不断应用新信息和新技术，在环境设计及相关行业从事公共建筑室内空间设计、居住空间设计、商业空间设计、园林与景观设计、创意设计管理和服务、艺术设计教育、设计研究、生产管理等工作，成为具有"工匠精神"特色的高素质应用型人才。主要课程包括中外建筑史、室内设计制图、材料与施工工艺、环境设计手绘表达、室内陈设设计、住宅空间设计、展示空间设计、商业空间设计、园林与景观设计、3ds Max 三维电脑渲染等。

笔者调查和研究了广东省开设环境设计专业的高校，并对部分高校进行了实地走访，通过对广东 16 所高校环境设计专业的开设现状进行分析，梳理了广东开设环境设计专业的高校、其所在院系及开设方向。环境设计专业基本覆盖了广东所有高校（医科大学除外），且一般开设在美术学院、艺术设计学院、美术与设计学院。迄今，华南理工大学、华南师范大学、华南农业大学、广东工业大学、广东财经大学、广东技术师范大学、广州大学、广州美术学院、深圳大学、深圳技术大学、仲恺农业工程学院、广

表 2-1　　国内外高等职业院校同类专业设置情况比较

| 学校类型 | 国家与地区 | 学校名称 | 专业 | 修业年限 |
|---|---|---|---|---|
| 普通高等院校 | 美国 | 弗吉尼亚联邦大学 | 室内设计 | 4 |
| | | 萨凡纳艺术设计学院 | 建筑设计、室内设计 | 4 |
| | | 罗得岛设计学院 | 景观设计 | 4 |
| | 英国 | 爱丁堡艺术学院 | 景观设计 | 4 |
| | 日本 | 京都市立艺术大学 | 环境设计 | 4 |
| | | 筑波大学 | 环境设计 | 4 |
| | 韩国 | 东西大学 | 环境设计 | 4 |
| | 中国 | 澳门科技大学 | 室内设计、景观设计 | 4 |
| | | 台湾科技大学 | 建筑设计 | 4 |
| | | 清华大学美术学院 | 环境设计 | 4 |
| | | 广州美术学院 | 环境设计 | 4 |
| | | 华南师范大学 | 环境设计 | 4 |
| | | 广东技术师范大学 | 环境设计 | 4 |
| | | 韩山师范学院 | 环境设计 | 4 |
| | | 广西艺术学院 | 环境设计 | 4 |
| | | 贵州大学 | 环境设计 | 4 |
| | | 宁波大学 | 环境设计 | 4 |
| | | 吉林工程技术师范学院 | 环境设计 | 4 |
| 中高职院校 | 中国 | 香港知专设计学院 | 室内设计、建筑科技及室内设计 | 3 |
| | | 上海市材料工程学校 | 建筑装饰、室内设计 | 3 |
| | | 重庆市工业学校 | 建筑装饰 | 3 |
| | | 河南职业技术学院 | 建筑室内设计技术 | 3 |
| | | 河北职业技术大学（原河北职业技术学院） | 环境艺术设计 | 3 |
| | | 广东农工商职业技术学院 | 环境艺术设计 | 3 |
| | | 广州市海珠工艺美术学校 | 建筑装饰、会展设计 | 3 |

东第二师范学院、广州航海学院［广州交通大学（筹）］、五邑大学、肇庆学院、惠州学院等高校开设了本科环境设计专业，并且基本都有对应的设计学硕士点开设了环境设计专业方向研究生培养（表2-2）。

表2-2　　　　　开设本科环境设计专业的广东高校

| 高　　校 | 所在院系 | 专业名称 |
| --- | --- | --- |
| 华南理工大学 | 设计学院 | 环境设计 |
| 华南师范大学 | 美术学院 | 环境设计 |
| 华南农业大学 | 艺术学院 | 环境设计 |
| 广东工业大学 | 艺术学院 | 环境设计 |
| 广东财经大学 | 艺术与设计学院 | 环境设计 |
| 广东技术师范大学 | 美术学院 | 环境设计 |
| 广州大学 | 美术与设计学院 | 环境设计 |
| 广州美术学院 | 建筑艺术设计学院 | 环境设计 |
| 深圳大学 | 艺术设计学院 | 环境设计 |
| 深圳技术大学 | 创意设计学院 | 环境设计 |
| 仲恺农业工程学院 | 何香凝艺术学院 | 环境设计 |
| 广东第二师范学院 | 美术学院 | 环境设计 |
| 广州航海学院［广州交通大学（筹）］ | 艺术设计学院 | 环境设计 |
| 五邑大学 | 艺术设计学院 | 环境设计 |
| 肇庆学院 | 美术学院 | 环境设计 |
| 惠州学院 | 美术与设计学院 | 环境设计 |

资料来源：广东高校官网。

## 三、高校环境设计专业人才培养方案研究

高校环境设计专业人才培养，会根据各高校发展定位、师资力量和硕士点建设情况，以及区域经济发展现状制定人才培养目标、培养特色以及教学课程体系，因此培养出不同特色和类型的人才，更好地适应现在国家在城市发展建设与乡村振兴建设中的人才需求。经过项目组多方调研，除去专业美术院校广州美术学院，选取广东具有代表性的高校华南师范大学、广东财经大学、广东第二师范学院、仲恺农业工程学院、广东技术师范大

学的环境设计专业的人才培养方案进行分析。

## (一) 华南师范大学

华南师范大学美术学院环境设计专业人才培养的最终目标是应用型高层次综合性环境设计专业人才，为专业设计机构、企事业科研单位和高等院校培养高级设计及科研人才，同时为研究生教育层次储备优秀的人才资源，同时也是培养具有较高的定位和视野，具有创新精神和创新能力，能够适应当代社会发展的需求，具有较强的团队合作能力、终身学习能力以及全球化视野，勇于探索、敢于担当的高层次应用型设计人才[5]。对学生提出践行社会主义核心价值观，围绕"学习、审思、创新、自主、合作、担当、务实"七大素养，形成专业毕业要求。其课程体系框架由正式课程和非正式课程构成，其中正式课程由通识教育课程、大类教育课程和专业教育课程组成，充分体现了华南师范大学在人才培养的独特性——深厚的人文气息和文化底蕴，通过发挥学校的文科优势来制定人才培养方案构建特色的课程体系，如图2-1所示。

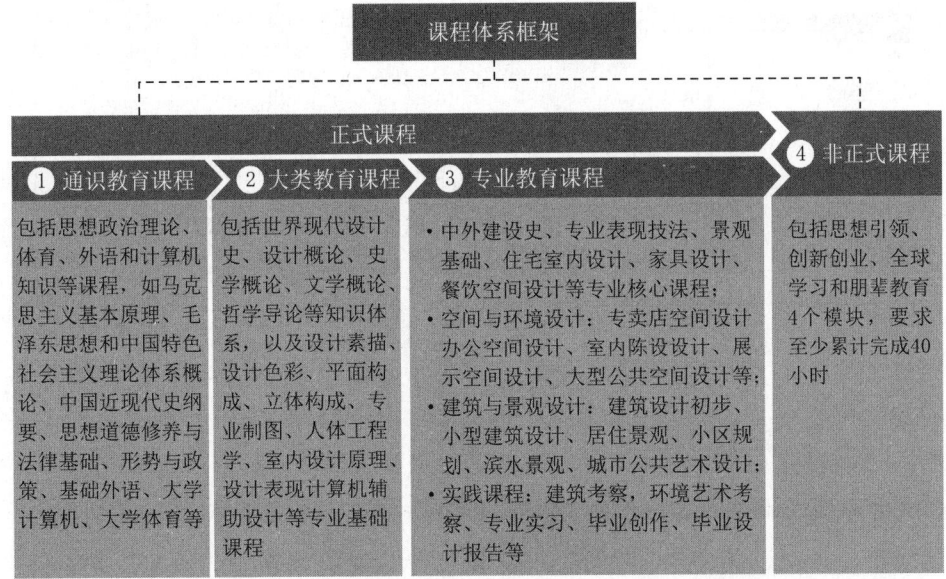

图2-1 华南师范大学环境设计专业课程体系框架
(图片来源：华南师范大学官网)

## （二）广东财经大学

广东财经大学艺术与设计学院环境设计专业，也是充分发挥本校财经类专业优势特色，以学校定位和粤港澳大湾区发展需求构建具有国际视野、多元文化、商艺相融的人才培养体系，培养粤港澳大湾区一流的城乡环境设计人才。其专业特色体现在：专业基于城乡环境设计"前策划、后评估"的经济与商业机制，展开设计组织与创新人才培养模式，财经商科特色明显，拥有基于大数据信息课程教学平台的课程体系，积极融入数字时代与全球智慧城市示范区[6]，体现了艺术＋科技的结合。其课程体系框架包括通识教育、思维与方法、学科基础和专业课四个模块，如图2-2所示。

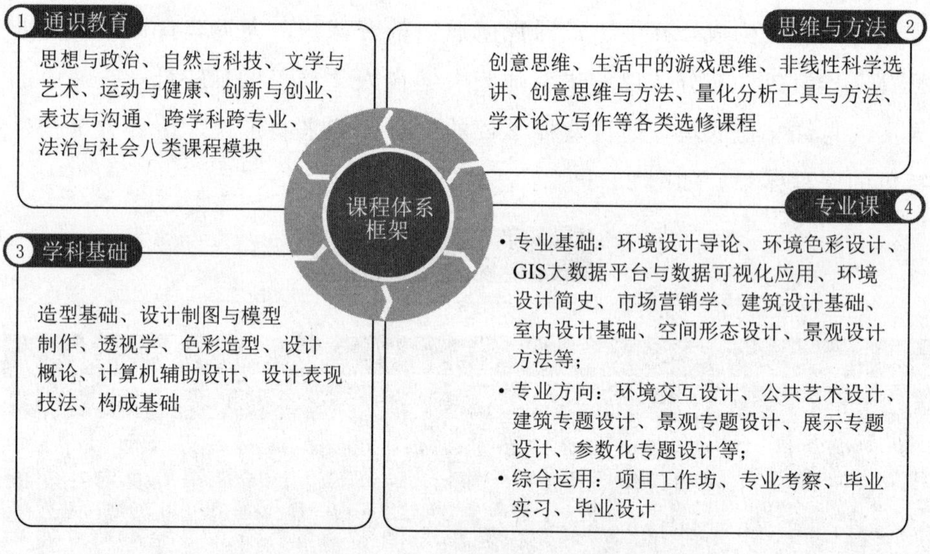

```
1  通识教育
思想与政治、自然与科技、文学与
艺术、运动与健康、创新与创业、
表达与沟通、跨学科跨专业、
法治与社会八类课程模块

2  思维与方法
创意思维、生活中的游戏思维、非线性科学选
讲、创意思维与方法、量化分析工具与方法、
学术论文写作等各类选修课程

3  学科基础
造型基础、设计制图与模型
制作、透视学、色彩造型、设计
概论、计算机辅助设计、设计表现
技法、构成基础

4  专业课
• 专业基础：环境设计导论、环境色彩设计、
  GIS大数据平台与数据可视化应用、环境
  设计简史、市场营销学、建筑设计基础、
  室内设计基础、空间形态设计、景观设计
  方法等；
• 专业方向：环境交互设计、公共艺术设计、
  建筑专题设计、景观专题设计、展示专题
  设计、参数化专题设计等；
• 综合运用：项目工作坊、专业考察、毕业
  实习、毕业设计

课程体系框架
```

图2-2　广东财经大学环境设计专业课程体系框架

## （三）广东第二师范学院

广东第二师范学院美术学院环境设计专业人才培养专业定位是对标建筑装饰、景观设计、室内设计、展陈设计等行业人才需求，满足中国社会主义现代化建设的现实需要，以培养具有一定的创新创业的能力，能够胜任建筑装饰、室内设计、景观设计等设计工作以及与本专业相关的科研、

教育工作，能适应珠三角经济社会发展多种需要的高素质应用型人才培养目标，学生毕业后5年左右，能胜任设计企业设计主创、设计主管、设计总监等岗位或自主创业[7]。其课程体系框架主要由通识教育、基础教育、专业教育、职业教育和课外活动与社会实践五个模块组成，反映了广东普通高校环境设计专业的课程结构，具有普遍性，如图2-3所示。

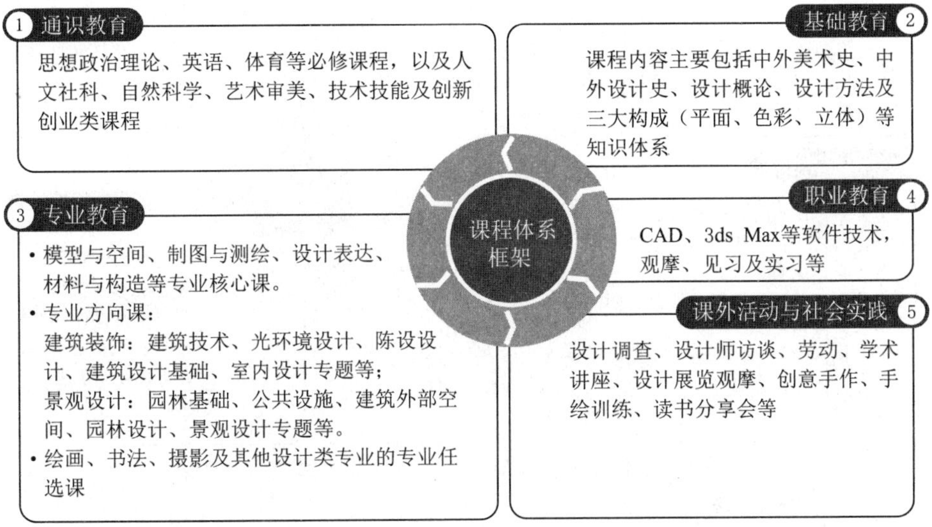

① 通识教育
思想政治理论、英语、体育等必修课程，以及人文社科、自然科学、艺术审美、技术技能及创新创业类课程

② 基础教育
课程内容主要包括中外美术史、中外设计史、设计概论、设计方法及三大构成（平面、色彩、立体）等知识体系

③ 专业教育
- 模型与空间、制图与测绘、设计表达、材料与构造等专业核心课。
- 专业方向课：
建筑装饰：建筑技术、光环境设计、陈设设计、建筑设计基础、室内设计专题等；
景观设计：园林基础、公共设施、建筑外部空间、园林设计、景观设计专题等。
- 绘画、书法、摄影及其他设计类专业的专业任选课

④ 职业教育
CAD、3ds Max等软件技术，观摩、见习及实习等

⑤ 课外活动与社会实践
设计调查、设计师访谈、劳动、学术讲座、设计展览观摩、创意手作、手绘训练、读书分享会等

课程体系框架

图2-3 广东第二师范学院环境设计专业课程体系框架
（图片来源：广东第二师范学院官网）

## （四）仲恺农业工程学院

仲恺农业工程学院何香凝艺术设计学院环境设计专业培养具有扎实的专业基础理论和职业技能的高级环境艺术设计专业人才，毕业生主要从事室内与软装设计、展示与公共艺术设计、建筑与景观设计及其项目策划与管理方面的相关工作，同时还可从事城市规划、城市设计、建筑设计等相关专业的工作。体现出的专业特色是依托学校农工学科背景，在专业模块化课程体现农工特色，将设计教育与社会需求紧密结合，培养既有较高环境设计水平，又具有一定理论造诣的重点服务于城乡生态旅游设计、旧村落改造等领域的环境设计艺术人才；注重岭南的地方特色，结合岭南城乡发展，设置室内与软装设计、展示与公共艺术设计、建筑与景观设计三大

专业方向；实行工作室制教学，强调实践教学环节的重要性，将科研与教学相结合，培养学生设计能力及实践应用技能[8]。课程体系框架主要由通识教育、学科基础教育、专业基础教育和实践教学四大平台（有些高校也称为模块）组成，如图2-4所示。

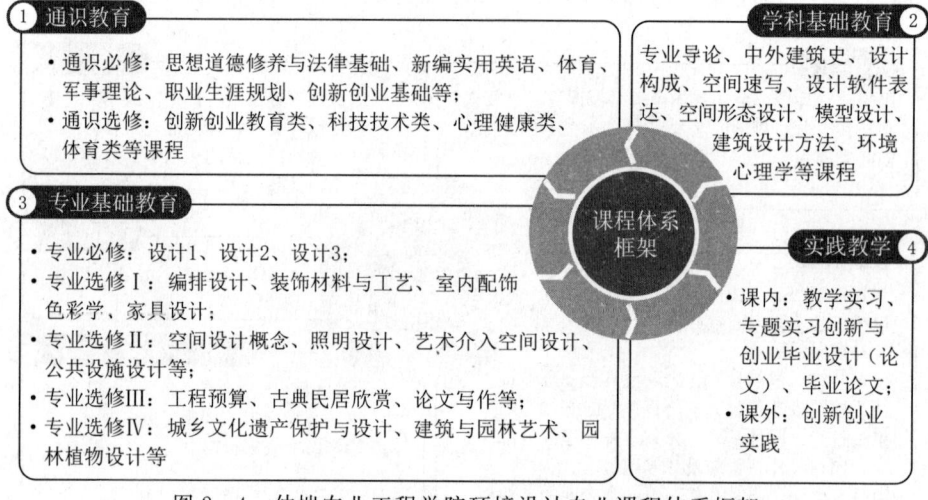

图2-4　仲恺农业工程学院环境设计专业课程体系框架

## （五）广东技术师范大学

广东技术师范大学美术学院环境设计专业培养具备室内外环境设计、项目策划与经营管理、工程施工与监理、中等职业教育等能力，具备较强的实践创新、团队协作、组织协调能力，面向室内或景观设计企业、施工或监理企业以及相关专业中职院校，为广东地方经济建设和社会事业服务提供设计、管理、教育的高素质应用型人才。根据学校"面向职教、发展职教、引领职教"的办学定位，社会需求确立专业人才培养目标，以职业能力为本位制定人才培养方案，以岗位能力为基点开展课程改革，以双师型为目标大力加强教师队伍建设，以实训实习基地建设为支撑积极推进产学研结合，体现"依托产教合作，搭建素质平台，强化技能训练，突出职业能力"的应用型人才培养特色。课程体系框架由通识教育、学科基础教育、专业基础教育、创新创业、实践教学五大平台组成，如图2-5所示。

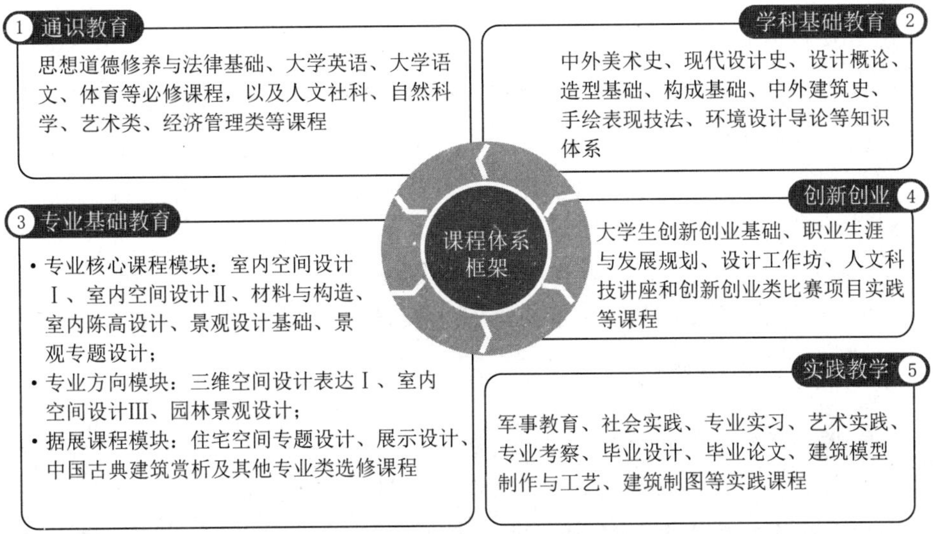

## 1 通识教育

思想道德修养与法律基础、大学英语、大学语文、体育等必修课程,以及人文社科、自然科学、艺术类、经济管理类等课程

## 2 学科基础教育

中外美术史、现代设计史、设计概论、造型基础、构成基础、中外建筑史、手绘表现技法、环境设计导论等知识体系

## 3 专业基础教育

- 专业核心课程模块:室内空间设计Ⅰ、室内空间设计Ⅱ、材料与构造、室内陈设设计、景观设计基础、景观专题设计;
- 专业方向模块:三维空间设计表达Ⅰ、室内空间设计Ⅲ、园林景观设计;
- 拓展课程模块:住宅空间专题设计、展示设计、中国古典建筑赏析及其他专业类选修课程

## 4 创新创业

大学生创新创业基础、职业生涯与发展规划、设计工作坊、人文科技讲座和创新创业类比赛项目实践等课程

## 5 实践教学

军事教育、社会实践、专业实习、艺术实践、专业考察、毕业设计、毕业论文、建筑模型制作与工艺、建筑制图等实践课程

课程体系框架

图 2-5 广东技术师范大学环境设计专业课程体系框架

# 四、高校环境设计专业课程设置现状分析[9]

从以上对国内外中职学校与本科院校专业设置情况、广东高校人才培养方案调研过程中所获得的专业课程大纲、课程设置,以及对广东高校人才培养方案现状分析可见,通过对国内外高校同类专业课程设置的调查研究,比较它们之间的课程名称、开设时间、课程性质、课程内容等,在广度和深度上对环境设计专业应用课程及教学内容体系的改革具有重要的代表性和参考意义。经调研及课题组分析总结,国内外环境设计专业课程设置具有以下四个特点。

## (一)与国内相比,国外高校更重视课程梯级式的灵活衔接

英国、美国、日本等国家高校开设的专业应用型(核心)课程会灵活贯穿于整个学期,不集中在 4 周或 5 周的阶段式课程来完成,这类课程从大学二年级陆续开展,根据专业课程的难易程度衔接不同的企业导师进课堂,安排相关的市场调研和企业实践,通过完成小课题方案和报告,或者积极参加各类专业比赛的形式,逐步深化理论与实践知识的转化。课程设

置逐渐体现出在充分调用学生的能动性的基础上，循序渐进，由简入难，逐步过渡到难度更大，呈现上升式的阶梯式课程结构。开设的专业核心课程如建筑设计、室内空间设计、参数化设计等课程，通常需要前期扎实的软件课、材料构造课等作为基础，才可更好展开。而我国院校的专业课程则是以集中的形式开展，周期短，知识结构的逻辑性体现较弱相对来说较为僵化。

### （二）实训/实验课程在国内外职业教育占据越来越重要的分量，注重创新创业能力培养

职业教育的办学特点是基于市场对专业技术人员需求考虑的，它不需像综合高等院校以培养综合性人才为办学宗旨，而是有针对性地以就业市场中某个行业对技术人员的需求进行人才培养方案的制定。因此，在办学中增设实训（实操）课程或增加课时量，皆是基于对就业市场的需求——毕业生进入设计公司或企业进行生产力的输出，企业无须耗费人力物力培养新人。国外发达的中职教育国家，如德国，实验实训课程与职业技能锻炼的学分、学时的占比明显比国内大部分学校高，这反映出国外职业教育对实践的重视。

### （三）传统重理论、轻实践的课程制约学生的专业技能和创造力的发挥

高校课程体系中各个部分的科学性和系统性有待进一步提高，存在重理论、轻实践的现象，高校对学生的专业技能培训不够重视，课程实训环节还需进一步强化，传统的课程设置缺乏与其他学科的有机联系与承上启下的有效衔接。此外，由于高校的课程考核主要是由任课教师进行，这就造成课程考核具有很强的主观性和片面性，这不仅影响了学生的学习热情和技能提升，还会对学生的创新思维的提升产生消极影响，阻碍了课程建设的长远发展。同时，高校由于缺乏相应的实验设备，忽视学生的实际锻炼，学生缺乏相应的锻炼机会，其专业技能难以应对外部市场需求。环境设计包罗万象，内涵丰富，环境设计专业人才的培养离不开校内、校外的有效衔接。因此，课程的建设与完善必须与科技、工艺、材料相结合，逐步向商品市场和大众审美要求靠拢。

## （四）各高校根据学校发展定位与区域经济发展特点开设特色专业课程

根据课题组调研广东16所开设环境设计专业的高校，以及对比研究华南师范大学、广东财经大学、广东第二师范学院、仲恺农业工程学院和广东技术师范学院环境设计专业人才培养方案，发现各个高校为了更好地提高人才培养质量，深入挖掘并极大发挥本校资源以及师资特点，同时结合粤港澳大湾区经济发展与时俱进调整教学进度计划的课程设置，将该专业人才培养方案的专业课程在国家规定要求内获得了最突出和有特色的体现。华南师范大学开设了非正式课程，包括思想引领、创新创业、全球学习和朋辈教育4个模块的课程，这4个模块的课程主要在校外实践、交流、调研中完成，这些课程提升了学生的思维能力，是对校内课程的充分补充，也体现了学校在人才培养中灵活、开放的思路。广东财经大学环境设计专业开设"GIS大数据平台与数据可视化应用"和"参数化设计"课程，密切结合前沿设计领域，在人才培养方面抢占高地。同时，思维与方法模块下的课程，独具特色。该模块的课程属于全校性的公共课程，文理兼修，包括选修和必修，学生可以在完成专业课程学习后任意选修其他感兴趣的思维方法课程，这对创意创新思维的培养与学术研究有重要的铺垫作用，值得各高校借鉴。仲恺农业工程学院结合自身农业院校资源的特点，开设了"农业园景观设计"和"城乡文化遗产保护与设计"等特色课程，凸显农业院校背景的特色人才培养。广东第二师范大学环境设计专业的课程体系实践教学平台设置方式灵活多用，注重思考和分享。广东技术师范大学环境设计专业开设了梯级式专业课程，如"室内设计Ⅰ""室内设计Ⅱ"和"室内设计Ⅲ""三维空间设计Ⅰ""三维空间设计Ⅱ"和"三维空间设计Ⅲ"，呈现系列化、逻辑性的递进关系，注重综合应用型人才培养。

由此可见，各高校通过优化人才培养方案，以达到人才培养的差异化和个性化，从而在对接人才市场和服务于区域经济发展中赢得优势，在激烈的就业竞争中获得胜利，最终实现高校育人质量的提升，推动专业教育的建设发展。

## 五、高校环境设计专业人才培养存在的问题

2014年，李克强总理提出"大众创业，万众创新"，掀起了国内创新创业的热潮。此前，高校普遍对创新创业教育的关注度较低。人才培养方案中对创新创业教育课程的体现，是应用型本科院校实施创新创业教育的重要依据和先决条件，因此，分析高校环境设计专业人才培养的主要问题，对提高人才培养质量具有关键作用。基于前面对广东高校人才培养方案的研究，目前高校环境设计专业人才培养中存在的问题主要有以下三方面。

### （一）重理论，轻实践

国内大部分高校人才培养一直以来存在重理论、轻实践的现象。高校环境设计专业实践教学占总学分的比例为20%～30%，即在人才培养中，理论课教学占七八成，实践实训课教学占二三成，实践实训课程占比偏低。"实践是检验真理的唯一标准"，高校大学生需要在吸收系统理论知识的基础上加以应用和内化。环境设计专业是艺术与科技结合的学科，设计方案需要通过实际工程项目施工与管理跟踪，在无数次的施工图纸与现场协调、核对和修正中才能获得设计构思到项目落地的转化。例如，在环境设计专业核心课程"园林景观设计"的课程项目设计"广州老旧社区公园改造设计项目"中，需完成项目前期的实践调查，如问卷调研、环境行为观察记录等，才能从中发现问题，并通过设计的方法、手段解决问题，而且不同设计项目需要不同的设计手法解决对应的问题，体现了实践参与的关键性与重要性。设计与科学、感性与理性的紧密结合在环境设计实践中至关重要。

### （二）对创新创业教育重视不足

近几年，国家对创新创业教育出台的一系列政策以及指导性文件，在制度层面上促进了高校创新创业教育建设与发展，健全了相关制度规定，但是在调研过程中，发现创新创业教育并未得到充分重视，创新创业教育普遍处于边缘地位，并未形成专业教育体系。在高校人才培养过程中，以

毕业生就业率来评定和衡量该专业人才培养和教学质量，并直接与该专业今后的招生挂钩。在每年的4—6月毕业季期间，实行就业信息填报，就业率统计在全省高校中排名，给各大高校造成非常大的压力，对传统的就业观过于执着。殊不知，一味地追求学生的就业率，无形中打击了学生创业的积极性和可能性，不敢创新，不敢突破，不敢创造，导致高校创新创业教育在人才培养过程中"形而上学"。

### （三）"双师型"教师匮乏

随着高校对教师学历越来越重视，博士研究生学历学位成为进高校的门槛，高校各专业并不缺乏高水平专业理论的教师，而具有项目施工、管理、后期维护或者是企业运营经历的教师非常少，缺少实践能力。高校通常会通过校企合作、产教融合等方式，邀请企业高级工程师、优秀设计师参与到课程中，但由于在与课程对接的机制、制度保障等的滞后，通常也只是流于表面的课堂互动，或者实地考察，并没有解决学生对项目从设计到施工，再到落地过程中各种细节的疑惑。环境设计的专业人才，大部分从事承担室内设计和景观设计项目图纸设计的工作，普遍在就业之初存在缺少现场施工实践与管理的经验。这种实践经验的缺乏会反过来导致方案设计图纸仍然停留在虚拟层面，甚至"天马行空"，不具备项目落地的可行性。因此，高校双师型师资普遍存在匮乏问题。

## 参考文献

[1] 李砚祖. 空间的灵性：环境艺术设计 [M]. 北京：中国人民大学出版社，2017.
[2] 宋立民. 环境设计：教育与教学 [J]. 设计，2020（13）：70.
[3] 宋立民，于历战，李朝阳. 回顾与前瞻：清华大学美术学院环境艺术设计系发展脉络与学科建设 [J]. 装饰，2019（9）：22-25.
[4] 郑曙旸. 中国环境设计研究60年 [J]. 装饰，2019（10）：10.
[5] 华南师范大学. 环境设计专业介绍 [EB/OL]. http：//aol. scnu. edu. cn/a/20211228/473. html.
[6] 广东财经大学. 环境设计专业 [EB/OL]. http：//art. gdufe. edu. cn/2021/1018/

c8000a143219/page.htm.

[7] 广东第二师范学院. 环境设计专业介绍 [EB/OL]. https：//www.gdei.edu.cn/msxy/2021/1226/c3458a73392/page.htm.

[8] 仲恺农业工程学院. 环境设计系简介 [EB/OL]. https：//ysxy.zhku.edu.cn/info/1098/1340.htm.

[9] 曾丽娟, 陈超. 面向职业技能和创新能力培养的环境设计专业应用型课程体系改革 [J]. 美术教育研究, 2019 (11)：110 – 112.

# 第三章　高校环境设计专业创新创业教育现状与问题

随着社会经济的发展和时代的进步，社会对高等教育提出了更高的要求，"创新创业"也日益进入到人们的视野。党的十七大报告中明确提出了"建设创新型国家"的战略目标，《国家中长期教育改革和发展规划纲要（2010—2020年）》、教育部下发的《关于大力推进高等学校创新创业教育和大学生自主创业工作的意见》中都明确指出，要大力推进高等学校创新创业教育，要求高校创新创业教育要面向全体大学生，提高高校人才培养质量，助力区域经济发展建设。

2012年，党的十八大报告论述了高校创新创业教育改革的实施意见；同年8月，教育部办公厅印发了《普通本科学校创业教育教学基本要求（试行）》，要求把创业教育融入人才培养体系，贯穿人才培养全过程，面向全体学生广泛、系统开展。要加大实践教学比重，丰富实践教学内容，改进实践教学方法，激励学生创业实践，增强创业教育教学的开放性、互动性和实效性。2015年，国务院办公厅发布了《关于深化高等学校创新创业教育改革的实施意见》。2017年，教育部出台了《普通高等学校学生管理规定》，对学生参加创新创业、社会实践活动等可折算学分做了说明，实现创新创业教育与学分对接。

党的十九大报告指出要加快建设创新型国家。创新创业教育是高校专业教育重要组成部分，创新创业教育的质量和水平与建设创新型国家，需要创新型人才推动，而提高创新创业教育的质量水平是创新型人才培养的核心。把创新创业教育与专业教育、人才培养体系相融合，提升学生创新创业能力、实践能力和职业发展能力是高校深化改革，培养创新型人才的重要途径[1]。在国家大力发展和积极推动创新创业教育背景下，高校环境设计专业创新创业教育现状如何？本章以地方高校为例，以改革创新为动力，以创新创业教育为抓手，推进广东高校环境设计专业创新创业教育理论和实践改革研究，构建核心课程体系，探索提高环境设计专业人才培养的有效策略，增强学生的创新创业能力和职业竞争力，为创新型国家的建设和经济社会发展，培养和输送创新型高素质人才。

## 一、环境设计专业创新创业教育实施背景调研分析

### （一）环境设计专业创新创业教育实施的政策保障

高等学校开展创新创业教育，培养大学生创新创业意识，是各高校服务于建设创新型国家重大战略的举措，是深化高等教育教学改革，培养符合社会需求的创新创业型人才的重要途径。《广东省职业技术教育改革发展规划纲要（2011—2020年）》指出，以服务经济发展方式转变、促进产业转型升级……创新发展模式，增强办学活力，提升办学水平，探索建立学历教育与技能教育互通机制……明确了创新创业在教育教学改革中具有越来越重要的作用，是高校专业课程体系改革与建设的时代趋势。

依据教育部将1999年大学扩招后600多所"专升本"的地方本科院校逐步转型为职业技术学院，体现以重点培养工程师、高级技工、高素质劳动者等改革的现代职业教育信息，中国高等教育发生了革命性调整。2012年颁布的普通高等学校本科专业目录新增艺术学学科门类，环境设计专业是设计学专业之一，如何将创造力的培养融合到环境设计教育中，成为艺术设计类人才培养的关键问题。在当前高校双创教育发展背景下，以职业技能和创新创业能力培养为导向的环境设计专业课程，在改革建设中变得尤为迫切，落实人才培养目标与方案则需从专业应用型课程教学入手，传统理论教育的课程及其教学内容体系将发生重大变革。

2015年，我国出台的《关于深化高等学校创新创业教育改革的实施意见》指出，高校要转变现有的教育观念和形式，逐步打造创新创业教育课程体系，重视培养学生的创新创业能力，启发学生自主创新思维[2]。创新创业教育从最早发端于欧美发达国家至今已有70多年历史，它是指高校培养具有自主创业基本素质和开创性品质的人才教育[3]。我国从20世纪90

年代开始出台各种政策与措施,并逐渐完善(图3-1),开展各种国家级和国际级的创新创业活动,鼓励并提升高校开展创新创业教育,营造和提供了越来越优越的实践平台和政策环境。国内高校基于国家的良好政策,不断深入改革与发展,通过组织大学生创新创业大赛,举办由校级、省级到国家级的"挑战杯"竞赛,大学生科技创新活动等;在高校内建立众创空间与创新创业独立学院,完善师资队伍与创新创业教育课程体系构建;同时通过校企合作搭建大学生创新创业实践基地与活动平台,为高校培养高素质和高品质人才打下坚实基础。

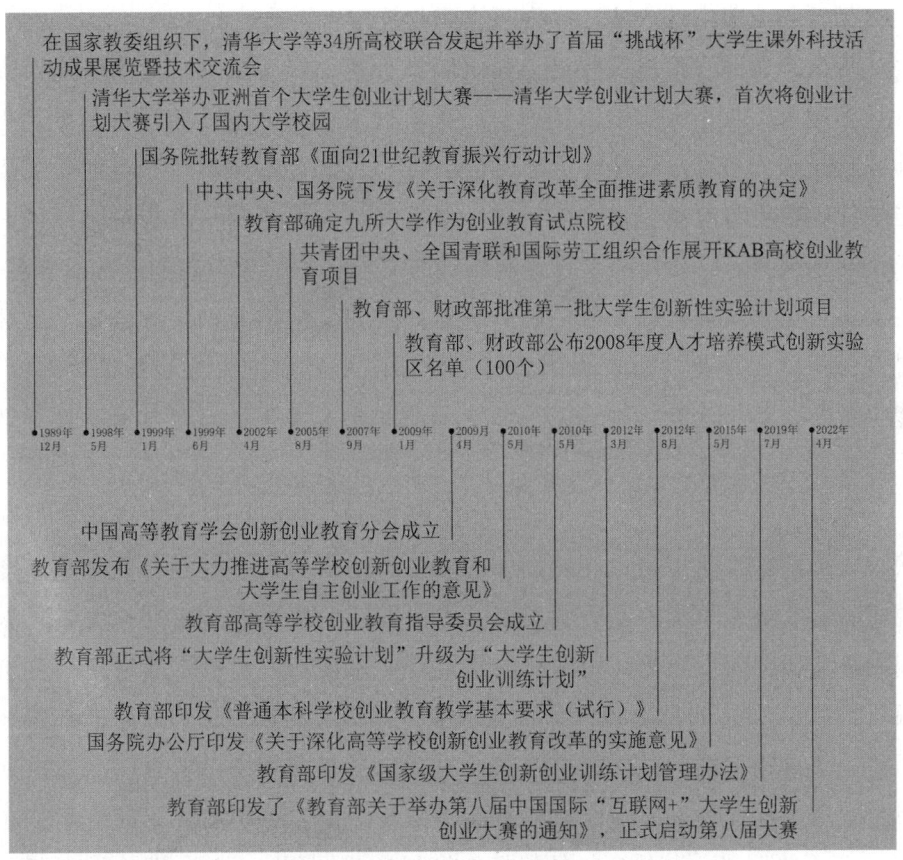

图3-1 我国创新创业教育发展重要政策及事件

## (二)环境设计专业行业背景分析

改革开放40多年的历程我国各行各业呈现出一片繁荣,被称为"21

世纪朝阳产业"的环境设计建筑装饰工程在我国蓬勃地发展。以经济建设为中心的"大环境"为我国环境艺术建设工程提供了一个前所未有的空间，由于文化教育的普及和生活与消费水平的提高，人们对所生存的环境空间有了更广泛的文化艺术需求。我国正经历着从环境美化处理向创造美好环境转化。据调查统计，我国建筑行业2022年完成工程产值达29万亿元。这个潜力巨大的市场使国内各行各业趋之若鹜，教育作为一个与之相关的行业也当仁不让，广阔巨大的市场同时也呼唤具有专业水准的环境设计师。结合国家对创新创业教育改革政策，培养适应时代与区域经济发展需要和具有创新创业能力的人才，成为高等职业教育面临的一个课题。

房地产业的飞速发展促进了建筑装饰行业的快速发展，促使环境设计师供不应求，基于大学生创新创业训练项目实践的环境设计专业梯级课程体系构建，为市场培养急需人才是必要性和重要性的体现。行业的发展为专业课程建设与改革提供现实土壤。根据网络人才招聘信息查询、岗位需求调研结果显示，建筑模型设计制作师的需求日益增加，甚至是供不应求，主要集中在建筑设计院、规划院、房地产公司、室内装饰设计公司、园林景观公司以及专业的模型制作公司。根据市场需求，及时更新教学内容、完善教学改革与建设，对于提升环境设计专业人才质量与综合素质具有理论与现实双重意义。

随着人民生活水平、居住水平的不断提高，我国已步入现代化建设和快速发展的城市化道路，环境设计热潮已经逐渐引起了各界的关注和高度的重视。它与整个国家经济的发展、人民生活的改善有着密切的关系。据前瞻产业研究院发布的《中国智能建筑行业发展前景与投资战略规划分析报告》显示，在2013—2019年的建筑业，作为我国重要的物质生产部门经历了一个高速发展的过程，结伴同行的还包括有市政建设项目和房地产项目也经历了同样的发展。以地产商品房销售为例，销售面积累计值除了在2019年下降明显，其他几年的保持在高增长率（图3-2）；即使受到新冠疫情的影响，2021年3月至2022年12月仍处在增长阶段，2022年1月至2022年3月则呈负增长的态势（图3-3）❶。我国建筑装饰行业产值预测达

---

❶ 数据来源：观研报告网.2021—2022年3月中国商品房销售面积及销售额统计情况.

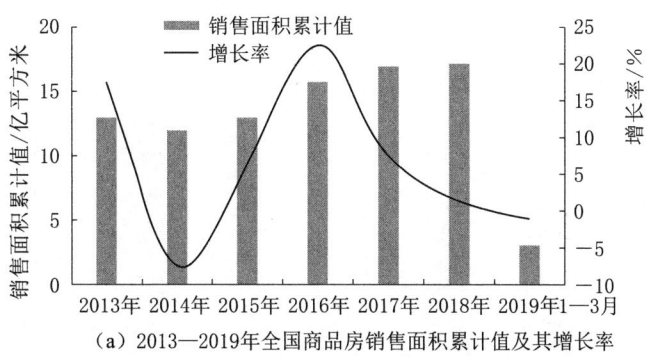

（a）2013—2019年全国商品房销售面积累计值及其增长率

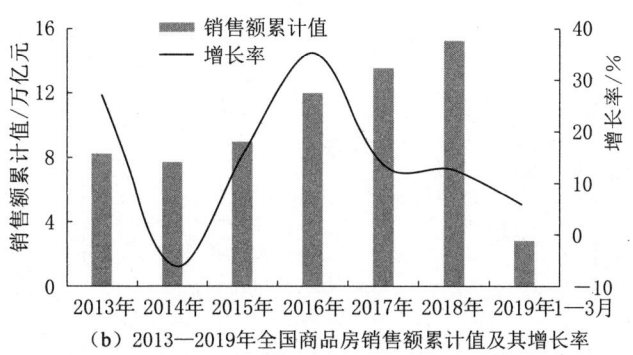

（b）2013—2019年全国商品房销售额累计值及其增长率

图3-2　2013—2019年全国商品房销售面积、销售额累计值及其增长率

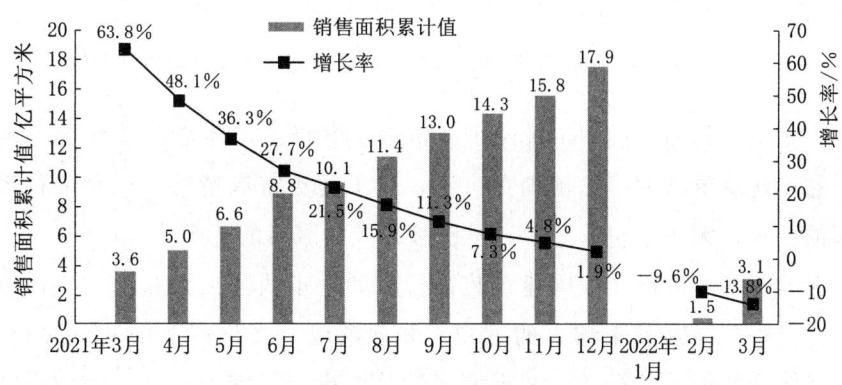

图3-3　2021—2022年度全国商品房销售面积累计值及其增长率

到了6.15万亿元，其市场盈利预测毛利达24.84%（图3-4）。无论是室内设计还是景观设计均需要大量的环境艺术设计人才，其专业涵盖了室内空间设计、室外空间设计、广场设计、园林设计、街道设计、景观设计、城市道路桥梁设计等全方位、多范围的设计领域。根据著名的环境艺术理

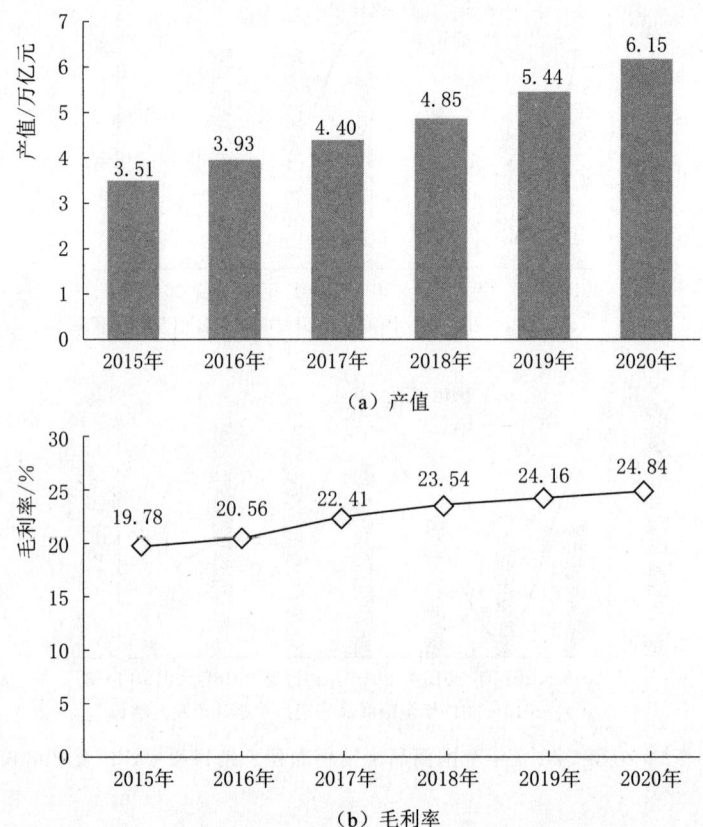

图3-4 2015—2020年全国建筑装饰行业预测及产业市场盈利预测

论家理查德·P.多伯（Richard P. Dober）解释道，环境设计作为一种艺术，它比建筑更巨大，比规划更广泛，比工程更富有情感。这是一种爱管闲事的艺术，无所不包的艺术，早已被传统所瞩目的艺术。

自改革开放以前，我国建筑装饰行业如今正从轻工行业向文化产业过渡，已经得到国家越来越大的重视，并逐渐成为文化产业中的支柱行业。市场经济的发展，各行各业都需要建筑装饰设计、室内设计，因为设计人才是一个行业的智囊和喉舌。我国建筑装饰设计队伍较为庞大，强大的市场需要为毕业生提供的众多岗位。据调查数据显示，2015年全国建筑业总产值为18.08万亿元，同比仅增长2.3%。2016年全国建筑业总产值达到19.36万亿元，同比增长7.08%。到了2017年，全国建筑业总产值为21.4万亿元，同比增长10.5%。截至2018年全国建筑业总产值达23.5万亿元，同比增长9.9%。预测在2023年全国建筑行业总产值将达到33.05万亿元左右，❶ 如图3-5所示。

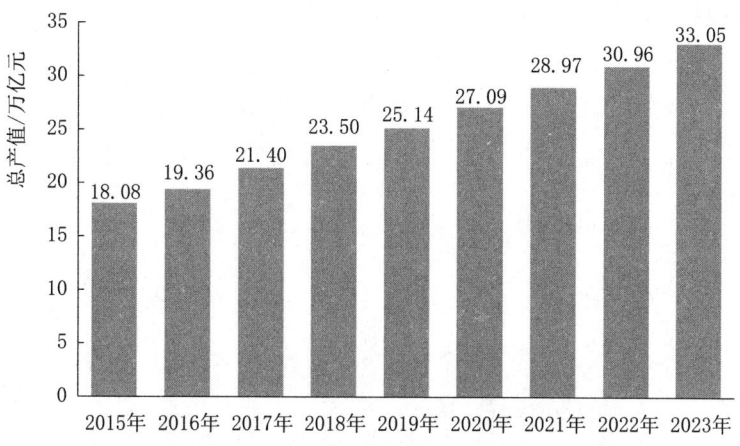

图3-5　2015—2023年全国建筑行业总产值统计情况及预测

2017年2月，国务院办公厅印发《关于促进建筑业持续健康发展的意见》（以下简称《意见》），总结了我国建筑业改革开放30多年来取得的经验与成就，指出了当前建筑业存在的主要问题，全面系统地提出了促进建筑业持续健康发展的总体要求和改革方向与措施。《意见》的出台，充分体现了党中央、国务院高度重视建筑业改革发展，充分体现了建筑业改革发展的顶层设计。以市场化为基础、以国际化为方向的理念，是今后一段时期内建筑业改革发展的纲领性文件。

### （三）岗位需求分析

**1. 环境设计专业就业与岗位需求调研分析**

经教育部发布全国教育事业发展统计公报数据统计，我国高等教育院校（不包括成人高等教育）从1978年的598所增加到2013年的2592所。2019年6月17日，教育部最新发布，截至2019年6月15日，全国高等学校共计2956所，其中，普通高等学校2688所（含独立学院257所），成人高等学校268所。2019届全国普通高校毕业生就业创业工作网

---

❶ 数据来源：前瞻产业研究院发布的《中国智能建筑行业发展前景与投资战略规划分析报告》2019年统计数据。

络视频会议在北京召开。教育部副部长林蕙青在会上透露，2019年全国普通高校毕业生预计834万人，比2018年增加14万人，再创新高，因一大批海归留学生大军加入大学生就业市场。2019年，海归毕业生与本土毕业生两者相加，将接近900万人（图3-6）。对于毕业生就业问题以及就业生存技能要求而言，各方面的挑战也随之而来。作为培训和输送一线人才的高校教育，不仅仅要面临着无比的压力，也带来的一次难得的改革机会。

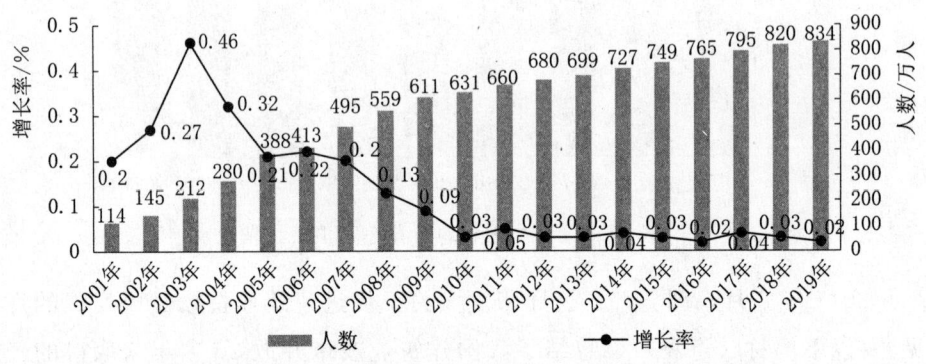

图3-6　2001—2019年高校毕业生人数及增长速度率数据统计

面对不断增长的就业大军，环境设计专业的就业排名如何呢？近几年，随着人们对生态环境的渴望，对环境设计专业的人才需求也日益增多。行业市场对设计的要求不仅仅是传统意义上的室内设计、景观设计，还有因高质量生活要求、生态文明建设带来的就业范畴的扩大。作为带动市场经济的"80后""90后"生力军，对于生活质量与公共场所、周边生活环境越来越高的要求，例如，环境及空间的设计也由过去偏重于硬件设施环境的设计转变为今天重视人的生理行为、心理环境等人文与生态并重的设计，随之而来的审美观外还要有艺术性、欣赏性、创造联想性等要求也趋于个性化服务，造就了一个不断面临挑战与机遇的设计行业市场。据相关就业信息登记数据调查发现，环境设计专业的就业情况相对乐观，在所有1099个专业中，就业排名第390名；在艺术学的35个专业中，就业排名第12名；在设计学类10个专业中，就业排名第5名。❶（图3-7）

---

❶　数据来源：麦可思2019年中国本科生就业报告数据统计。

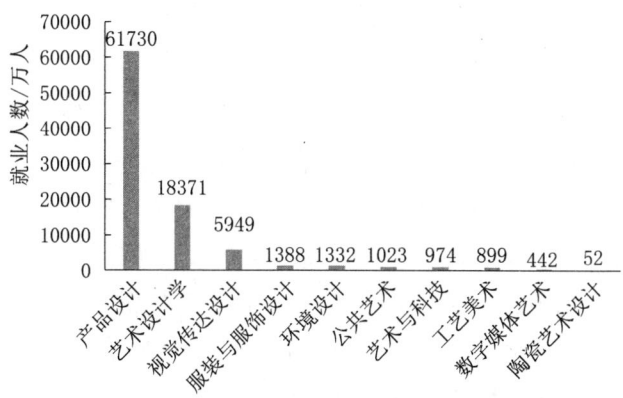

图 3-7 环境设计专业就业排名情况

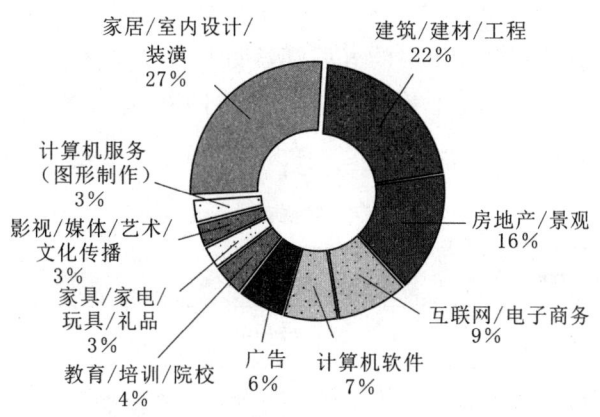

图 3-8 环境设计专业岗位需求方向

环境设计专业就业市场相对广阔，如图 3-8 所示，占比最大的就业方向为家居/室内设计/装潢（占环境设计专业就业岗位需求的 27%），建筑/建材/工程（占环境设计专业就业岗位需求的 22%），房地产/景观（占环境设计专业就业岗位需求的 16%）。环境设计专业就业范畴还涉及互联网电子商务、计算机软件、广告，以及影视/媒体/文化传播等领域，越来越多的行业需要融合环境设计专业进行同步发展，交叉学科之间的联系也越来越密切。行业对环境设计专业人才培养的综合素质的要求也会越来越高。具备创新思维与创业能力的人才，无疑在新时期"互联网＋"信息时代是最受青睐的。

### 2. 环境设计专业学生毕业从事方向及岗位情况

环境设计专业学生在四年的人才培养计划中，主要打造德、智、体、美全面发展，具备良好的职业道德和科学文化素养，掌握必备的环境设计理论知识与专业技能，具备室内外环境设计、项目策划与经营管理、工程施工与监理、中等职业教育等能力，具备较强的实践创新、团队协作、组织协调的能力，面向室内或景观设计企业、施工或监理企业以及相关专业中职院校，为广东地方经济建设和社会事业服务提供设计、管理、教育的应用型人才。

本专业毕业生所掌握的专业知识和技能可以从事的设计岗位较多，如建筑装饰、景观设计、室内空间设计、软装设计、展示设计等，除此之外，部分学生选择进入中职院校担任环境设计及相关专业的专业教师（表3-1），课题组面向2010级至2014级的五届环境设计专业毕业生，在问卷星上在线发放"广东技术师范大学美术学院环境设计专业用人单位满意度调查表"，通过数据整理获得表3-1和表3-2、图3-9～图3-11的统计数据。

表3-1　　　　　　　环境设计专业学生就业岗位情况

| 序号 | 就业单位 | 对应职业岗位 | 职业（执业）资格 |
| --- | --- | --- | --- |
| 1 | 室内设计公司 | 室内设计师 | 室内设计师 |
| 2 | 景观设计公司 | 景观设计师 | 景观设计师、园林工程师 |
| 3 | 房地产公司 | 设计管理人员 | 室内设计师、景观设计师等 |
| 4 | 陈设设计公司 | 软装设计师 | 室内设计师、软装设计师 |
| 5 | 展示设计公司 | 展示设计师、舞美设计师 | 展示设计师 |
| 6 | 中职院校 | 专任教师 | 中职教师资格 |

表3-2　　　2010级至2014级环境设计系毕业生就业情况

| 年级 | 2010级 | 2011级 | 2012级 | 2013级 | 2014级 |
| --- | --- | --- | --- | --- | --- |
| 毕业人数/人 | 33 | 25 | 63 | 81 | 62 |
| 就业人数/人 | 29 | 24 | 58 | 77 | 56 |
| 就业比率/% | 87.88 | 96.00 | 96.67 | 94.74 | 90.34 |

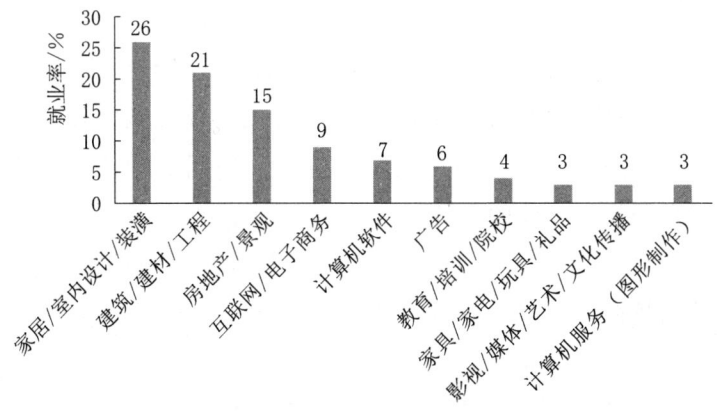

图 3-9　环境设计就业方向分布情况

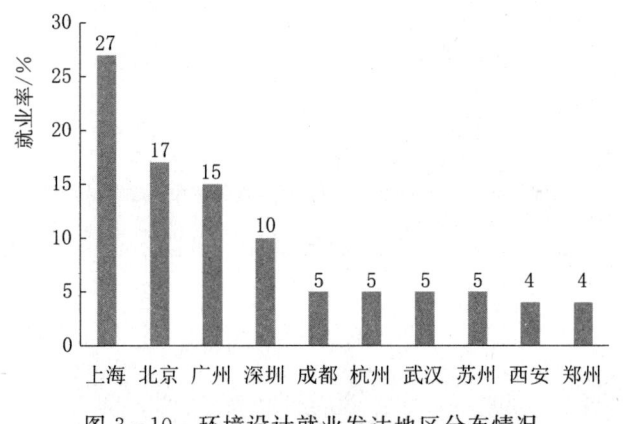

图 3-10　环境设计就业发达地区分布情况

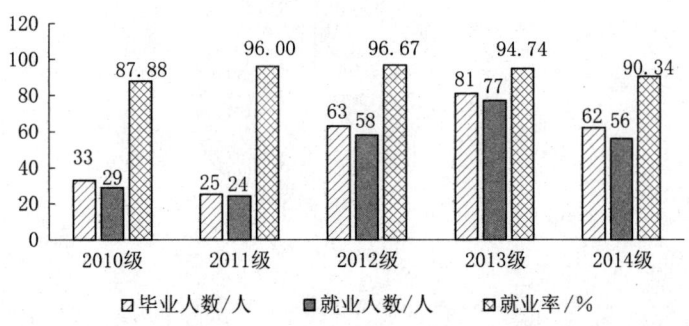

图 3-11　环境设计系 2010 级至 2014 级毕业生毕业初期就业统计情况

图 3-12～图 3-16 所示为环境设计系 2010 级至 2014 级五届环境设计专业毕业生最新就业岗位方向的统计数据，部分年级学生经过多年岗位更换以及自身因素需要进行调整外，其余都从事与环境设计专业相关的设计岗位，主要集中在室内设计（空间设计、展示设计、软装设计）、景观设计、教师（中职院校、非环境相关岗位教师、培训机构或企业培训部门）以及其他非环境设计专业的设计岗位（UI 设计、平面设计、摄影等）。

综合数据显示，环境设计专业的学生，毕业后就业岗位相对集中，还是在本专业领域内，从事行业占比较高的为本专业领域内的室内设计、软装设计和景观设计等行业。

**3. 环境设计专业毕业学生用人单位满意情况反馈意见统计**

据此次问卷调研数据统计，环境设计系 2014—2019 年毕业生共计 264

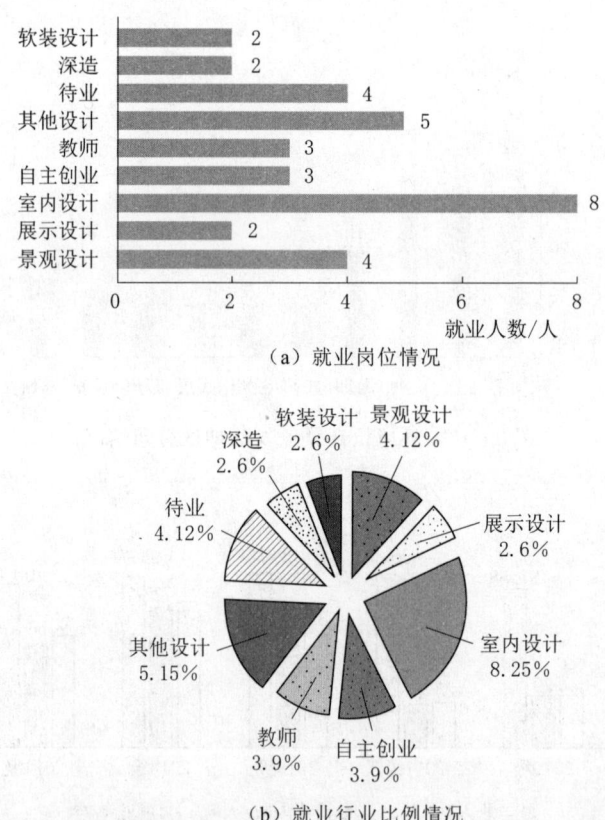

图 3-12　环境设计系 2010 级学生毕业就业岗位与行业比例情况

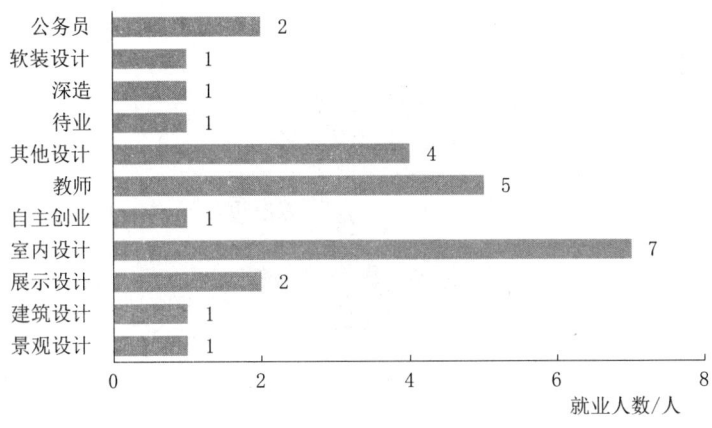

(a) 就业岗位情况

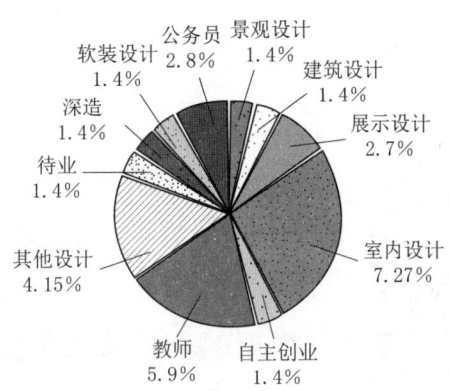

(b) 就业行业比例情况

图 3-13 环境设计系 2011 级学生毕业就业岗位及就业比例情况

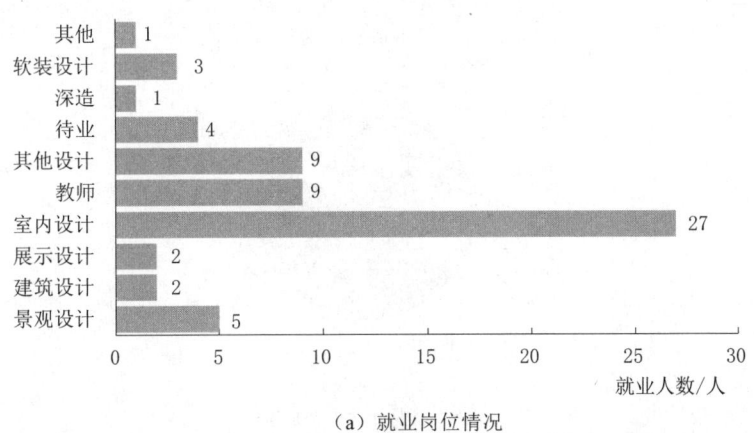

(a) 就业岗位情况

图 3-14（一） 环境设计系 2012 级学生毕业就业岗位方向与就业比例情况

融合创新创业教育的高校环境设计专业课程体系构建与实践

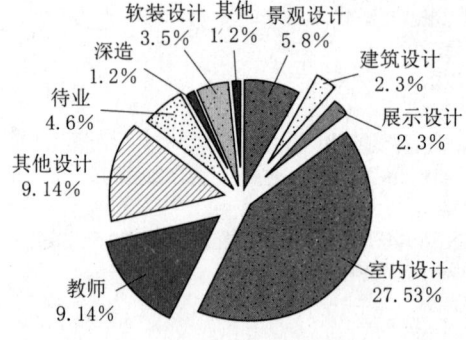

(b) 就业行业比例情况

图 3-14(二) 环境设计系 2012 级学生毕业就业岗位方向与就业比例情况

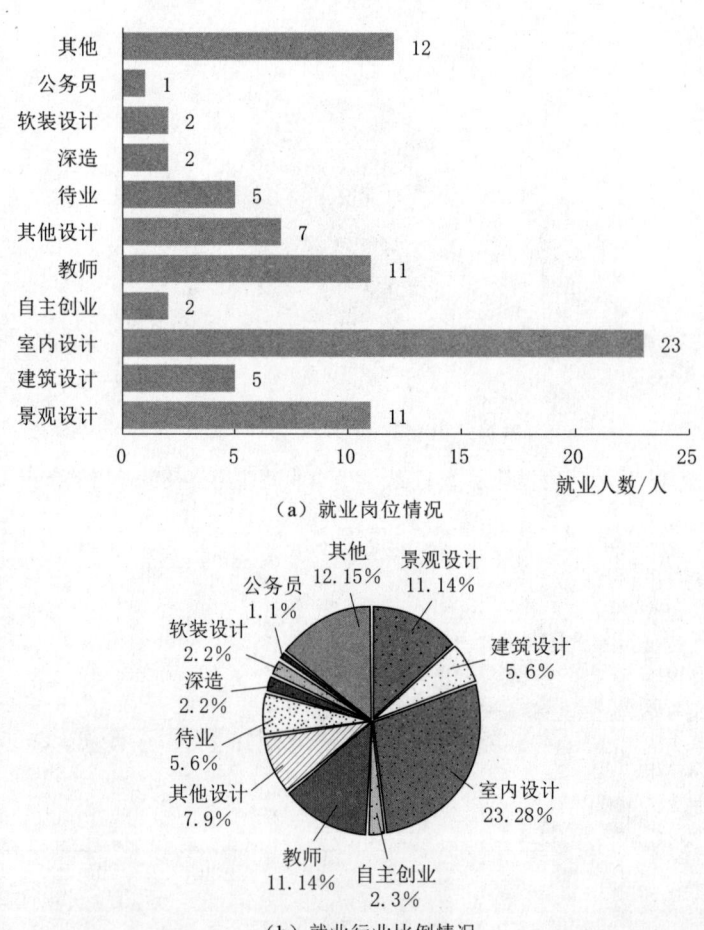

图 3-15 环境设计系 2013 级学生毕业就业岗位及就业比例情况

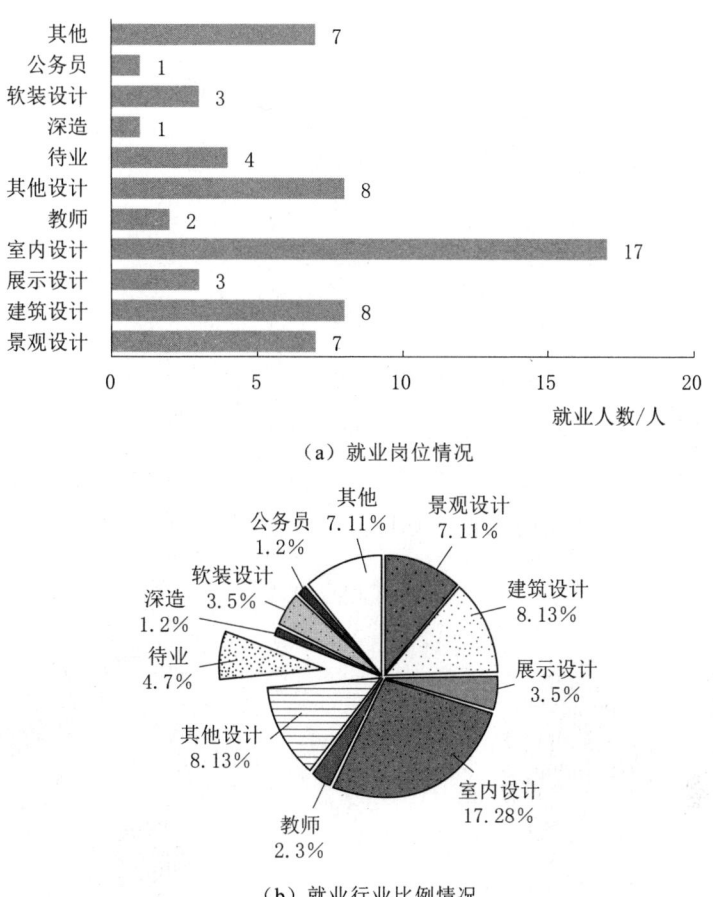

(a) 就业岗位情况

(b) 就业行业比例情况

图 3-16 环境设计系 2014 级学生毕业就业岗位和行业比例情况

人,就业人员共计 244 人,用人单位性质可分为五大类:事业单位、国有企业、民营企业、私营企业及其他,涉及行业岗位有景观设计、建筑设计、室内设计、教师、其他设计以及自主创业(法人、个体)等,年级毕业生平均在职时间为 1.592 年左右,最长在职时间为 4 年,部分学生的就业岗位更换频率较高,如图 3-17 所示。

环境设计专业的人才培养目标制定主要是以当前社会需求和行业发展情况而定,以职业能力为本位制定人才培养方案,以岗位能力为基点开展课程改革,以双师型为目标大力加强教师队伍建设,以实训实习基地建设为支撑积极推进产学研结合,体现"依托产教合作,搭建素质平台,强化技能训练,突出职业能力"的人才培养特色。除此以外,根据用人单位对

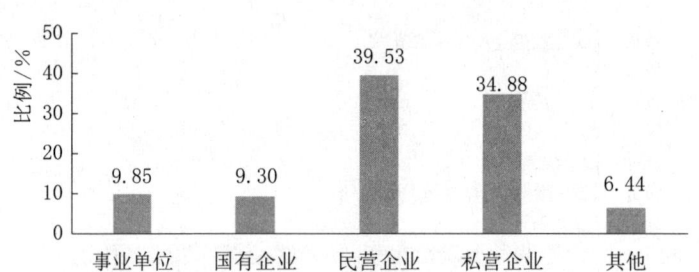

图 3-17　环境设计系毕业生就业的用人单位占比

毕业生在岗期间工作满意程度和反馈意见进行分析、研究对策，环境设计专业学生的基本技能及综合素质能力都能够满足事业单位、企业、公司及培训机构的用人要求，经用人单位精心培养，均可在单位工作上独当一面，根据问卷调研，统计获得数据，如图 3-18 和图 3-19 所示。

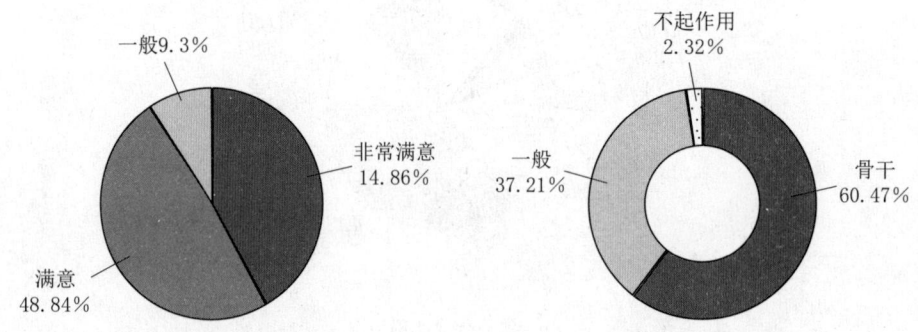

图 3-18　用人单位对毕业生工作的　　　图 3-19　环境设计系毕业生在
　　　　整体满意程度　　　　　　　　　　　　单位所起的作用

本次调研分为环境设计专业学生的综合素质、专业技能以及业务处理能力等方面，总结出用人单位对环境设计专业毕业生的整体满意程度，具体如下：

（1）学生的责任感与事业心强，团队协作精神强，能够维护单位的利益，能够处理好单位同事之前的关系，认真做好本职工作，岗位适应能力强，如图 3-20～图 3-22 所示。

（2）学生整体业务素质较好，能够运用自身业务知识解决工作中的问题，并完成单位布置的各项任务，能够得到用人单位及客户的认可。部分学生的创新思维及理念创新能力方面较差或不够成熟，未能达到用人单位要求，如图 3-23～图 3-26 所示。

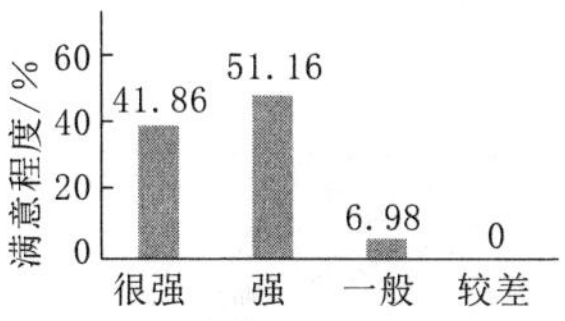

图 3-20 责任感与事业心情况

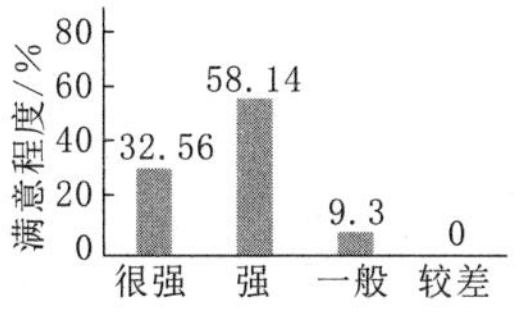

图 3-21 团队协作精神情况

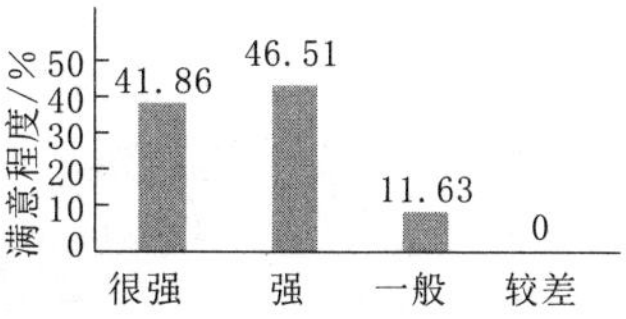

图 3-22 适应新的环境或岗位能力情况

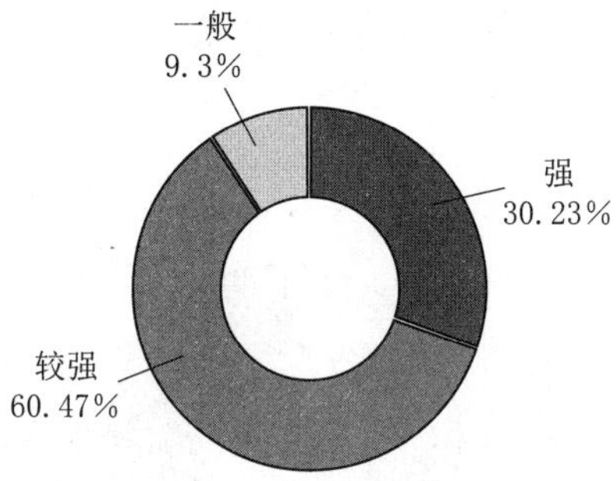

图 3-23 解决实际问题的能力

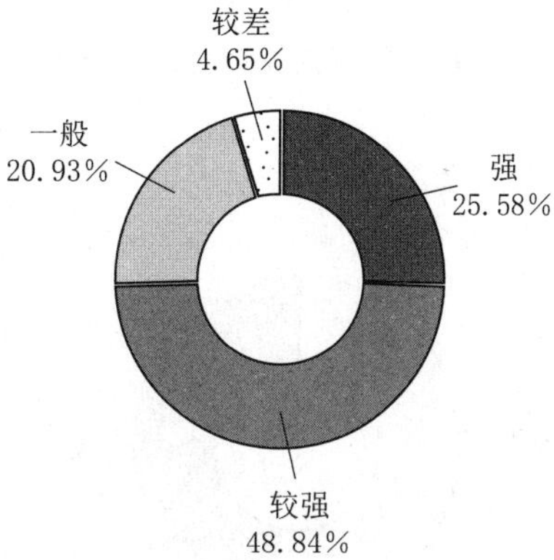

图 3-24 组织管理能力

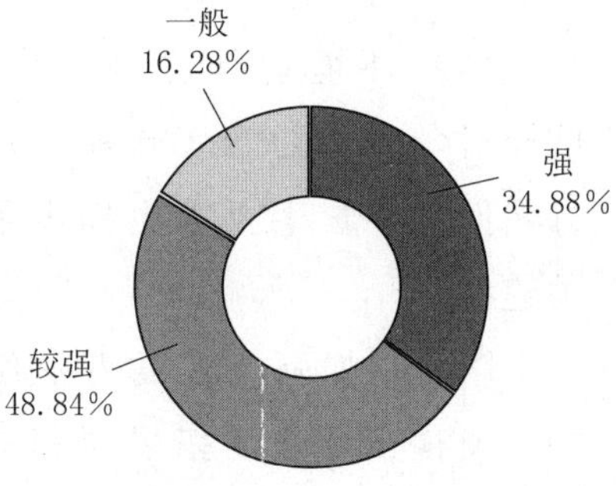

图 3-25 社会活动能力

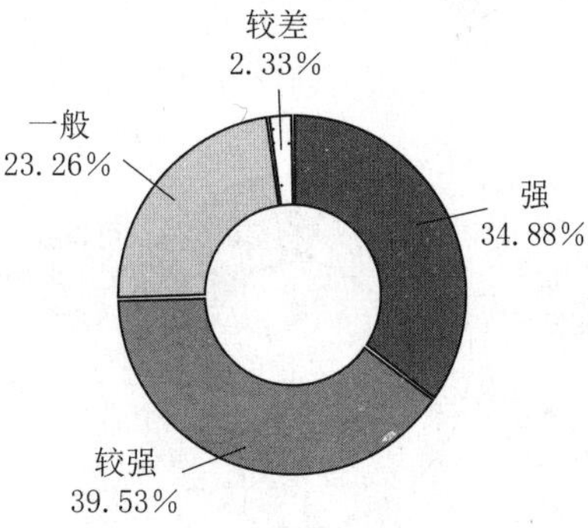

图 3-26 创新能力

（3）用人单位更多的是关注学生的专业技能运用能力，尤其是解决工作实际问题。学生的基本专业理论知识对岗位工作的帮助及运用率一般，对专业软件操作熟练度要求较大。绝大部分学生对于设计思维、创意表达以及专业专题知识的运用程度掌握较好，能够独立完成实际项目的设计工作，解决实际问题，如图 3-27～图 3-31 所示。

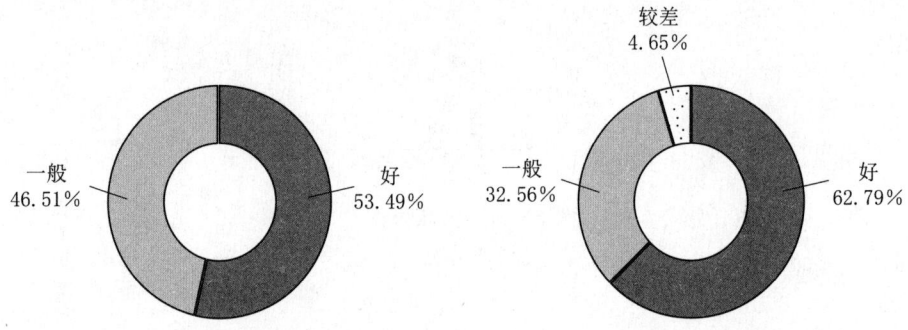

图 3-27 基本的理论知识对岗位帮助情况　　图 3-28 毕业生对专业软件操作熟练程度

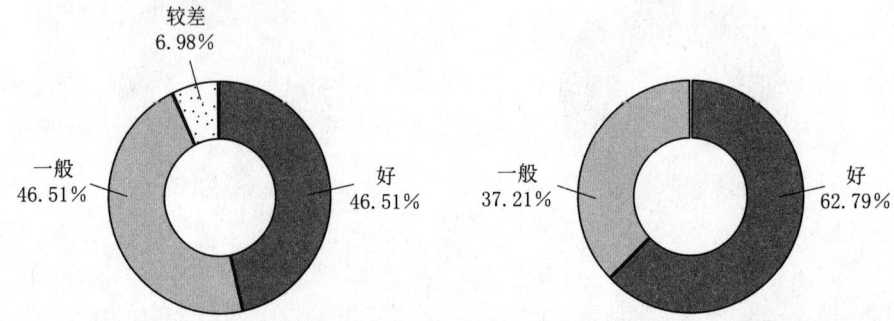

图 3-29 毕业生手绘表达操作熟练度　　图 3-30 毕业生设计思维及创意表达情况

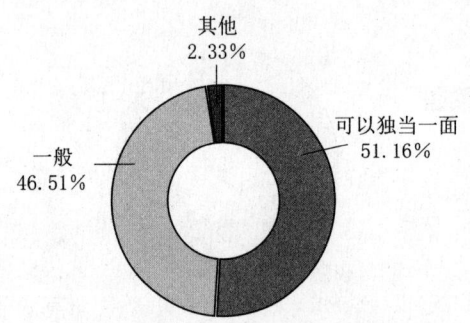

图 3-31 毕业生所学专业知识是否
可以独立完成贵单位的工作

（4）环境设计企业、公司、院校对学生的综合工作能力评价好，但对于学生要求也提出了相关建议：

第一，加强学生的专业结构知识架构、专业的拓展课程知识面量，制定满足学生的就业方向与从业岗位需要的综合型人才培养。如了解建筑规划图、定制家具的工艺和企业文化、景观施工技巧以及工程造价等方面。

第二，加强学生在校期间实践项目的参与能力和处理能力，更多地考虑在专业理论的基础上加强实践能力的培养，以及了解学生将来就业方向和从业岗位方向，普及对应岗位的实践能力和技术能力的要求。

第三，注重学生的设计思维与专业软件结合教学，加强设计创意表达能力与实践能力的培养。增加美学审美要求训练，拓展创新思维活跃度。

第四，为非师范专业的学生适当开设师范技能的辅修课，具备环境设计专业学生中等职业教育技能，完成相关教学、科研工作。

第五，掌握行业最新的建筑装饰材料、施工构造及加工工艺等知识，为设计创意创新思维提供源泉。

## 二、高校环境设计专业创新创业教育现状

高校人才培养方案的创新创业教育平台课程模块的建立和完善，对于深化创新创业教育改革发展，以及创新型人才的培养起着非常重要的作用。为了进一步了解广东高校环境设计专业创新创业教育现状，课题组对华南师范大学、广东财经大学、广东技术师范大学、仲恺农业工程学院，2019级环境设计专业人才培养方案中的创新创业教育类课程与实践性课程进行了调研分析。根据第二章所列出的这4所高校的人才培养方案，对创新创业类课程进行了归纳（表3-3）。通过表3-3所列信息，可以发现广东高校在环境设计专业与创新创业教育结合的人才培养方面具有共性与个性的特点。

### （一）共性——基础理论的全覆盖

环境设计专业教育与创新创业教育融合初步建立育人学科基础。环境设计作为设计学科下的二级学科，体现了创意、创新思维的学科特点。而设计作为人类的第三种思维，从事设计活动本身就包含了创新思维和潜在的创业行为。如前所述，环境设计是一门综合交叉学科，涉及设计学、艺术学、建筑学、城市规划、风景园林学、自然科学和社会学等众多领域。环境设计专业教育不仅强调培养学生具有审美能力、抽象思维能力、思维创造力和空间想象能力等，更注重启发学生综合运用跨学科知识开拓新思路、新方法，从而形成发现问题、分析问题、解决问题的科学逻辑思维，并形成终身受益的能力与本领。在专业课程教学中，通过以课堂讨论、创意构思、理念启发以及工程项目实践与实施环节的对接、检验以及总结，

表 3-3　　广东高校环境设计专业创新创业类课程

| 学校 | 课程类别 | 课程名称 | 学分/小时 |
|---|---|---|---|
| 华南师范大学 | 通识教育 | 创新创业：大学生创新创业训练计划、学生课外科研项目、文创产品培育与参赛等 | 2 学分 |
| | 非正式课程 | 创新创业模块：创新创业与创新劳动合同、旅游资源开发实践、发现美与丑等 | 10 小时 |
| | 小　计 | | 2 学分+10 小时 |
| 广东财经大学 | 通识教育（创新创业模块） | 必修：职业生涯与发展规划、创业基础、就业指导；<br>选修：创业家及创业管理实务、大学生 KAB 创业教育基础、创业学基础、创业教育指导 | 必修 3 学分<br>选修 6 学分 |
| | 小　计 | | 9 学分 |
| 广东技术师范大学 | 创新创业教育平台 | 必修：大学生创新创业基础、职业生涯与发展规划、就业指导；<br>公共选修：创新创业类、人文科技讲座（创新创业类 15 场）；<br>专业选修课：设计工作坊、创新创业项目实践 | 必修：4 学分<br>选修：8 学分 |
| | 小　计 | | 12 学分 |
| 仲恺农业工程学院 | 通识教育平台 | 必修：创新创业基础、职业生涯规划；<br>选修：创新创业教育类 | 必修：3 学分<br>选修：2 学分 |
| | 实践教学平台 | 课外（选修）：创新创业实践 | 4 学分 |
| | 小　计 | | 9 学分 |

形成闭环式从思想到实践的创造性引导，逐步培养学生的设计创新思维和创新技能。创新创业教育的培养目标则在获得新思维和新方法基础之上，更强调勇于、能于、巧于将所学知识转化为创业能力，具备终身创业意识和创业精神[4]。专业教育的基础知识、基本原则以及经验等传授等是实现创新创业教育的深层根基是专业教育中最基本的专业基础知识、基本原理以及实践经验方法。环境设计专业，是将艺术与科技高度融合的学科，具备创新创业的学科基础，将创新创业教育与专业融合发展，为实现个人创业的理想提供了肥沃的土壤。各高校如何将专业教育与创新创业教育融合发展，实现创新创业教育与环境设计专业在培养具有创新精神和实践能力人才的根本任务与目标上的一致性呢？关键体现在三方面，也是各高校共

性的地方。

**1. 基本理论的渗透与覆盖**

基于前面的问卷调研数据，可发现各高校的人才培养方案中明确了专业毕业对学生在"创新"这一方面的要求。在响应国家对创新创业教育号召的基础上，均将创新创业基础理论融入专业教育中。体现在人才培养方案的课程体系方面，各高校均有设置创新创业基础、职业生涯规划、创业基础等创新创业教育基础理论课程，总学分为9～12分，差异较小。

**2. 循序渐进推进与孵化大学生创新创业训练计划**

各高校积极有序开展校级、省级、国家级大学生创新创业训练计划项目，如通过中国国际"互联网＋"大学生创新创业大赛校赛选拔组织（图3-32），逐层筛选出优秀项目团队参加省赛、国赛、国际赛。通过项目立项，给予一定的经费支持，同时提供创客空间或众创空间平台，积极孵化项目与开发项目的具体措施。校方积极为师生提供将创新创业教育与专业教育形成专创融合的基础理论与硬件空间、后勤机制保障制度等有利条件。地方应用型本科环境设计专业教育与创新创业教育的融合，必须建立与之匹配的人才培养方案和课程体系，既要重点突出环境设计专业教育，又要培养具有创新创业能力的优秀复合型人才，满足地方经济建设需求，推动地方经济发展。

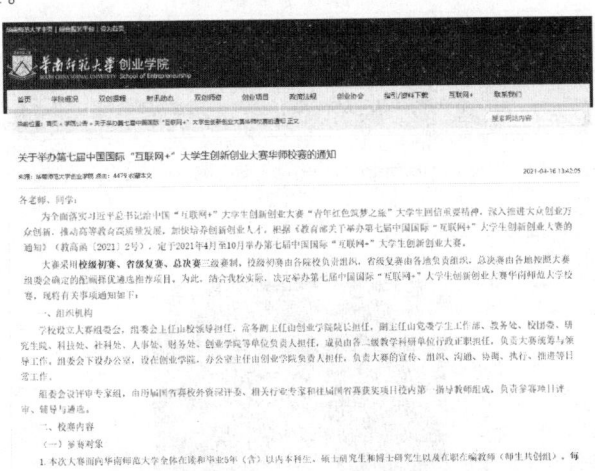

图3-32（一） 广东高校大学生参加中国国际"互联网＋"大学生创新创业大赛情况

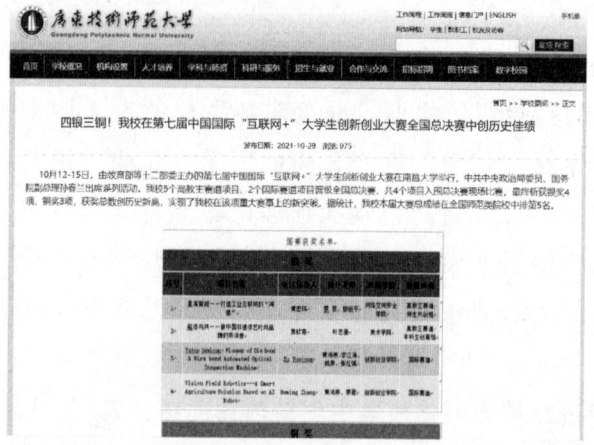

图 3-32（二） 广东高校大学生参加中国国际"互联网+"大学生创新创业大赛情况

**3. 建立了孵化项目平台**

各高校为促进创新创业训练项目顺利孵化，以及提高项目的孵化质量，纷纷建立校内创新创业平台、校企合作平台等。

## （二）个性——校本特色的发挥

在紧跟国家政策方针，及时修订新的人才培养方案对接创新创业教育的发展要求，各个高校在实践教学呈现个性化的课程设置，同时依托学校现有企业资源、平台资源，教师带领学生项目团队通过不断孵化大学生创新创业训练项目，深化创新创业教育的开展。不同高校之间的推进方式和深度因校而异，具有一定的差异化，形成各高校独特的个性。

**1. 灵活多样、丰富多彩的实践教学课程**

环境设计专业的实践课程，如艺术实践、艺术考察、专业实习、毕业设计（论文）是每个高校基本一致的课程类别。除此之外，根据校本特色、教师华南师范大学美术学院人才培养方案中要求每个学生需完成非正式课程（40小时），包括"思想引领""创新创业""全球学习"和"朋辈教育"四个模块，需完成不少于40小时的选课。各专业教师结合自身兴趣，或擅长的研究领域，自定主题，开拓出非常丰富的课程项目，可校内与校外、理论与实践结合进行。学生也根据个人喜好，进行选修，以创新创业类课程选修为例，有"家乡文化资源""文创产品培育与参赛""影视基地研学项目"等近20门与时代接轨、接地气、非常受到学生欢迎的课程。非正式课程类别灵活、创新性的课程设置获得了校内外师生的一致好评，充分有效地发挥了教师专长并授业于学生，大大提高了人才培养质量和育人水平。也充分体现了华南师范大学深厚的人文功底，通过不同类型的选修课、实践课来激发学生的创新创业意识，为后续开展创新创业训练项目计划、比赛打下基础。广大工业大学艺术学院开出面向全校学生选修的理论与实践相结合的特色课程"岭南建筑灰塑技艺"，通过将传统文化学习与理工科学科背景相结合，既拓宽了学生的知识面，完善知识结构，还有效促进学生的专业学习，培养专注能力、思考能力，激发创意、创新和创造热情。课程由国家级非遗传承人邵成村将中国非物质文化遗产引入课堂，让学非遗、用非遗、秀非遗在校园中生根发芽，实现"传工匠精神，强文化自信"的思政教育。这些理论与实践结合实践课程、选修课程，为学生创新创业能力埋下了种子。

仲恺农业工程学院何香凝艺术学院，环境设计专业课外实践教学活动要求学生至少完成4学分，通过参加省级以上展览入选或者展览、获得校级或校级以上各类竞赛、参与教师各级各类科研项目，以及发表论文、专利授权、成功创业（有营业执照）等活动，均可以有不同等级的分数进行学分互换，按照学校出台的《仲恺农业工程学院本科学生课外创新实践学分实施细则》执行。目前，大部分高校对大学生积极参与课外实践教学活动，可以进行学分互换的执行情况和仲恺农业工程学院基本相同。这类课外活动和社会实践自由灵活、涉及面广，让学生在可以根据个人的能力、兴趣和专长在大学四年中，能轻松完成所需学分，这也体现了大学教育注重能力培养，而非一味地只是对专业技术技能培养，更重要的是充分调动了学生创新思维和积极实践的兴趣意识。全球的教育家、耶鲁大学校长理查德·查尔斯·莱文（Richard Charles Levin）曾经说过，如果一个学生从耶鲁大学毕业后，居然拥有了某种很专业的知识和技能，这是耶鲁教育最大的失败。他认为，本科教育的核心是通识，是培养学生批判性独立思考的能力，并为终身学习打下基础。这与高校实现创新创业教育和专业教育融合发展的本质是一致的——培养学生思维能力，获得解决问题的思考能力，进而形成系统的思维方式，以此打开独立的创新思路和创造能力，获得个人的职业生涯发展。

**2. 特色平台和专业实验实训室的构建**

各高校的环境设计专业创新创业教育特色，还体现在各学校搭建的创新创业平台、专业实验实训室（表3-4）。如广州美术学院建筑艺术设计学院的环境设计专业依托"广东省环境设计与社会创新重点实验室"、省级教学示范中心"建筑与环境艺术设计实验教学示范中心"和"当代城市文化与建筑艺术创新研究中心"（国际暨港澳台合作创新平台），为大学生开展创新创业训练计划提供了极大的硬件支持。广东财经大学艺术与设计学院建有设计艺术与文化创意实验教学示范中心，以"设计与艺术并重，文化与创意齐飞"作为实验教学理念，成为包括环境设计专业在内的可互相利用共享以及服务于全校通识教育的平台资源。通过多年建设，实验教学示

表 3-4　广东部分高校艺术/美术学院实验中心平台建设情况

| 高　校 | 所在院系 | 实验中心/平台 |
|---|---|---|
| 华南理工大学 | 设计学院 | 当代艺术空间及中国版画研究所、微观艺术研究所 |
| 华南农业大学 | 艺术学院 | 设计艺术研究中心、学生创新工作室 |
| 华南师范大学 | 美术学院 | 美术与设计实践教学示范中心 |
| 广东工业大学 | 艺术学院 | 设计科学与艺术研究中心、广州市人文社会科学重点研究基地"粤港澳设计文化与战略研究中心""关怀与服务设计研究所"（筹建中） |
| 广东财经大学 | 艺术与设计学院 | 设计艺术与文化创意实验教学示范中心 |
| 广州大学 | 美术与设计学院 | 广东省美术与设计实验教学示范中心、广东省联合培养研究生示范基地、广府文化研究基地等学科平台 |
| 广州美术学院 | 建筑艺术设计学院 | 广东省环境设计与社会创新重点实验室、省级教学示范中心"建筑与环境艺术设计实验教学示范中心""当代城市文化与建筑艺术创新研究中心"（国际暨港澳台合作创新平台） |
| 广东第二师范学院 | 美术学院 | 协同育人平台实验示范中心（包括油画工作室、国画工作室、水彩工作室、综合绘画工作室、史论工作室、陶艺实验室、版画实验室、产品设计工作室、影视后期制作室） |
| 仲恺农业工程学院 | 何香凝艺术学院 | 广东省非遗数字化保护与产品开发设计工程技术研究中心、工业设计研发中心。何香凝艺术研究所、造型艺术研究所、传播推广与设计研究所、环境设计研究所 |
| 广东技术师范大学 | 美术学院 | 广东省美术与设计实验中心（福慧美术馆、非遗大师工艺坊、建筑模型实训室、三维电脑设计渲染室等） |
| 深圳大学 | 艺术设计学院 | 艺术设计省级实验教学示范中心、深圳大学美术馆、深圳现代设计博物馆、设计部落、三号艺栈、深圳现代艺术设计研究中心 |
| 深圳技术大学 | 创意设计学院 | 数字快速成型实验室、多模态人机工效实验室 |

范中心目前成为艺术学科和全校师生提高实践创新能力的重要平台。其中环境设计专业设有竹木工艺与玩具游戏体验实验室、景观与模型制作实验室、原画实验室。广东技术师范大学美术学院建有广东省美术与设计实验示范中心，下设福慧美术馆、非遗大师工艺坊等公共资源平台，环境设计专业建有建筑模型实训室、三维电脑设计渲染室和建筑制图与装饰材料实训室。建筑模型实训室为学生提供了做模型、开发创新思维的专业实验室，学生依托实训室制作的灯光模型，在广州市灯光节中屡获佳绩，模型作品也屡获国家级比赛奖项。学生的创意通过实践教学引导，在实验实训室训练中实现了创意创新设计项目的落地；装饰材料实训室，将室内常用材料、施工工艺流程与课堂教学理论互相转化，加深知识理解的同时，也是促进学生创新思维的体现。广东技术师范大学环境设计专业人才培养方案中创新创业平台的专业选修课"设计工坊"，依托非遗大师工艺坊"一工一坊"的品牌，以及各类省市级科普基地，提供了多姿多彩的课内外实践平台，也成为该校大学生创新创业项目孵化的实践平台。

综上所述，具有特色、丰富的实践类课程或实训实践类课程，以及彰显专业特色的专业实训室及平台资源的建立，在近五年里对环境设计专业人才培养、专业建设的取得较好的成果，不仅满足了专业教学要求，还是师生各项设计艺术课题，艺术创新、科研产学、学术交流的重要平台。当然，在全省范围内的高校环境设计专业，也有存在少数较滞后的专业仍在探索和努力建设当中，通过加大力度，积极增加专业实验室和平台资源建设，以更好促进专业教育与创新创业教育融合发展，提高大学生创新能力和创造力，实现创业梦想。借鉴广东第二师范学院环境设计专业"一核双链三段式"DNA人才培养结构（图3-33）可以看出，环境设计专业创新应用型人才培养体系，以"创新应用型"人才培养为核心，建设"研教结合创新链""校企协同实践链"两个课程链，通过"基础段、专业段和综合段"三段式培养人才，科研与教学、学校和企业的紧密联系，是实现创新应用型人才培养的重要保障。可见，高校环境设计专业创新创业教育是一个课程与平台，理论与实践，校企产学研高度结合的有机体系。

第三章 高校环境设计专业创新创业教育现状与问题

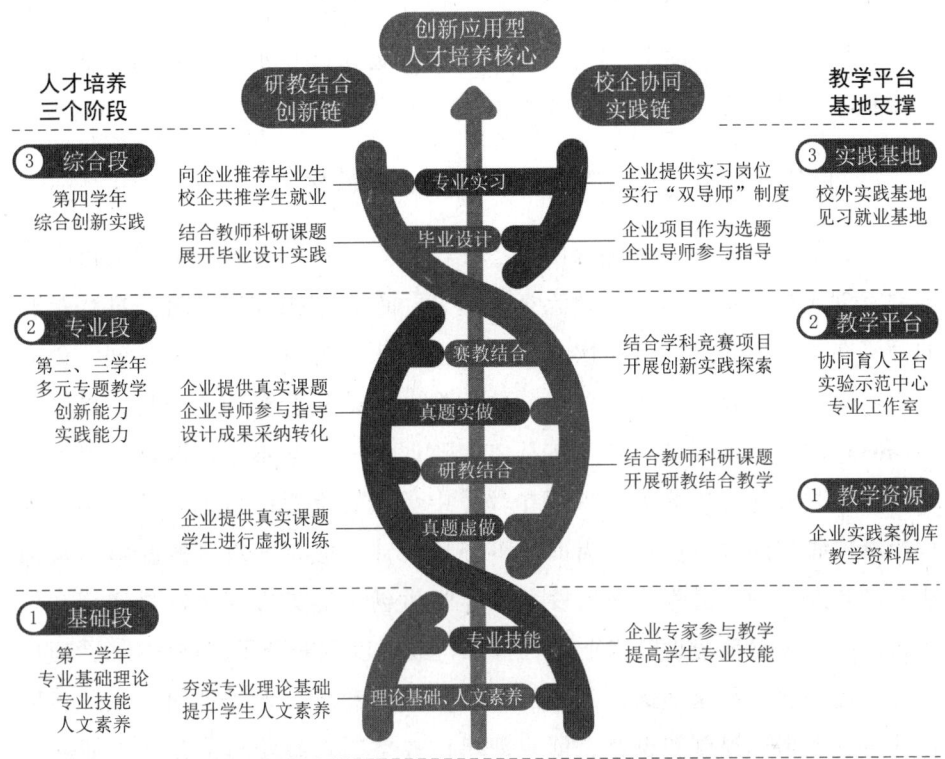

图 3-33 广东第二师范学院环境设计专业人才培养结构
（图片来源：广东第二师范学院官网环境设计专业介绍）

## 三、高校环境设计专业创新创业教育存在问题分析[5]

### （一）创新创业教育平台课程设置针对性不强

调查显示，高校环境设计专业人才培养方案主要包括五部分：通识教育平台、学科基础平台、专业教育平台、创新创业平台和实践教学平台。基于广东多所高校环境设计专业人才培养方案调查，创新创业平台中设置必修课程和选修课程。必修课程如大学生创新创业基础、职业生涯与发展规划、就业指导，选修课则根据各校具体情况和课程特色，设置例如设计工作坊、创新创业项目实践或任选全校通识选修课程 2 门。同时，丰富多彩、灵活多样的专业实践课、理实一体的公共选修课，对学生的创新思维和潜在能力培养带来了较好的基础和引导作用，但这些课程基本适合所有

71

专业，缺乏对专业的联系和指导，而不同行业的差别巨大，创业则必须在某一领域内发展。因此，创新创业平台或者通识教育平台设置的创业基础等课程，对具体专业教育针对性不强。

## （二）缺乏相应的复合型师资队伍和相应教材

首先是复合型师资队伍的匮乏。在国外，讲授创业基于课程的教师大多都有创业或投资的经历，熟悉企业运营。而在国内高校，虽然高校教师的师资在知识更新和学历层次上已经得到很大的提升，教授创新创业教育课程的教师基本是学术专家背景，缺乏企业运营经验和创业经历，以及实践能力；同时，校外创业导师在具体专业课程中参与不足，因此两者面对学生授课时有一定的脱节。教师在教育中承担着重要的角色，其教学水平直接给你影响到教育质量。当前从事环境设计专业创业教育的教师非常稀缺。没有经历创业过程，在启发和培养学生创新能力方面将难以实现。任课教师由于没有环境设计专业学科背景，或者没有充分了解该学科的特点、缺乏专业课程体系全面的理解，因此在授课过程中，对授课对象——环境设计专业学生，提创新思路、创业理想比较空洞。激发学生创新创业能力的选修课需要体现灵活性、自由性，以及学科交叉性，在课程设置方面没有与专业课程做必要的衔接和针对性引导是主要问题。虽然高校成立创新创业独立学院，但师资队伍建设还有待改善，体现在：一是具有创新创业教育专业背景的师资匮乏；二是具有创新创业项目大赛经验的教师较少，并不都从事创新创业教育研究。重新培养与构建创新创业学院的师资队伍需要一定的时间。

其次是教材的缺乏。环境设计专业属于一门交叉综合学科，具有很强的跨专业性，普通的创新创业教材基本无法适用。由于缺乏相应的复合型师资力量，国内实践中也没有出版环境设计专业创新创业教材。一方面，高校无法开出环境设计创新创业课程，因此缺乏在这个领域积累的素材和经验；另一方面，建筑装饰行业不断掀起高潮。广东省处于粤港澳大湾区的核心地位，房地产行业一直是龙头企业，对口室内设计、景观设计、装饰材料的环境设计专业人才因此受到青睐和重视。他们对这个行业具有企业管理有较为全面和独到的认识和理解，而具有创业能力的人才，在高校实际教学中远远不能满足现实需求。

### (三) 专业课程与创新创业教育融合缺乏整体构建

高校环境设计专业课程内容体系仍停留在传统的理论教学与个别项目导入，没有体系化融入创新创业教育理念，仍然处于较独立的专业类课程群状态，即专业课程群＋创新创业理念构建融合度不明显，导致环境设计专业对具备创新创业能力的人才培养目标不清晰或空谈，体现为：一是没有实现课程计划的交融性；二是没有对应开设导入社会实际项目设计的研发训练、产教融合、以科研促教学的专业必修课程群。尽管一些专业教师已经意识到这一点，从实验实践课程的设置，实训环境模拟、实践基地的建立、平台构建等方面尽可能培养学生的创新创业能力，但受限于时间和环境的约束，学生仍然难以将专业知识和创新创业相结合，甚至很迷茫。创业教育并没有融入专业教育中，创新创业知识体系未能体现专业特性。创新创业教育仍以理论灌输为主，本本主义，从理论到理论。

以室内设计项目为例，除了完成课题设计，还应加入编写创业计划书、创业实践计划或商业策划书等教学环节，从课程作业开始有意识培养与训练学生的创业基础、创业意识、创业能力。在此过程中，可实现跨学科视野拓展，启发学生跨学科解决问题的创新性[4]。

### (四) 大学生创新创业实践活动文化支撑有待完善

调查显示，目前大多数高校积极响应国家政策组织策划大学生创新创业实践活动，但各高校开展活动的质量高低不一，取得的效果差距也比较明显，主要原因是对创新创业文化的理解不够充分。高校创新创业文化包含物质文化、实践文化和精神文化三个层面，明确了创新创业活动发展方向。大学生在进行创新创业实践活动的时候需要观念、思想、意识、知识等创新性文化做支撑，从而在实践活动过程中，将原来外在的、需要进行教育或灌输的知识或观念内化为创新创业者自身的一部分[6]。广东高校处于粤港澳大湾区特殊地理位置，立足大湾区文化，对各类乡村振兴的文创产品、非遗项目赋予创新创业文化三个层面内涵，展开系列大学生创新创业实践活动，将创新创业文化内化为实现个人价值与社会价值的一部分，所形成的实践活动不仅凸显区域特色，也为大湾区建设储备人才。

## 四、高校环境设计专业大学生创新创业现状分析

在新的形势下，在高校开展创新创业教育，既是缓解大学生就业压力的有效途径，更是符合政策导向、推进经济转型升级的重要手段。基于以上高校环境设计专业创新创业教育存在的问题，目前大学生对于创新创业，还存在以下问题。

### （一）大学生自主创新创业的积极性不高

长期以来，大学毕业生就业仍然是传统保守的观念，倾向在毕业后入职公务员、事业编制单位。大学生在三年级下学期开始为考编、考公做准备。因此，近几年，尤其是新冠肺炎疫情以来，公务员考试、事业单位岗位招聘竞争非常激烈，即使是普通的街道办公务员、南方电网等国有企业事业编制单位也吸引了大量985、"双一流"高校、海外名校留学的本科和硕士毕业生，且竞争激烈程度逐年上升。由此说明了大学生毕业就业观念还比较保守和传统，对创业的积极性并不高。而长期以来创业难的观念深入人心，对于家长来说，鼓励孩子自主创新创业的思想在短时间内更是难以转变，因此，家长对孩子在创新创业方面提供的精神与物质支持更是少之又少。即使是清华、北大毕业的大学生、硕士生，实际投入到创业活动的人数也不多。

### （二）大学生创业失败率高

大学生创业失败率高一直是个普遍存在的问题。据调查显示，美国的中小企业从创业初期算起，超过五年的企业不足企业总数的35%，这个数据对我国而言会更低[7]。而造成大学创业成功率低的原因，除了高校在创新创业教育与专业教育融合度低等原因之外，还有以下因素：一是专业知识无法高效转化到实际应用，从大学生时期的设计作品，到产品，再到商品，需要建立一个非常合理的营销模式、销售渠道，而这些在大学期间的实践经历少，管理知识薄弱，因此面对创业初期企业运作和企业管理问题

束手无策;二是过分主观看重创业思路、创新想法,忽视市场竞争和客户需求的客观问题,没有充分对区域经济发展、行业动态做缜密的调研,风险意识薄弱;三是大学生的心理素质、抗压能力弱;绝大部分的大学生缺少在社会磨炼的经验和历练,"象牙塔"生活受到的保护和关爱不足以抵挡社会市场激烈的竞争压力;四是高校环境设计专业创新创业教育过程中模拟创业实战的经验太少,在企业中锻炼的经历也不足。从以上几点关于高校环境设计专业创新创业教育存在问题分析,不难推断出,校园和社会的巨大的落差,是走出校园进行创业失败率高的重要因素之一。

### (三) 面临融资困难的局面

大学生创业缺少资金,是普遍现象,尤其对家境贫寒的学生。因为大部分创业启动资金来源于家庭。由于启动资金不足而放弃创业是最主要原因。即使一部分大学生开始了创业,在初创期,由于融资困难而创业失败的案例也非常多。虽然近年来国家出台了不少鼓励创新创业政策,大学生可以通过小额贷款等方式进行融资,融资难的问题相对减轻,而随着企业的运作,流动资金不足仍然是大学生创业失败率高的原因。而部分大学生选择投入资金少、技术含量低、门槛低的行业进行创业,比如线上淘宝店,专门服务于室内外装饰墙绘、软装设计师、室内设计方案等低成本、靠个人专业技术的行业,竞争激烈,市场上已经有从设计到施工等形成作业流水线或生产线的企业存在,例如尚品宅配等。因此与众多同类型创业者竞争,更加困难。

# 参考文献

[1] 洪柳. 创新创业教育视域下高校公共事业管理专业实践教学体现改革研究与探索 [M]. 长春:吉林大学出版社, 2018.

[2] 陈菲菲. 创新创业教育理念下广西高校环境艺术设计专业教学改革研究 [J]. 创新创业理论研究与实践, 2019 (4):60-62.

[3] 袁杰, 马强. 地方应用型本科环境设计专业教育与创新创业教育融合的人才培养评价体系 [J]. 美术教育研究, 2018 (5):165-166.

[4] 霍丹，李晓慧，等. 创新创业教育背景下的环境设计专业创新型人才培养研究 [J]. 艺术与设计（理论版），2017（1）：135-137.

[5] 曾丽娟，陈静敏，周峻岭. 创新创业教育导向下高校环境设计专业人才培养模式研究 [J]. 创新创业理论研究与实践，2021（18）：78-81.

[6] 肖喜明. 国外创新创业教育的历程趋势及其启示借鉴 [J]. 广东技术师范学院学报，2018（3）：68-73.

[7] 金兰. 经管类专业创新创业教育 [M]. 北京：经济管理出版社，2018.

# 第四章 高校环境设计专业创新创业教育模式与途径

## 一、创新创业机制构建和氛围营造

### (一) 重塑创新创业教育质量评估导向

我国创新创业教育发展重心整体上存在偏低的问题,发展历史短,成熟度不高,质量评估导向存在偏差。对创新创业教育的质量评估必须追溯到"教育"的价值本身,即促进人的发展。创新创业教育与大学之外的"创新创业实践""就业教育"有着很大的区别,其教育价值远远超过了功利性。评价具有导向作用,而传统的以结果为导向的评价方式并不完全契合创新创业教育实施目标。因此,创新创业的评估模式在高校中必须转变,以人为本,通过多种评价方式并举,聚焦学生核心素养,促进创新创业教育的有效落实。在评价指标上,关注高校学生的创造性思维、实践能力、团队合作精神等方面的培养,注重对学生创新创业意识及精神的考察;全面考核教师的业务水平,重塑创新创业教育质量评估导向。此外,在创新创业教育质量评估中应避免同质化,引导并满足学生个性化发展。有学者认为,科学、合理地评价体系是生态网模式保障双创教育健康运行的屏障[1]。对于创新创业教育开展状况,高校应制定系统科学的创新创业教育质量评价体系,从而进行合理评估。

### (二) 建立系统科学的创新创业教育体系

建立系统科学的创新创业教育体系,可以积极引导学生的创新创业行为。创新创业教育中的激励、发展和支持机制的建立,可以有效促使师生多元能力结构更加完善。高校应坚持"专创融合"、理论与实践并重的原则，注重整体性和层次性。加强组织管理，注重制度建设，构建弹性化的人才培养体系，优化师资队伍，注重课程建设；进一步完善教师的职称晋级管理制度，关注高校教师创新创业教育开展的具体实践与效果，不再单一地关注教师的学术研究成果，通过制度倒逼机制，进而激发创新创业教育实施的内生活力；同时还要深化创新创业教育教学制度改革，拓宽高校师生创新创业实施与发挥的空间，不仅关注高校教师结课率、课时量、学业成绩等量化指标，还要关注教学理念与态度、教学方法应用、师生互动状态、课堂开展效果等定性指标；在教学中，落实对学生的形成性评价，充分调动高校学生创新创业积极性；充分开发优质的创新创业课程资源，积极推进资源共享。创新创业教育体系具有综合性的特点，涵盖教学、师资、科研等众多方面，具备规范科学的管理体系才能提高教育教学质量。

### (三) 营造创新创业校园文化

环境影响人的发展，良好的创新创业环境对培养高素质人才具有重要作用。因此，高校应鼓励创新创业的氛围，进一步优化创新创业环境，以此来最大限度地激发高校学生的创新创业积极性，让他们在良好的氛围中实现自我价值。

高校教育教学水平的体现与校园文化息息相关，良好的校园文化也是一种教育，对人的影响是潜移默化、恒绵久远的。在良好校园文化的影响下，有助于学生形成良好的创新创业品质。当前，部分高校校园文化的营造较为浅薄，创新创业教育的开展存在功利化倾向，长此以往，势必对高素质人才的培养造成负面影响。实现环境设计专业创新创业教育的良好发展，高校必须注重文化氛围的营造，将人文氛围与专业知识紧密结合起来，筑牢环境设计专业创新创业人才发展的文化根基。深入探索环境设计专业创新创业隐形课程，依托创新创业教育相关机构及竞赛活动，结合环境设计创新创业实践活动的特点，通过举办各种校园活动，塑造环境设计专业学生创造性人格。

教育部《关于大力推进高等学校创新创业教育和大学生自主创业工作的意见》提出，创新创业教育应是一种新型的教育理念和模式。但长期以来，我国一部分高校把创新创业教育等同于培养企业家和创办企业，从而走向了错误的发展方向。创新创业教育应以培养大学生的创新意识与精神为宗旨，应当倡导并鼓励学生在日常学习与工作中积极运用创造性思维，养成创新创业人格。高校必须落实创新创业教育理念，促使广大师生具备创新创业意识，同时号召高校师生积极投入创新创业实践活动中来，力求在校园内营造卓越的创新创业环境。

### （四）开展创新创业实践活动

高校应通过开展创新创业实践活动，营造创新创业氛围。通过定期组织创新创业竞赛等一系列的活动，为创业者提供交流平台，提升高校学生创新创业技能。结合校风，开展创新创业教育的一系列演讲活动，促使学生充分开展经验交流，激发学生创新创业潜能。此外，加强对创新创业的宣传，树立创新创业榜样，努力营造尊重人才、支持创新的良好氛围。丰富通过宣传栏、海报、广播等载体进行创新创业教育宣传，培养学生的创业意识和创业品质。在课程建设方面，加强创新创业课程体系建设，改革教学中传统的偏重理论知识的课堂体系，通过设置多样化的选修课程，不断增加实践教学的比重，为学生积极开展相关实践活动提供有力支持。王怀忠以景德镇学院为例，构建了环境设计专业的模块化实践教学活动[2]，见表4-1。模块化的实践教学活动前后衔接，层层递进，能够有效提高环境设计专业学生实践能力。

表4-1　环境设计专业的模块化实践教学活动

| 阶段 | 模块 | 实践教学活动内容 |
| --- | --- | --- |
| 开始阶段 | 基础实践教学活动 | 侧重于环境设计理论和基本技能的教学。基础实践教学由基础课程实验、造型写生实践与校外参观见习三部分构成 |
| 延续阶段 | 专业实践教学活动 | 在校内开展的专业实践活动，包括基础核心课程实验、专业设计课程实验和项目实践 |
| 提升阶段 | 综合实践教学活动 | 涵盖专业综合实训、毕业（设计）论文和毕业实习三大模块。高校开展校企合作，建立实训基地，并邀请企业中有经验丰富的人士对学生开展实训，模拟真实的设计项目，为学生实训提供专业指导，锻炼学生能力 |

## 二、创新创业教育与专业人才培养相结合

创新创业教育是我国当下高等院校所关注的重点工作,高校环境设计专业应革新专业人才培养模式,与时偕行地培养社会经济发展所需要的创新创业人才。环境设计专业与社会可持续发展密切联系,培养环境设计专业创新创业人才必须将创新创业教育与专业人才培养相结合,将创新创业教育理念融入专业人才的培养当中,坚持全程育人导向,进行多元协同育人,并构建与高校创新创业人才培养相配合的服务体系[2]。

### (一)将创新创业教育理念融入专业人才培养中

当前,随着我国社会不断发展和高等教育深入改革,创新创业教育与专业教育融合已成为一项重大趋势。为推动经济社会发展,高校人才培养与社会实际需求应紧密挂钩,环境设计专业应充分融入创新创业教育理念,紧跟时代发展步伐,保持开放包容的姿态,转变传统的育人模式,积极应对市场变化及需求,为社会培养高素质的专业人才。

将创新创业教育融入专业人才培养当中,并非一蹴而就,关键在于让学生具有创新创业的思维模式,开发学生创新创业潜能[3]。创新创业教育要体现"教育"这一层面,让学生充分发展才能,完善人格,而非对学生进行理论知识的灌输,压抑学生的天性。高校应营造有助于环境设计专业人才成长的环境,通过举办各种活动,将创新创业教育理念潜移默化地融入专业人才培养之中,将创新意识、创业品质深深植入学生体内。在对环境设计专业学生进行培养时,让学生对创新创业具有清晰而深刻的认识,了解环境设计行业发展前景,引导学生进行自我教育。此外,由于环境设计在科学理性设计思维的基础上,更多地具有感性化和艺术化特点[4],高校应重视对学生创造性思维的培养,让学生在设计作品时灵活变通。

有学者探讨"价值塑造、能力培养、知识传授"三个方面的环境设计教育理念。在价值塑造方面,旨在培养学生人格价值观念、职业价值观念、人文价值观念;在能力培养方面,旨在培养学生专业能力、职业能力、应用能力;在知识传授方面,旨在培养学生的基础、素质和视野[5]。在人才

培养中，融合双创教育理念，对环境设计专业学生开展创新思维培养和创业能力锻炼，要求学生具备其意识和实践能力。高校环境设计专业教育的创新，关键在于教师教育观念和教师自身知识的更新。创新创业教育的有效实施关键在于构建有效的体制机制，以市场需求为导向，促进高校人才培养与社会需求进一步契合，营造促进人才培养的环境。

### （二）完善专业人才培养方案，坚持全程育人导向

人才培养对学生质量具有直接影响，将创新创业教育融入人才培养的全过程是社会与个人发展的迫切要求。对于人才培养方案的制定，必须明晰人才培养的目标进而优化创新创业教育理念，坚持全程育人导向，提升学生创新创业素质，培养学生的社会责任感与使命感。

完善专业人才培养方案应着重于以下方面：

（1）建立科学的人才评价机制。在新形势下，建立以创新链条的各个环节和人才发展过程为基础的短、中和长期的评价机制，打造以学术贡献、市场价值等为主要指标的评价机制。

（2）健全人才激励机制。我国对高水平人才的激励力度不断提高，但在具体落实上还需要进一步完善，从我国科研人员薪酬构成来看，基本工资较少，而绩效薪酬占比较高，这与欧美等发达国家的薪酬构成正好相反。

（3）注重理论和实际相结合。理论联系实际，这正是中国共产党的百年人才观的表现；人才要在实践中不断发展，设立重点攻关计划，建设创新创业基地，为人才发展提供平台；此外，为人才的创新创业实践提供容错机制，促进创新成果在科技、产业、经济、社会中的转化。

（4）协调基础教育与高等教育的发展，培养具备创新精神、能力和人格的高水平人才，着重加强基础教育与高等教育的协调，推进高校联合开办创新型人才培养计划和项目，加强各阶段人才贯通培养力度，培育高水平的创新创业人才。此外，要建立科学稳定的人才选拔体系，不断借鉴发达国家经验，着力加强科学思维方式训练与思想道德教育，激发学生追求真理、勇攀高峰的使命感与责任感。

环境设计专业十分注重创新精神、敏锐思维和设计能力，学生必须具有良好的艺术修养，掌握系统的专业知识，具备自主创新能力、设计表现

能力、实践能力才能设计出优秀的作品。因此，在教学中，要将环境设计专业课程与创新创业教育课程、通识教育课程结合起来，引导学生深入思考，积极实践，提升学生的综合素养。有学者指出环境设计专业创新型人才培养中存在缺陷，培养定位不准确，缺乏实践[6]。完善专业人才培养方案，需要设置合理的学分制度，制定个性化的培养方案。国内外高校环境设计专业人才培养标准从知识、能力和素质三个方面制定。

### （三）构建多元主体协同育人机制

构建多元主体协同育人机制能够促进创新创业教育的开展，协调政府、高校、企业、行业等不同社会主体间的利益，突破壁垒，共享优质资源，对多元参与方进行完善的统筹管理，形成共商、共建、共享、共赢的新局面，促进高等教育与社会实践有机融合，提高人才培养质量。有学者指出"内外协同"培养创新创业人才能够有效提升育人能力，改变运行机制不畅的局面，进一步加强"专创融合"[7]。

高校环境设计专业创新创业教育需要校内校外相衔接，拓展学生校外创新创业孵化基地[8]。学生通过参与创新创业园区，与企业家进行交流，激发灵感，释放创新创业潜力。围绕创新创业人才培养目标，调动参与主体的积极性，发挥整体优势，学校邀请创业者为学生开展讲座活动，激发学生主动性。高校可开展创新创业实践与训练，组织学生充分利用空闲时间参与项目，丰富学生的实践经验。这样有助于高校环境设计专业创新创业教育与社会对人才的需求紧密对接。

环境设计专业开展多元主体协同育人的人才培养模式，将会对学校师资队伍建设、人才培养、教育教学等方面起到积极作用。高校可以在以下几个方面促进环境设计专业构建多元主体协同育人机制：

（1）打造"双师双能"的教学团队。依托协同育人平台，基于环境设计专业学科特性和人才培养要求，培养打造具有先进教育理念与深厚专业知识、技能的教学团队，积极组建"双师型"环境设计专业教师队伍，开展科研活动，倡导组织教师深入企业进行挂职锻炼，通过深入开展一系列活动，为环境设计专业教师提供创新创业指导与服务，丰富经验、拓宽眼界、提高环境设计专业教师教育教学能力和创新创业能力。

（2）优化多元主体协同培养方案的整体目标。培养具备高尚品德、深厚知识、扎实技能、敢于创新、心智开阔的环境设计专业创新创业高素质人才。通过对高校环境设计专业科研、生产、学习、运用等方面的深入融合，打造"产学研用"一体化的人才培养模式。不断更新教育理念，加强实践教学环节，协同推进校外实践基地的建立。实施"校企专业建设指导委员会"指导下的校企联合办学。建立一批动态稳固的实习实践基地，引导学生参与设计全过程，增强师生的实践能力。

（3）设置以课题为导向的环境设计专业课程。积极开展各项竞赛，搭建综合型学习平台，将专业与扩展的知识、技能有机融合，并建立相应的学分管理体系，突破专业藩篱，实现跨领域、跨专业的资源共享与配置。

（4）开展国际交流与合作的项目。加强国际交流合作平台的建设，深入开展国际交流和合作，与国外高校开展实质性的交流合作，建立教学、实习、科研合作平台，促进校际师生间的交往，开拓学生的视野，实施海外实习项目，全面推动国际交流。

**（四）构建与创新创业人才培养相配合的服务体系**

创新创业教育是一个有机的整体，必须在多个层面上进行统筹兼顾，协调配合，并为其提供相应的服务系统支持，才能达到有效育人的效果。

创新创业系统的建立应更关注高校、政府和企业之间的相互关系，统筹协调各部门职能，各主体制定有助于学生创新创业的政策措施，为高校创新创业学生营造良好的政策环境，提供全方位的服务，保障高校创新创业教育的有效实施。构建创新创业服务长效机制，密切高校创新创业教育与国家战略、社会需求、个人发展之间的联系，为具有创新创业能力或潜力的学生进行实战，并配备专业的指导教师全程跟踪，助力学生创新创业。

创新创业教育中的激励、发展和支持机制的建立，可以有效促使师生多元能力结构更加完善。张鹤对高校创新创业教育的运行、保障、激励机制进行了构建[9]，如图4-1所示。

在管理上，高校需建立综合职能部门，负责管理创新创业教育，以更好地落实高校创新创业教育的实施。职能部门为高校学生提供与创新创业教育相关的实践、竞赛、就业指导等全方位服务。主要内容有：制定创新

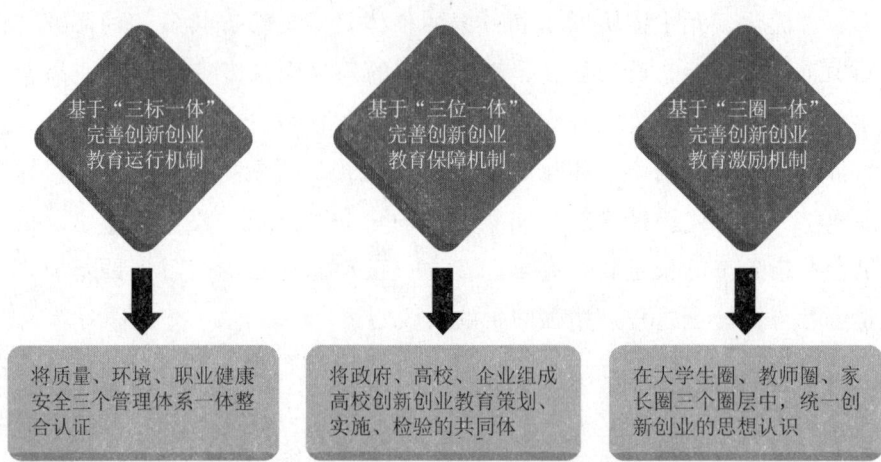

图 4-1　高校创新创业教育机制构建

创业教育相关的规章制度；探讨创新教育教学理论、方法、模式；管理并完善创新创业课程；协同二级院校积极开展一系列专业竞赛；管理创新创业项目实施；组建与培养创新创业教师团队，组织教师参与相关培训，提升教师创新创业能力。

整合现有的资源，为创新创业教育提供强力支持。高校需采取有效措施，为有创业意向的高校学生提供资金帮扶，切实帮助大学生解决创新创业中遇到的一系列问题，进一步优化高校创新创业环境。国家需要出台相关政策，鼓励高校并且营造有利于创新创业教育开展的环境与空间，为创新创业教育的落实创造有利的条件；媒体也要为创新创业人才发展助力。此外，企业需要加强与大学的合作，为高校学生创新创业构建实践平台，拓展发展空间。高校可以利用校企联盟等载体，密切与企业的合作，引导高校师生大力开展创新创业活动，构建创新创业参与机制和服务平台。要在项目开发、创业咨询、风险评估、融资服务等方面针对性地开展培训，从而促进创新创业教育的有效落实。

随着全球经济竞争格局的重构和国家创新驱动发展战略的深化，人才是推动创新的关键所在，这已形成了共识。要帮助人才树立崇高的理想和坚定的政治信仰。在人才激励机制的构建中，物质回报固然重要，但也要注重无形的心理机制。引导学生对创新创业的持续追求。还要创造一种宽容的社会文化环境。要培育创新创业的优秀人才，良好的创新创业环境必不可少。要在全社会形成潜心钻研、宽容失败的创新创业环境，引导人们转变观念，聚焦世界科技前沿，促进创新驱动经济高质量发展。

## 三、创新创业教育与教学模式改革相结合

随着我国城市现代化的不断推进，市场对高校毕业生的素质要求也日益提高，高校毕业生的数量不断增加，高校毕业生需要不断提升能力以面对激烈的人才市场竞争。要想满足社会发展的需要，就需要建立健全专业教育体系，并根据环境设计专业学科特点，改革传统的人才培养模式，将创新创业教育与教学模式改革相结合，培养高素质人才，满足市场需求。

### （一）构建多维一体的创新创业教学模式架构

随着我国环境设计专业的不断发展，其影响的领域越来越广，越来越注重其在现实生活中的服务和应用。在环境设计专业的教学中，应注重实践与理论相结合，充分掌握环境设计的艺术、技术、科学的本质特征，构建科学、合理、有效的环境设计教学系统。根据环境设计专业的内涵与特征，基于环境设计实践教学的总体思路，构建多维一体的创新创业教学模式架构，每个维度互相协调、互相补充，从而确保环境设计专业创新创业教育有效实施。陈淑飞构建多维立体的环境设计专业实践教学体系[10]，如图4-2所示。

图4-2 多维立体的环境设计专业实践教学体系

杨宁以开放大学为例,从"五个维度"构建了创新创业人才教育体系[11],基于其理论研究归纳成表,见表4-2。

表4-2　　　　杨宁的"五个维度"创新创业人才教育体系

| 序号 | 维　度 | 创新创业人才教育体系内容 |
| --- | --- | --- |
| 1 | 目标维:对谁教 | 将创新创业教育的目标受众上也分为三种,针对不同类型的学生,学习采取不同的教育教学方式 |
| 2 | 主体维:谁来教 | 配备与之教学特点相适应的、具有交叉多学科知识体系和丰富实践阅历的教师以充分保障其课程教学目标的实现 |
| 3 | 资源维:教什么 | 创新创业课程体系应该是通识课、公共基础课、专业课、实践课"四位一体,科教结合"的模式 |
| 4 | 载体维:怎么教 | 主要采取远程教育方式,适应"互联网+"发展趋势,旨在增强自主学习的交互性和有效性 |
| 5 | 时空维:在哪学 | 基于开放大学独有的远程教育手段建立终生学习公共服务平台,面向学生、教师和管理者三模块对象展开 |

## (二) 加强校企合作,促进产学研用相融合

创新创业的培养途径是建立在意识形态的基础上的一种独特的教育系统。校企合作是实现产学研用相结合的一种有效方式,也是促进学生创新创业能力发展的有效渠道。高校组织学生在实践基地进行学习,优化创新创业教育的开展,关注学生的创新意识和实践能力的培养与协调。并且需要在尊重学生个体差异性的前提下,创造良好的创新创业环境,充分利用"政校企"多方优质资源,促进"产学研用"相融合,构建创新创业教育发展的新局面,进而增进对创新创业教育的认同感,加速创新创业成果孵化的效率。

目前,教学大部分都是在教室内进行,忽略环境设计专业的实践性,难以激发学生的学习热情。同时,在教学组织和设计方面存在着一些问题,缺少对创新创业教育进行深入的研究,人才培养目标的不清晰,偏重于基本知识和技能的传授上,人才培养与社会需求脱节。

(1) 建立项目化的教学模式。近年来,项目化教学模式已经逐渐成为发达国家大学教育改革的主要形式之一。项目化教学模式具有明确的任务

要求，并立足实际，面向市场。项目是实施教学的一种手段，是学生能力扩展的渠道。围绕项目，将教育教学和实际应用有机融合，强调培养学生的能力。项目化实践教学模式能够基于学生实际水平，制定个性化的项目实践。项目化教学模式依托校企合作，以项目为纽带来达到教学目的。项目化的教学模式通过"课堂+实地"的方式，在实践中，使学生综合应用知识与技能，获得实操锻炼，突破与实际脱节的窘境，培养学生的专业认同感、自信心和职业素养，为以后的职业发展奠定基础。与传统教学模式相比，"项目化"教学模式具有实践性、创新性、开放性等特征[12]，师生共同面向市场开展项目实践，依托专业知识与技能，学生能够在真实的情境中快速提高设计水平。传统的环境设计专业教学模式是以教师为主体，教学方式僵化，致使学生的创造力受到压抑。而在项目化的教学模式中，学生具有清晰的目标，在目标达成过程中遇到困难时，能够积极地寻找解决问题的有效途径，进行自我提高。同时，教师也能够在项目化的教学模式中挖掘核心的知识与技能，了解市场需求和学生学习状况，从而能够面向社会高效培养高素质人才。

（2）开展多主题的创新创业活动，为创新创业团队建设创造有利条件。团队合作对学生的协调、交往、组织、计划能力具有显著的促进作用。高校基于社会总体需求，合理利用现有的教育资源，积极组织创新创业教育活动，帮助高校学生清晰地了解自己，促使其合理地选择创新创业项目和合作伙伴。举办各类创新创业大赛、交流研讨会，促使大学生与创业者及创业团队加强交流，营造校园创新创业的良好氛围。在创新创业教育实施的各个环节上，应摒弃落后的教育教学观念，提高创新创业教育的开放性，对接社会实践，聚焦国际先进教育经验，培养学生的创业精神。

### （三）构建多元评价体系

评价对教育教学改革具有引导功能，能够推动教育教学改革朝着预先设定的目标前进。环境设计专业需要构建符合学科特性和发展规律的多元评价体系，尊重学生在创新创业教育中的主体地位，采用灵活多样的评价方式，促进学生全面发展。在环境设计专业的评价体系中增加专业素养学分，以激发学生的自主、竞争、合作意识。专业素质学分既包括阅读、参加讲座、观看展览，也包括参加设计竞赛和各类项目。体现了环境设计专业应用型学科特征，通过专业素质学分的获取，学生深入理解学习的目的和意义。高校环境设计专业评价体系应淡化评估和筛选作用，强调对学生的学习方式进行分析，激发学生的积极性，促使他们能够积极开展实践。改变以往以单一的知识评估标准来衡量学生的能力，构建有利于激发学生创造性的评价体系，不断促进学生成长。环境设计的创新创业教育评估体系应关注学生解决问题的能力，对学生的综合素质进行评价，兼顾书面评价和实际评价。在评价过程中，应尊重学生的个体差异性，多采用激励性评价法，发现学生的优点，并进行引导和强化，引入素质报告书的使用。

## 四、高校环境设计专业开展创新创业教育模式构建

### （一）深化创新创业教育理念对环境设计专业教学的覆盖

当前，我国正大力推进创新创业教育，环境设计专业需要与时俱进，深入贯彻落实国家创新创业的相关政策、战略。环境设计专业注重实践性、应用性，而当前部分高校对该专业的定位仅停留在浅层，课程体系设置不健全，缺乏学科特色，教学模式较单一。只注重在课堂上向学生讲授知识的传统教学模式，却忽视了学生实践能力的培养与提高，在这种教学模式的影响下，学生缺乏创新创业意识，在走向社会时难以适应激烈的市场竞争。高校在进行环境设计专业教学时融入创新创业教育理念，这是教育教学改革的必然条件，有益于更好地提高学生实践能力与创新意识，进一步解决广大高校学生的就业问题。通过深化创新创业教育理念与环境设计专业教学的融合，注重理论与实践的结合，能够使学生更加有效地拓展能力，提高综合素质。高校可面向社会，深度、全面把握环境设计专业的特点与规律，与事务所、研究院等进行合作，从而实现资源共享、优势互补。

### （二）打造具有创新创业意识的环境设计专业师资队伍

高校师资队伍的质量对学生学习与发展至关重要，环境设计专业人才的培养离不开复合型的具有创新创业意识的师资队伍的建设，作为学生发

展的促进者，高校教师要具备创新创业意识，通过外引内联等途径创建高质量的师资队伍。在教育教学中，教师必须具备创新创业意识才能更好地促进学生开展实践创新，激发学生的"企业家精神"。提升环境设计专业师资队伍的质量主要通过以下几点措施：

（1）完善教师管理机制，优化师资培训。高校应注重创新创业教育师资库的建立，保证师资队伍的"量"与"质"。教师还可参照国家创新创业相关政策，进行离岗创业，为学生创新创业树立良好榜样。高校通过实施相应的激励措施，激发环境设计专业教师进行创新创业的积极性与热情，还可推行"校企双项目双向参与"机制，高校可派教师到企业中进行实践学习，搭建教师交流平台，进一步提升高校教师的创新创业素养。因此，高校要建立激励机制，在职称评定、经费支持等方面对尽职尽责的教师给予政策上支持，调动教师实施创新教育的主动性。高校应优化创新创业实施环境，激发教师落实创新创业教育的积极性。为此，学校应创造创新创业文化氛围，提供良好服务，实施激励型的管理，促进教师积极实践，激励教师开展教学。在教育教学改革、质量评估体系、师资水平、学生学业评价、管理制度等方面，创造一个开放包容的环境。

（2）培养选拔"双师型"教师。学校应注重"双师型"教师队伍的培养，进一步优化教师的考核评聘制度，选拔综合能力强，有责任感的教师，保障环境设计专业教育教学的质量。学校可通过定期开展针对性的培训，引导教师参与相关实践并鼓励教师考取相关证书，提升环境设计专业师资队伍开展创新创业教育的水平。"双师型"教师注重培养学生的能力，不再仅局限于传统的教学方式，而是能够借助先进技术进行形式多样的教学实践，有助于环境设计专业学生综合素质的提升。

（3）组建专兼结合的教师队伍。高校可通过人才引进政策，广泛吸纳社会各界的热衷于教育教学的创新创业人才来校任教，聘请环境设计行业中工作经验丰富的专家进行相关课程的讲解，例如制图表现、植物搭配、方案设计等，并强化与校内教师的沟通交流，从而解决高校师资匮乏、质量不高的问题，进一步提升环境设计专业教师的创新创业能力与专业教学能力。此外，学校可搭建校企合作平台，促进专职教师进入企业交流与学习。在环境设计专业的学习中，教师带领学生参与实战项目，让学生在

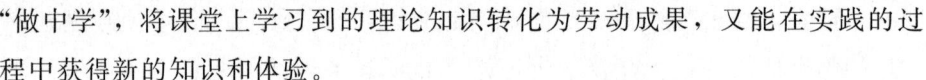

"做中学",将课堂上学习到的理论知识转化为劳动成果,又能在实践的过程中获得新的知识和体验。

### (三) 加强实践环节教学,彰显环境设计专业教学特色

加强实践环节的教学,彰显环境设计专业的教学特色,对促进学生专业素养具有重大意义。创新创业教育和环境设计专业教学都强调实践的重要性,深化创新创业教育与环境设计专业的融合,必须进一步加强创新创业教育实践机制的构建,校内校外相贯通,开展各种实践活动,构建系统的具有环境设计专业特色的实践教学课程体系,培养具备创造力和实际操作能力的高素质人才。加强实践教学主要通过以下几点措施:

(1) 构建"做学结合"教学模式,完善环境设计工作室的建设。环境设计专业创新创业教育必须与实践紧密结合,工作室是培养学生创新创业能力的重要平台。一方面高校通过搭建环境设计工作室,与校外环境设计公司进行合作,承接社会真实项目,引导学生积极加入工作室参与项目,从而促进学生设计水平的提升。有学者提出拟在环境设计专业构建"课程实践+综合实习+工作室模式"的教学模式,通过核心课程实践模块、综合实习模块和环境设计工作室的相互结合,培养与提高学生的能力[12]。另一方面,教师可以采用项目驱动式教学法,以讲代练,以战促学,导入真实的环境设计项目,营造工作环境,促使学生深度参与环境设计实践,促使学生切身体会工作状态,提高学生综合能力与素养进而为以后创新创业奠定基础。在教学中,教师应紧紧围绕人才培养目标,进行教育教学,学生在教师的指导下综合运用知识,边学边做,做学结合,最大限度地强化理论,落实操作。

(2) 开展校企合作,注重实战训练。高校通过积极开展与深化校企合作,整合利用丰富的社会资源,为学生提供环境设计专业创新创业的实习实训机会。此外,高校要注重企业的筛选,搭建平台为学生创建良好的学习环境,让学生能够在实战中真正地获得成长。此外,环境设计专业教师还可通过承接相应的设计项目,组织并指导学生进行实战,从实际出发去发现并解决问题,满足客户的需求。学生与企业进行沟通,综合各方因素进行针对性设计,提高设计成果质量和责任心,培养学生的职业素养,从

而更好地适应社会，提升自身素质。通过校企合作，从项目入手，促进学生能力提高。

（3）采取多种考核方式。传统的应试教育模式偏重学生成绩，对学生多方面发展造成不利影响。以结果为导向易扭曲学生的学习动机，不利于学生良好学习习惯和正确价值观的形成，学生实践能力低，存在"高分低能"的现象，其职业竞争力往往较弱。因此，高校应明确考核的目的，对学生的考核指标应更加全面，考核结果应能够更准确地反映学生的学习状况和综合能力。创新考核方式，在教育教学中采取"理论＋实践"双重考核模式，采用多样化的考核形式，对考核内容进行细化，注重学生实践能力的测试。在对环境设计专业学生的考核中，应由单一的结果考核转向过程考核、技能考核、能力考核等多种考核方式并举[13]。

**（四）建立环境设计专业创新创业平台，拓宽学生创新创业空间**

高校要充分利用自身优势为学生建立环境设计专业创新创业实践平台，拓宽学生创新创业空间领域，在政府部门的统筹协调下，构建创长效机制，为创新创业者提供全方位的专业服务，激发环境设计专业的学生创新创业热情，为学生提升创新创业综合素质奠定良好基础。

在进行平台搭建时，首先，高校应充分利用先进的互联网技术，例如大数据、云计算和人工智能等，建立资源库[14]，搭建具备强互动性的环境设计专业创新创业线上平台，通过网络空间对学生进行创新创业的追踪服务和全方位辅导，与当地企业开展深度合作，让学生参与设计，培养更多环境设计专业创新创业的优秀人才。其次，校际交流平台的搭建有助于学生发展潜能更好地释放，促进师生共同成长。高校应注重实验实训平台的搭建，加强环境设计专业校内外实训基地的建立，让学生在实践中锻炼能力。有学者提出搭建基础理论教育平台、实践演练平台、创新创业研究平台互相支撑的创新创业人才培养新模式[15]。最后，高校应注重建立相应的规范制度，通过约束机制保障创新创业教育有序有效地开展，防止企业和师生权益受到侵犯，从而大大促进高校环境设计专业创新创业教育教学体系进一步完善。有学者提出一体化创新创业教育实践平台体系架构[16]，如图4-3所示。

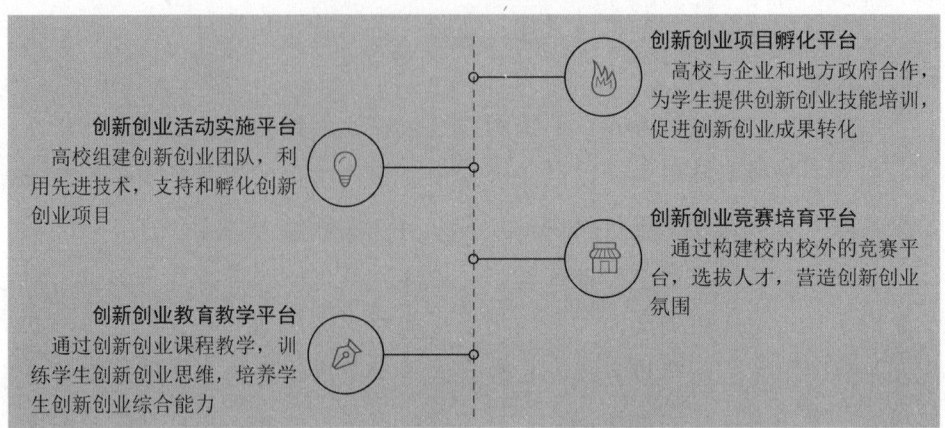

图4-3 一体化创新创业教育实践平台体系架构

## 五、以创新创业能力为核心的环境设计专业应用型课程改革[17]

从国内建筑装饰行业调研发现,行业对环境设计专业工作岗位及要求,以及学生职业从业资格证等级要求均与应用型课程的职业能力培养密切相关,且直接挂钩。结合国家对职业技术教育改革政策,培养适应时代与区域经济发展需要,具有职业技能与创新能力的人才培养成为高等职业教育面临的一个课题。基于国内外环境设计专业课程设置以及建筑装饰行业现状分析可见,加快环境设计专业应用型课程及教学内容体系的改革与建设刻不容缓,尤其在"互联网+"、慕课平台建设运用等教学方式手段日渐完善的可共享资源状态下。课程建设与改革的重点之一则是在教学大纲、教学设计、课程内容中充分体现作为环境设计专业应用型课程的必要补充的地位与衔接关系,强调各门技能课程的渗透。经过较全面的实施方案、技术路线,以及课题组成员实践教学经验总结,形成了以下四个方面有效的改革措施。

### (一)明确专业人才培养规划,细化并开设与职业能力挂钩的应用型课程及教学内容体系

环境设计专业不能仅停留在艺术创作的光环与表象中,学生设计的景

观项目需要落地，必须经得起科学合理的实践检验。原有的课程体系结构，较笼统地把专业课程分为专业基础课、专业核心课和实践课，缺乏职业技能和创新能力为导向的课程设置与教学内容体系，导致学生设计作品无法着陆，与市场脱节。技能的体现与学生的创作能力应该与实验、实训、实验室、项目导入、工作过程等密切相关，使学生创作作品最终从艺术概念方案转化为实体施工项目。以广东技术师范大学为例，经过人才培养方案的重新修订与教学计划中课程模块的不断完善与调整，归纳总结出环境设计专业应用型课程设置分设校内、校外实践实习场所的课程：校内课程分为实训实验类课程（建筑制图、三维空间设计Ⅲ、建筑模型制作与工艺等7门）、理实一体类（景观设计学基础、室内设计程序、园林景观设计等14门）、实践类[艺术实践、艺术考察、毕业设计（论文）、毕业展览]和校外实习类（专业实习、校企合作实训实习基地）五大类。校内实训室开设与应用型课程对应的建筑制图与装饰材料实训室、三维电脑动画渲染室、建筑模型工作室等；校外实习实训场地主要为校企合作实训实习基地（涉及室内、景观、建筑设计行业的在业界较有影响力的企业、公司及设计院）（表4-3）。

表4-3　　　　　　　　环境设计专业应用型课程设置

| 课程类型 | | 课 程 名 称 |
| --- | --- | --- |
| 校内 | 理论类 | 中外美术史、中外设计史、中外建筑史、室内设计风格与流派等 |
| | 实训实验类 | 建筑制图、三维空间设计Ⅲ、建筑模型制作与工艺、材料与构造等 |
| | 理实一体类 | 建筑学基础、景观设计学基础、室内设计程序、室内空间设计Ⅰ、室内空间设计Ⅱ、室内空间设计Ⅲ、园林景观设计、园林植物与应用、景观设计专题等 |
| | 实践类 | 艺术实践、艺术考察、毕业设计（论文）、毕业展览 |
| 校外 | 实习类 | 专业实习、校企合作实训实习基地 |

从表4-3的课程设置可知，确定编写具体课程的性质，会更加清晰对大纲的教学目的、教学内容、教学要求等各个方面进行思考，其中实验类、实习类和理实一体类课程为专业应用型课程。并且通过课程性质的归纳整理，厘清专业内各门课程之间的衔接关系。因此，课程教学内容体系改革，需要细化并开设与职业能力挂钩的应用型课程，建立专业实验实训室，并

且从最基本的教学大纲改革开始，遵照各分类教学大纲的要求，围绕实验项目进行教学设计，明确实验的分类、要求和设备器材条件等，进而确定教学内容体系，完成课程改革的内容，为职业技能与创新能力的培养创造可能性。

**（二）体现应用型课程梯级衔接关系，采取客观课程考核评价标准**

（1）需采用新的课程教学内容体系框架，形成一门课程完整的，具有现实意义的编写思路、国内外课程设置现状、课程性质与定位、课程学习目标、课程设计思路、课程内容与学时分配、教学要求与设计、课程考核与评价、教学资源要求、教材与参考书这十个方面框架内容，并依次列出并拓展出这十个方面详细内容。

（2）厘清体现应用类型课程的彼此衔接关系。明确先修课程、后修课程之间的顺序、二维设计表达向三维设计表达、个体表达向综合表达的转变关系，最终实现应用目标与价值，即职业技能与创新能力的培养，与岗位对接，体现专业、个人与社会三者价值。

（3）核心部分是从评价体制上，改革现有应用型课程考核评价标准，采取学生自评与同学互评相结合、平时和考试评价相结合、校内教师和社会行业专家评价相结合、线上与线下教学评价结合。提升学生的学习参与意识，注重职业能力测评，奠定学生的职业技能，发挥学生的创新、创造能力，让学生、教师与学校形成一个客观、合理、科学的教学循环系统。

**（三）构建应用课程的课堂教学与工作室之间的交互关系，使教室与企业项目、生产实践融为一体**

由教师带领学生在承接和完成企业中的建筑设计、室内设计、景观设计工程项目。通过课堂、工作室与项目三者关系，完成展演技术的综合训练。巩固课程基础知识的同时，以专业技术的应用为核心，将生产与教学紧密结合，在实践实训中锻炼学生的专业技能，提升学生专业职业技能与创新能力的开发，对接就业岗位，避免毕业即失业的尴尬局面。同时在课程教学中，直接反映职业技能考证内容知识，实现职业技能的提高，为毕业就业储存升值的可能。这种教学模式突出职业能力的培养，促进教学与就业的自然衔接，使学生能力更强、专业更专，充分体现实践性、开放性和职业性[18]。

**（四）改革填鸭式课程教学，鼓励多学科交叉创作，培养与激发学生创新创业能力**

从虚拟的概念构思，到二维、三维平面方案设计图纸到实体项目的实施竣工，体现的是职业技能的核心所在，而结合目前建筑装饰、园林景观项目中工艺与材料，以及日益变化的审美意识，成为挖掘与提升学生创新能力的源泉。与时俱进，与市场接轨，与工作岗位对接，让专业作品（室内/景观设计方案或施工图纸、建筑模型设计与制作、效果图制作等）呈现现代科技、工艺技术、材料科学的发展，逐渐朝着符合当前人们审美观的现代艺术品范畴迈进，才能不断培养学生的精益求精、刻苦钻研的工匠精神，以踏实、敬业及进取的态度实现创新思维与能力的培养与升华。密切结合计算机技术、人工智能、交互设计等相关专业，激发学生创新创业精神。

综上所述，环境设计专业应用型课程体系改革的创新之处体现在：①形成了一套应用课程教学大纲、思路方法、实训技能与工艺流程，打破传统的教学模式，完成在教学与工作室中导入项目，实现职业技能和创新创业能力培养为导向的课程教学内容体系；②探索制定环境设计专业应用型课程考核与评价标准的实施方案，通过在教学中的不断检验、校正与完善，并推广实施，为本专业或者相关专业的同类课程的建设与改革提供参考价值；③通过项目研发与实施，以实际的教学过程、学生学习与创作特点，为研发专业应用型课程面向职业技能与创新能力人才培养的特色教材打下基础。在以职业技能和创新能力培养为向导的环境设计专业应用型课程协同教学内容体系改革研究，符合当前国家对职业教育的重视与建设发展，适合运用在高等院校、高中职学校相关专业的教学中，如环境设计、建筑学、风景园林、城市规划、建筑装饰、室内工程技术等专业，具有普遍性，在社会的应用范围与受益面将会越来越广。

创新创业能力人才培养，需响应新时代教育发展模式。研究探讨环境设计专业应用课程及其教学内容体系改革与建设，提出明确专业人才培养规划,细化并开设与职业能力挂钩的应用型课程,建立专业实验实训室,改革教学大纲;改革传统守旧的课程教学体系,体现应用型课程梯级衔接关系,采取客观课程考核评价标准;构建应用课程的课堂教学与工作室之间的交互关系,使教室与企业项目、生产实践融为一体;改革填鸭式课程教学,培养创新创业能力等改革措施,不仅为环境设计等专业人才培养提供支撑,也将促进环境设计师这一工作岗位的发展;更有利于促进本科高等教育环境设计专业与职业技术教育、创新创业教育衔接,为社会输送对口的创新型人才。

## 参考文献

[1] 马永斌,柏喆. 大学创新创业教育的实践模式研究与探索[J]. 清华大学教育研究,2015,36(6):99-103.

[2] 王怀忠. 环境设计专业创新创业模块化实践教学体系研究[J]. 现代职业教育,2020(36):74-75.

[3] 焦新安,胡效亚,张清,等. 地方综合性大学创新创业教育的思考与实践:以扬州大学"四位一体"创新创业人才培养为例[J]. 中国大学教学,2017(5):58-63.

[4] 左冕. 环境设计专业的能力导向教学改革研究与实践[J]. 西南师范大学学报(自然科学版),2016,41(4):206-210.

[5] 张园园. 探讨环境设计教育理念:基于清华大学"三位一体"模式[J]. 设计,2020,33(17):90-92.

[6] 崔蕾. 环境设计专业创新创业人才培养模式改革建设研究[J]. 美术教育研究,2017(19):145,147.

[7] 张晓芬,史宪睿. "内外协同"高校创新创业人才培养体系构建[J]. 现代教育管理,2018(3):47-51.

[8] 翁威奇. 环境设计专业创新创业教育模式构建[J]. 艺术教育,2017(14):137-138.

[9] 张鹤. 高校创新创业教育研究:机制、路径、模式[J]. 国家教育行政学院学报,2014(10):28-32.

[10] 陈淑飞. 构建多维立体的环境设计专业实践教学体系[J]. 北华大学学报(社会科学版),2015(6):155-157.

［11］ 杨宁. 高校"进阶性五维式"创新创业教育体系构建逻辑与实践路径：以开放大学为例［J］. 创新创业理论研究与实践，2019（11）：4-8，12.

［12］ 王可心，张天殊，周蕴薇. 高校环境设计专业校企合作工作室"项目化"教学模式实践［J］. 教育教学论坛，2020（29）：275-276.

［13］ 孙文琦，蒙长玉，王文剑. 应用型高校大学生创新创业能力培养课程体系研究［J］. 现代教育管理，2020（7）：75-81.

［14］ 吴洁，牛彦飞. 创新驱动背景下高校创新创业人才培养机制［J］. 教育与职业，2019（23）：63-67.

［15］ 万是明. 国外高校基于"企业家精神"的创新创业模式探析［J］. 教育探索，2019（1）：81-85.

［16］ 谢迎娟，金纪东，张卓，等. 一体化创新创业教育实践平台的建设研究［J］. 实验技术与管理，2020（12）：261-264，269.

［17］ 曾丽娟，陈超. 面向职业技能和创新能力培养的环境设计专业应用型课程体系改革［J］. 美术教育研究，2019（11）：110-112.

［18］ 郭宜章. 高职高专环境艺术设计专业交互式教学的改革与实践［J］. 教育与职业，2012（14）.

# 第五章 融合创新创业教育的环境设计专业课程体系构建

## 一、"创意构思—创新训练—创业实践"梯级专业课程体系构建[1]

借助互联网信息平台,创新创业活动在国内外高校快速开展,激发了有想法、有创意的学生搭建团队,同时也开拓了一条公开公平竞争和宽广的道路,实践他们的梦想和理念。跨学科、跨专业甚至是跨国家的人才组合形成"双创"团队研发项目,获得了有目共睹的成绩。"双创"教育政策推动下,各大高校设立创新创业二级学院,在专业人才培养方案中独立设置"双创"教育课程,实践比赛项目,真正将育人模式落实到人才培养的根本——实践课程教学。为学生创造公平竞争的平台和实现创业梦想带来无限挑战与机遇。"双创"教育导向下的育人模式,通过"创意构思—创新训练—创业实践"梯级专业核心课程体系构建,循序渐进逐步培养具备创新能力和职业素养的人才(图5-1)。

### (一)创意构思——大一大二创意思维构思形成期

这个阶段以培养学生的创意式思维与兴趣为主,通过专业基础课程的铺垫与设置引导学生积极、善于和乐于用专业方法来解释或表达社会热点话题。以广东技术师范大学美术学院环境设计专业为例,大一大二的中西方美术史、中外建筑史、环境设计导论等历史理论基础课,造型基础(A、B)、构成基础(三大构成)、手绘表达技法与三维空间设计(Ⅰ、Ⅱ、Ⅲ)等课程,培养学生从感性认识到理性思辨的能力,具备了从二维平面到三维空间方案、效果图以及施工图等的出图能力。

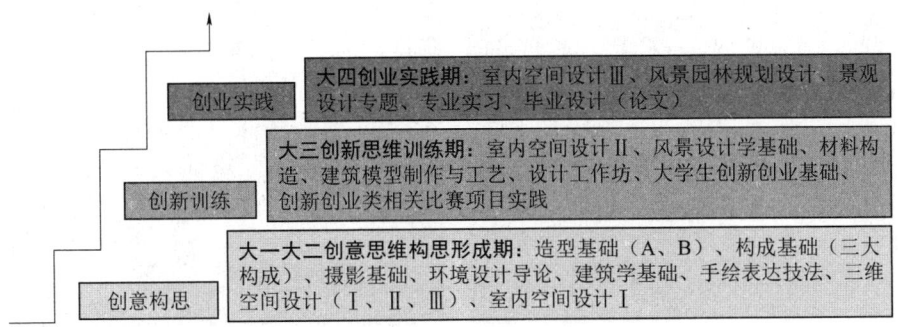

图 5-1　大学生创新创业梯级专业课程构建
（以广东技术师范大学美术学院环境设计专业为例）

**1. 创意思维培养需要扎实的专业历史理论和文化底蕴**

扎实的专业基础理论能让学生在日后的设计创作在设计概念或理念的提出、文化内涵的表达上更有沉淀感，思考的角度也会因对历史知识的了解而更有深度。艺术院校的学生，大部分学生重毕业设计创作，轻理论学习，不擅长用文字包装自己的作品。因此，在参加"互联网+"创新创业大赛或者挑战杯等比赛中，会需要找文学院的学生加入团队，重新进行计划书逻辑关系的梳理与组织。因此，大一大二的专业理论课，是影响学生创作的重要基础，扎实的文学理论研究，直接影响后面毕业论文和大学生创新创业商业计划书撰写、就业工作思路打开等方面。

**2. 创意思维培养——循序渐进从简单二维平面到复杂三维的立体空间培养**

造型基础 A、造型基础 B 是绘画功底的打磨与提升，是环境设计专业的方案图纸表达的基本技巧。构成基础课程（由平面构成、色彩构成和立体构成组成），是直接影响环境设计室内、景观平面方案效果的重要基础课程。很多毕业工作后的学生在谈起大学期间重要的专业基础课时，就谈到平面构成、色彩构成两门课。他们认为景观方案实质上反映的是点线面和色彩的组合关系。基础不扎实很难画出精彩的设计方案（图 5-2 和图 5-3）。

构成基础课程后面的课程为手绘表现技法，会进一步将学生的造型基础、平面构成、色彩构成的能力提升，并深化到景观、室内效果图表达研究上（图 5-4~图 5-6）。以构成基础课程为基础，后续三维空间设计Ⅰ的学习，更好把握色彩关系、室内功能空间分割、组合，通过三维空间设计Ⅰ课程室内空间表达，完成从平面到立体的表达（图 5-7）。

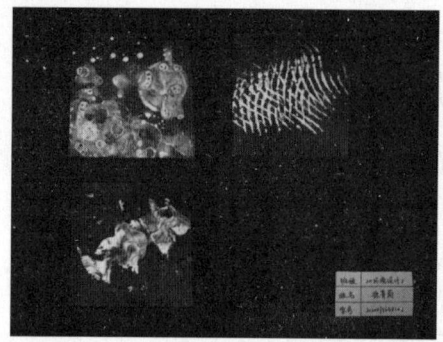
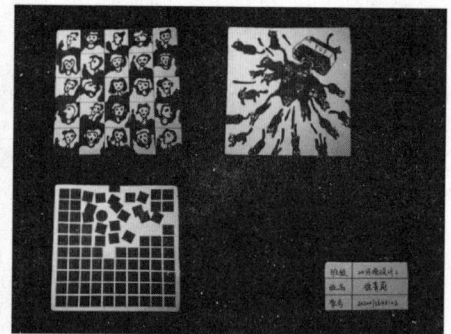

图 5-2 学生平面构成作品（徐青蔚 作）

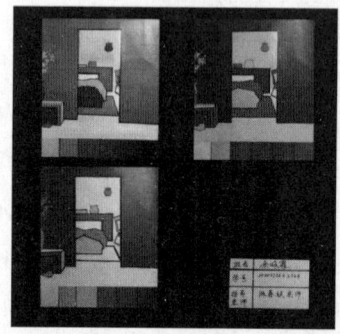
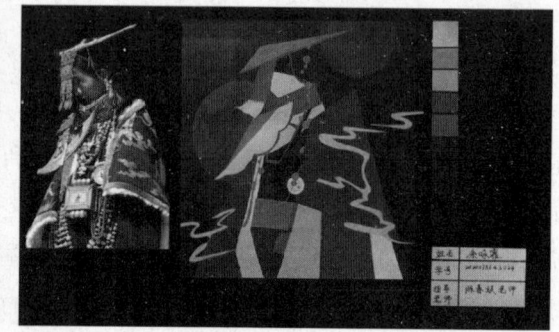

图 5-3 学生色彩构成作品（余咏霏 作）

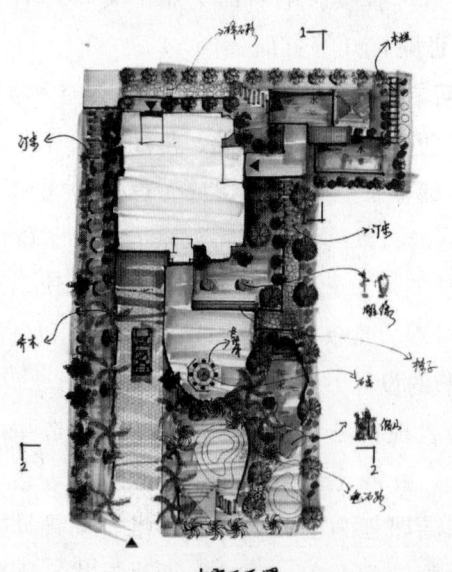

图 5-4 园林景观手绘表现技法（许世录 绘）

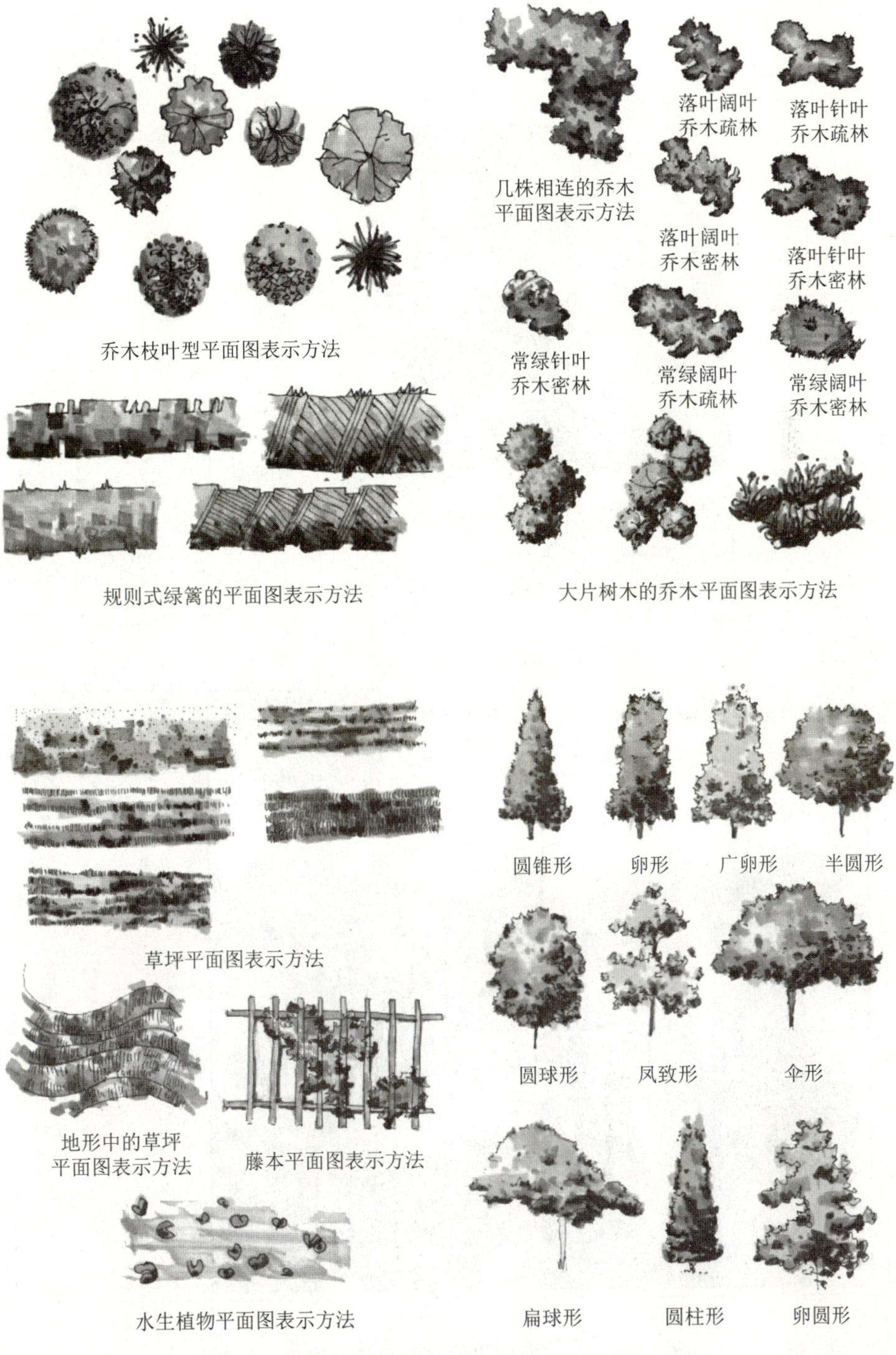

第五章 融合创新创业教育的环境设计专业课程体系构建

图 5-5 园林植物手绘表达技法（兀磊晶 绘）

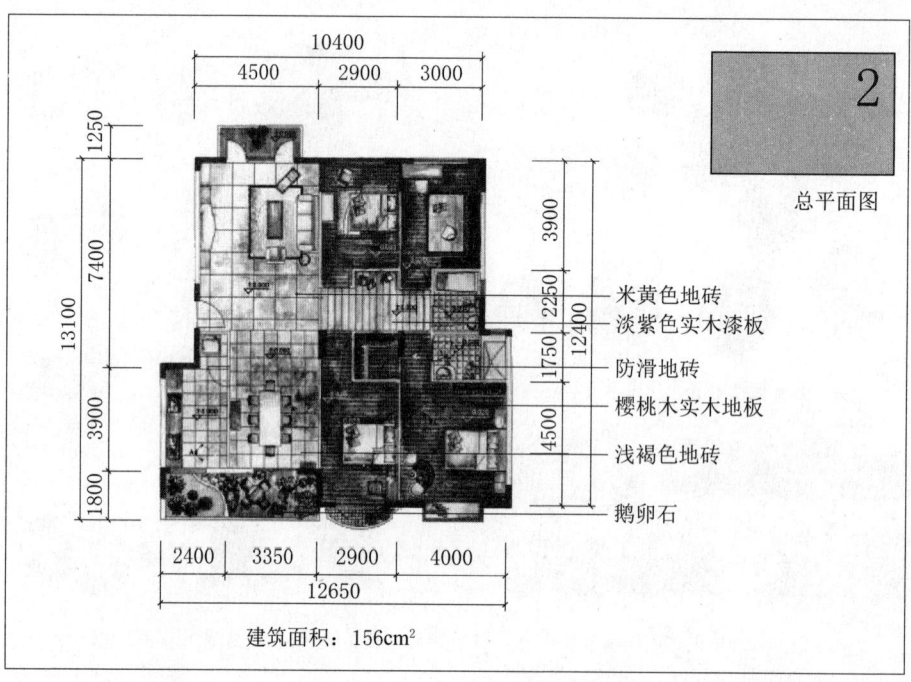

总平面图

米黄色地砖
淡紫色实木漆板
防滑地砖
樱桃木实木地板
浅褐色地砖
鹅卵石

建筑面积：156cm²

餐厅平面图

餐厅效果图

图 5-6　室内空间手绘表现技法（方炼　绘）

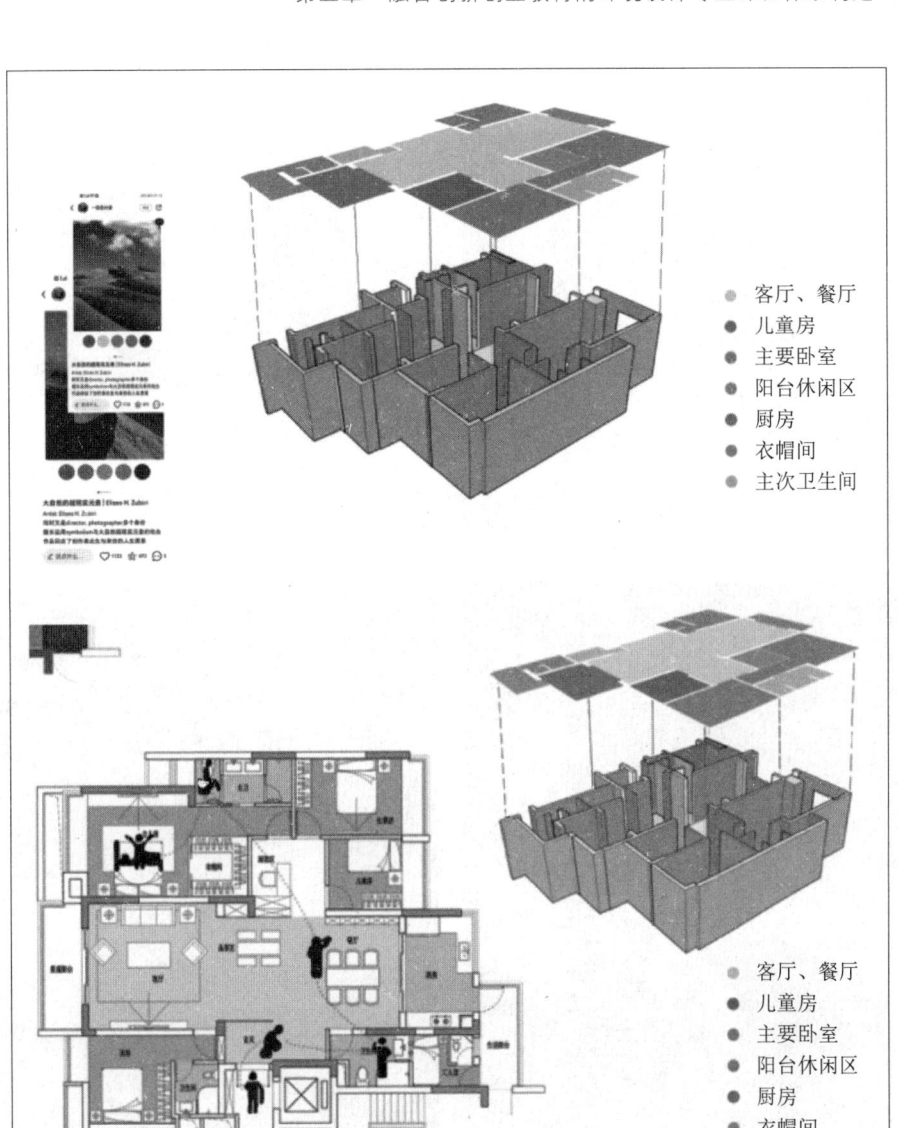

图 5-7 三维空间设计 Ⅰ 课程室内空间表达（梁婉珊 绘）

立体构成和大学第七学期的建筑模型制作与工艺课程有直接关系，是打开立体空间思维方式的基础课，也是培养学生建立三维立体空间设计思考的训练课程。空间思维能力强，在完成具体项目的空间营造、尺度把握有直接影响关系。通过立体构成课程基础衔接后续建筑模型课程，同时在建筑模型在制作前，需要有三维空间设计Ⅰ、三维空间设计Ⅱ的软件基础(图5-8和图5-9)。

图5-8 学生立体构成作品(韦炳宇 作)

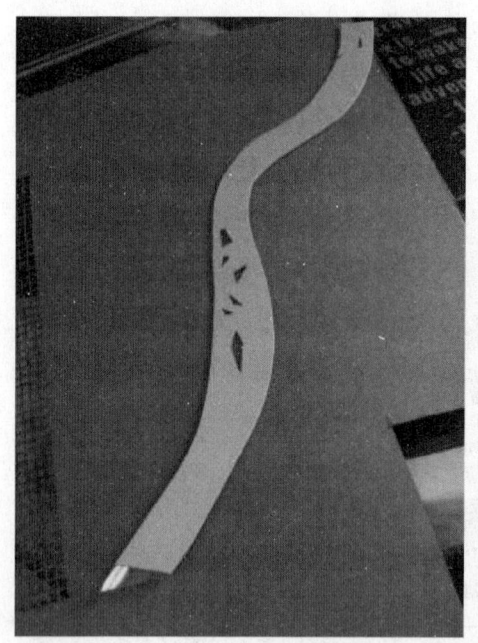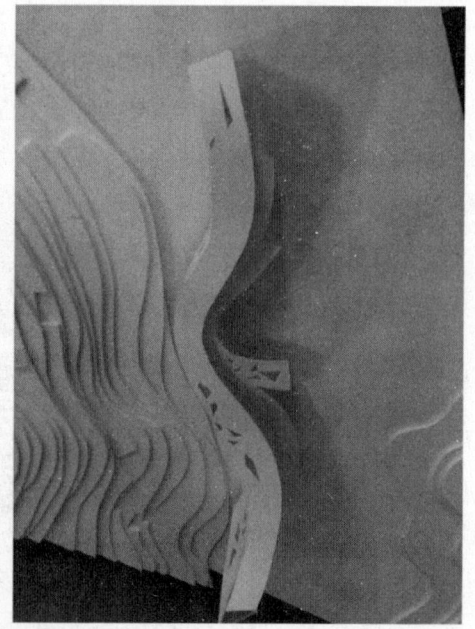

图5-9 从二维平面到三维立体空间的推导(吴雪梅 作)

因此,大一大二的构成基础、手绘表达技法、三维空间设计Ⅰ(PS、ID)、三维空间设计Ⅱ(SK、LU),与大三专业主干课程建筑模型制作与工艺、三维空间设计Ⅲ(3D、犀牛)、室内空间设计Ⅰ(居住空间)、室内空间设计Ⅱ(展示空间)等课程呈现梯级渐进、由简到难的关系。

## (二) 创新训练——大三创新思维训练期

基于大一大二所具有的创意思维基础和专业基础技能，大三阶段需设置更专业的核心课程如设计专题、工作坊进行实训，介入"双创"教育理论及其相关比赛项目实践等课程，引导学生将专业知识理论与创新思维、创业概念接轨，通过组织学生积极参加"互联网＋"创新创业项目、挑战杯创青春、大学生科技创新（攀登计划）项目等从校级—省级—国家级等选拔比赛，在商业计划书撰写过程中、汇报演讲、田野调查、数据资料整理中让学生走出校门、开拓视野，激发学生的创新思维潜力，在各种参赛平台中获得综合能力的提升。

**1. 加强专业素养与职业技能的训练**

基于前期大一大二的专业基础理论与技能，大三需要强化专业技能到职业技能的培养与训练。从人才培养方案课程设置上，大三的景观设计学基础、建筑模型制作与工艺、室内空间设计Ⅰ、室内空间设计Ⅱ、三维空间设计Ⅲ等核心课程是主要提升的方法与手段。这些课程，同时也是就业岗位对人才能力的需求。经过手绘表达技法等课程学习，在景观设计学基础中，学生出具的设计方案已经有明显的提升，与职业岗位需求接近；经过三维空间设计Ⅱ的学习，学生在室内空间设计Ⅰ、室内空间设计Ⅱ中的室内设计方案与实际项目专业绘图标准更加接近，达到社会实际项目设计要求（图 5-10 和图 5-11）。

通过本阶段专业素养与职业技能的训练，学生才有基础，逐渐地将项目成本、投放、管理和风险等实际商业计划贯彻在课程学习、项目设计与实施中。

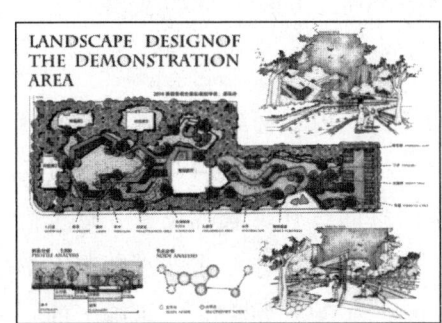

图 5-10 学生在景观设计基础课程完成景观设计方案（潘泓舟 绘）

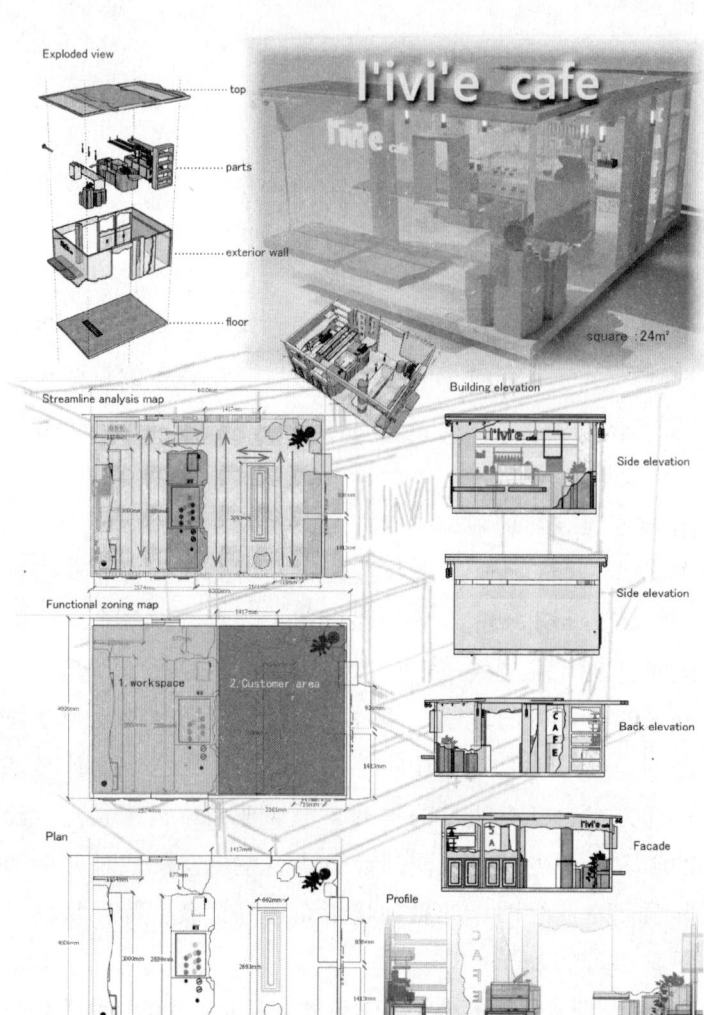
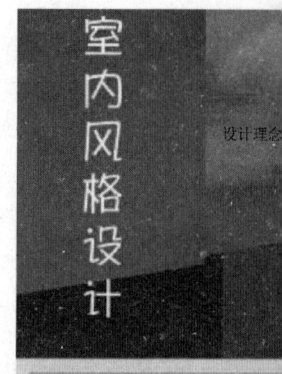

图 5-11 基于"三维空间设计Ⅱ"课程学习的室内空间设计表达（罗炜莹、康文彪 绘）

**2. 围绕专业课程开展创新训练项目**

结合大学生创新创业训练项目，要把专业能力如何融入实体落地项目中，需要经过大三这些课程的强化训练。各类大学生创新创业训练项目的开展，需要环境设计专业，是以体现其室内空间设计、景观设计、建筑概念设计等专业技能。如环境设计学生参加 2019—2021 年广东技术师范大学大学生创新创业训练计划项目国家级、省级立项"叹粤茶馆""棋牌上的中医药""筑梦工作坊——红色文化在当代文创设计中的精神传承与再造"和

第五章 融合创新创业教育的环境设计专业课程体系构建

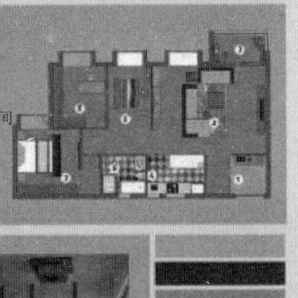

"基于数字技术运用的建筑模型设计创作"等项目均反映了大三专业课程技能在大学生创新创业项目训练的创新思维实践。

（1）以建筑模型制作与工艺课程为载体的大创项目实践。以建筑模型制作与工艺课程为载体，环境设计专业学生团队的作品《游艺筑梦——中国古代建筑瑰宝的传承者》在2021年第七届中国国际"互联网＋"大学生创新创业大赛广东技术师范大学校赛中获银奖（图5-12）。以此为基础，项目在后续培育孵化过程中，通过不断打磨，形成《筑梦古村——做南粤传统村落古建筑保护的传承者》，获得了广东技术师范大学第十三届"挑战杯"大学生创业大赛铜奖（图5-13）。项目以传承中国古代文明与工匠精神，坚定中华传统建筑文化自信为核心，致力于打造传统建筑记忆、实现传统建筑文化的传播、树立传统文化自信、促进青少年对传统文化的传承，我们将课堂知识以文化传播的方式，开发课程培训，打造世界一流的传统建筑模型数字馆，推进传统建筑模型的制作与设计（图5-14），研发蕴含传统建筑文化的文创产品，形成商业项目计划书（图5-15）。该项目是环境设计专业课程学习转化到大学生创新创业训练项目的很好案例。

（2）以"园林植物与应用"与"景观设计学基础"课程为基础的大创项目实践。学生在大二通过学习"园

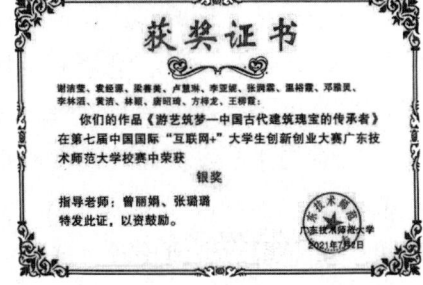

图5-12 第七届中国国际"互联网＋"大学生创新创业大赛校赛银奖

图5-13 第十三届"挑战杯"大学生创业大赛铜奖

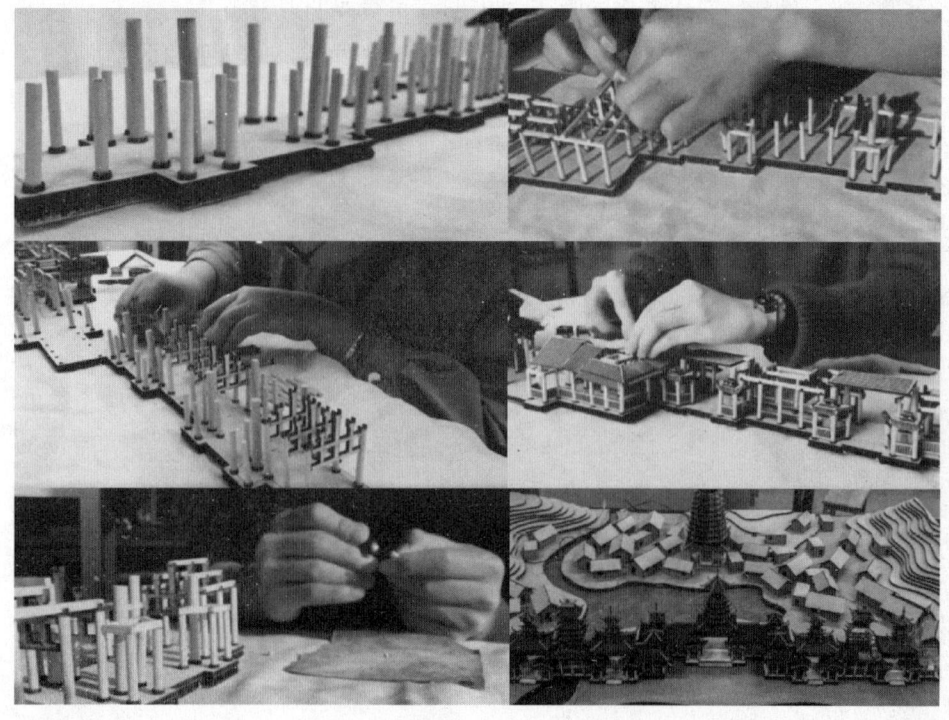

图 5-14 从模型制作中发现中华木构建筑之美
（黄政民、李晶敏、罗玉凤等 作）

林植物与应用"课程，熟悉华南地区常见园林植物，掌握植物配置与造景艺术原理，在大三的"景观设计学基础"进一步掌握了居住区、花园的植物景观设计，因此引入社会实践项目老旧社区花园设计，撰写了《"有机"社区花园农场微设计计划》商业计划书，参加学校大学生创新创业训练项目，并获得学校立项。此项目主要为老年人提供微公益服务，在老旧社区花园、微绿地、高楼阳台、屋顶设计迷你花园、药圃、花圃，从设计到实施，充分让腿脚不便的老年人接触绿色自然，让身体和心理得到缓解、体验到社会对他们的关爱与关心。在项目开展过程中，以社会项目"佛山市禅城区同济新村老旧社区屋顶花园改造设计"为载体，将上面两门课程所学知识的运用，完成了项目设计方案，顺利结题。在项目开展过程中，发现屋顶花园需要特殊的立体绿化构架，可以更好地增加绿地面积。通过企业专家的指导，和学生一起共同研发立体绿化装置构架，与企业专家、学生共同合作完成了两件实用新型专利授权。

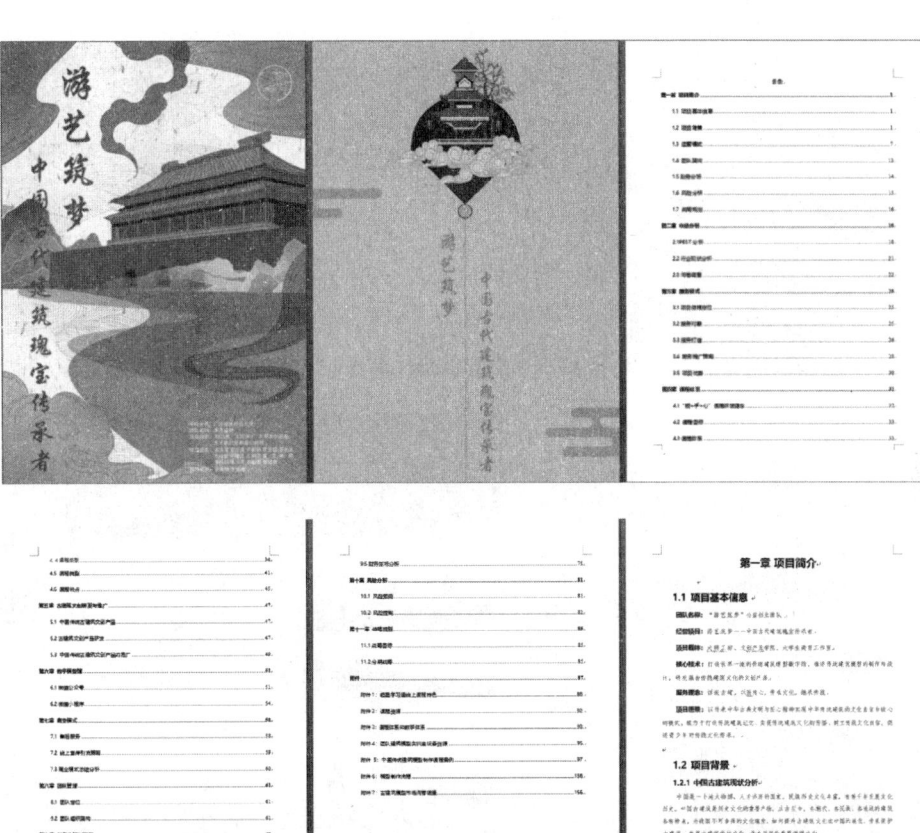

图 5-15 《游艺筑梦——中国古代建筑瑰宝传承者》商业项目计划书节选

环境设计专业学生结合专业核心课程"园林植物与应用""景观设计学基础",通过大学生创新创业训练项目,为老旧小区逐渐荒废的屋顶、阳台进行微改造与设计,为老人晚年生活带来乐趣,体现老人老有所乐,获得社会关爱这一行为,是社会大众乐于看见的事情,具有社会价值和服务价值。将专业所学服务于社会,体现了创业价值,也是本课题梯级课程体系构建的目的、意义所在。

(三) 创业实践——大四创业实践期

大四以实践教学为重心,以项目导入的方式贯穿专业核心课程,立足

融合创新创业教育的高校环境设计专业课程体系构建与实践

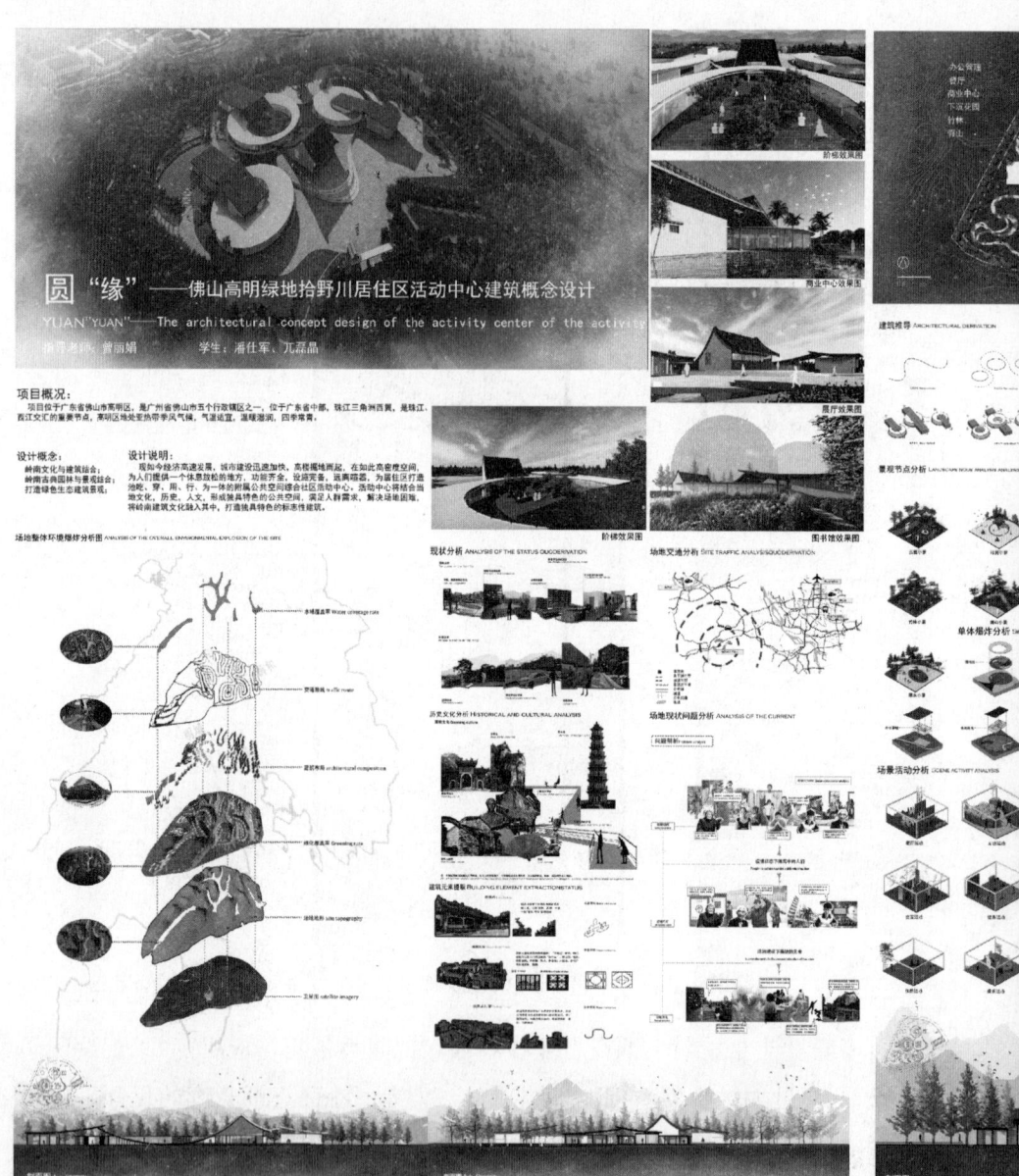

图 5-16 以社会实际项目介入毕业设计(潘仕军、兀磊晶 绘)

于项目设计与施工现场管理对接的实践教学,无缝衔接后期的专业实习(2~3个月),同时高校实行双导师制,聘请校外行业专家、企业高级技能人才与校内教师一同指导学生实践。在专业实习期结合社会项目,通过商业经营性行为的实际锻炼,使学生逐渐从求职者向创业角色过渡,在

第五章 融合创新创业教育的环境设计专业课程体系构建

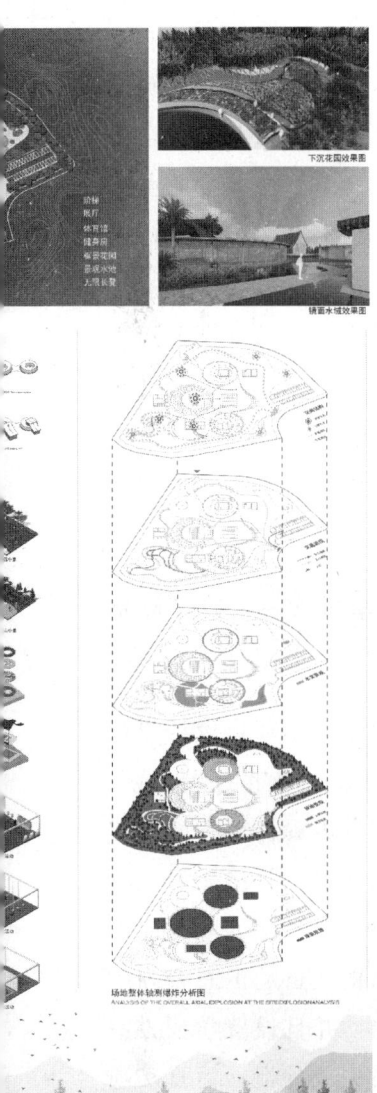

顺利完成毕业设计与毕业论文的同时,还能实现毕业与就业同步接轨。大四创业实践期是培养学生独立组织、策划与管理等工作能力的重要阶段。在环境设计专业学生在实践创新创业的课程对接上,毕业设计是最好的创业实践。环境设计专业学生的毕业设计选题,一部分是来自学生专业实习公司企业的实际项目,另一部分是公司企业委托指导教师参与项目设计的选题,还有一部分是学生对某个地块进行改造设计的选题。因此,社会实题的毕业设计会根据甲方的项目任务书,会考虑到周边材料、工艺、场地限制、成本、后期管理等实际客观因素,在设计方案中体现;并且会在不同的设计阶段,与企业跟进沟通,根据意见反馈再进行方案修改。这个与单纯的设计创作的区别在于实际项目是基于合理成本价格、人群需求创造商业价值或社会价值,并不能纯真理想化的创作。这个综合实践的过程,还需要考虑成本、风险、利润等问题,与创业过程是一致的,因此以社会实题的毕业设计是重要的创业实践期(图5-16)。

"创意构思—创新训练—创业实践"梯级课程体系构建,体现了一种科学合理的课程群设计,在扎实专业理论知识的前提下,不断提高学生对相关学科、社会热点、国家政策的认知、理解与深化,并最终综合不同专业人才,在团队的沟通协作中,得到实践总结与提高。以此,逐步形成具备创新创业基本素质的专业人才,实现未就业先创业的人才培养模式。

## 二、"互联网+"新时期体现以学生为中心的教育教学模式

国内外各种教育网络平台、双一流高校在线开放课程如MOOC、精品

视频公开课、微课等建设与开放，让各高校学生拥有多个渠道修读课程完成学分，跟不上时代的教师也面临被下课的状况。因此，各高校众多教师拿起这把利器进行课程革命，打造"金课"，将传统PPT演示的课程教学彻底变革，开设成翻转式课堂、线上线下混合式课程，灵活组织课堂教学形式，将学生学习潜力发挥到极致，带手机进课堂完成教学任务成为日常。例如广东高校教师常用超星学习通教学平台，教师、学生和管理一平三端同步进行，学生必须带手机进课堂和老师完成互动教学。教师在课前用手机将课件投屏，课中用手机发布签到、讨论、点名、抢答、小测、发红包等各种活动让学生全程投入到课堂学习中，所有互动数据可在后台自动生成，作为成绩评分参考，关键是灵活地把手机变成课堂学习利器，提高学习效率和质量，杜绝手机控、低头族。

### （一）基于校企合作众图学院网络平台项目教学模式——以"园林景观设计"课程为例

基于广东省校企合作协同育人项目，广东技术师范大学环境设计专业与广东众图学院达成协议，基于众图学院网络平台提供的教育评图系统、无纸化图档管理系统和真实项目素材库，展开以园林景观设计课程的项目教学与改革。众图学院教育评图系统为老师提供更加便捷的评图工具，实现线上评图，在异地或室外场所都可以实时进行评图，与学生的联系能够更加及时；无纸化图档管理系统为学校提供方案汇总档案自动汇总整理的线上图档库。自动生成个人档案，快速搜索学生图档，并且设置学校方案保护机制，只允许学校能对其进行归档，以防档案丢失或外泄；而真实项目素材库云集公共建筑、居住建筑、工业建筑三大类型，综合办公、商业/综合体、酒店、医院、养老院、教育建筑、文化建筑、住宅、厂区及仓库等10多种项目类型的真实项目，老师、学生能够参考。科学客观的网络平台系统，打破传统的项目设计教学，与社会实际工程项目从设计到施工过程紧密衔接的过程，对课程开展项目教学带来了极大的便利，促进了"互联网+"时代下的课程教学改革与内容建设（图5-17～图5-19）。

产教融合协同育人是行业特色地方高校转型发展和培养创新型应用型人才的必由之路和主要途径，也是行业特色地方高校应用型转型的必然选

第五章 融合创新创业教育的环境设计专业课程体系构建

图 5-17 基于众图学院网络平台《园林景观设计》发布课程课题设计

图 5-18 评图过程

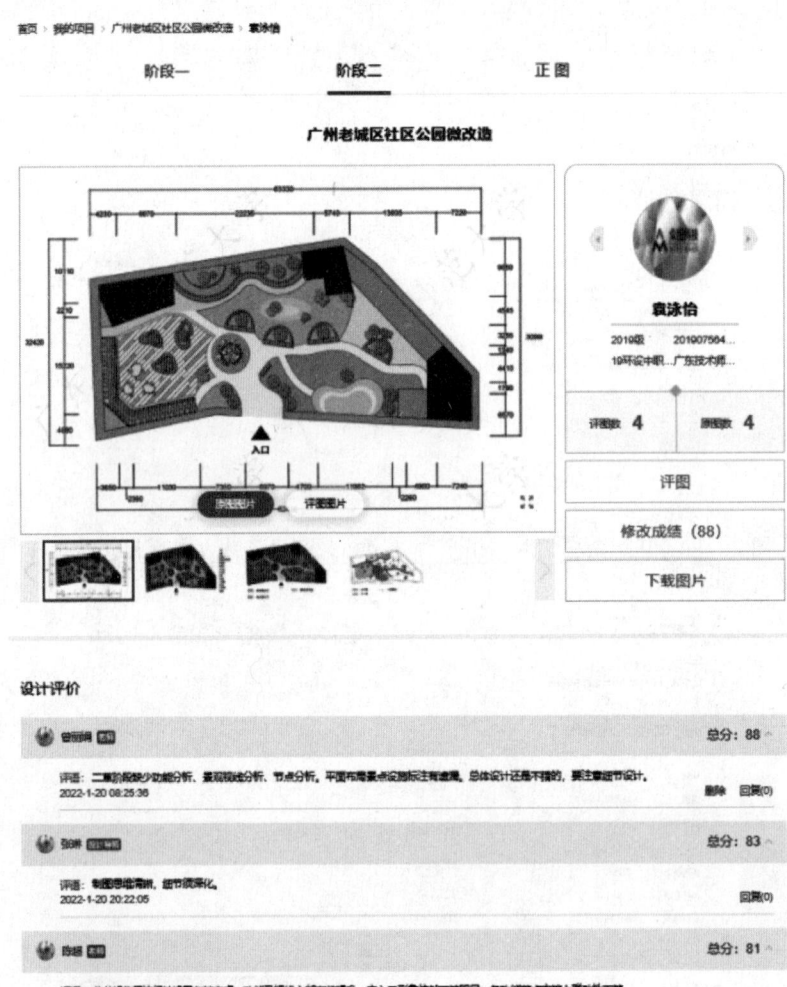

图5-19 指导教师与企业设计导师互相评图

择。本校与众图学院通过校企合作协同育人项目，基于项目设计导入课程，以产教融合协同育人的模式，是对专业主干课程教学改革的有力推动。建筑装饰行业在广东省一直占据优势，环境设计专业在本校应用型人才培养中，凸显了粤港澳大湾区的地理优势，行业特色地方高校只有充分利用智力集聚优势，理顺协同育人机制，不断增强自身服务行业的能力，积极对接企业，共同建设育人平台，实施产教深度融合，才能不断推动自身的改革与发展，以满足我国经济社会高质量发展的需要[2]。

## （二）基于超星学习通＋企业微信直播在线课程教学模式——以在线课程"园林植物与应用"为例

在新冠肺炎疫情期间，互联网对教学发挥了重要作用，刷新了我国线上课程建设开发新高度，同时也创新高校教学模式。在线上授课期间，项目负责人主讲的环境设计专业核心课程"园林林植物与应用"建立超星平台在线慕课，构建了以超星学习通＋企业微信直播在线课程教学模式，整体教学设计体现在课前、课中与课后三部分。运用学习通灵活组织教学活动，通过企业微信直播面对面解决教学问题：一是把虚拟网络教学资源变成有温度、现实生动的课堂；二是通过直播面对面答疑解惑体现人性化与有差异性课堂教学。不流于形式的在线课程教学突出表现了人性化、科学化和个性化的优点。该课程教学案例获得了广东省疫情阶段在线教学优秀案例一等奖。

**1. 整体教学设计**

本课程的整体教学设计基于充分的课前调研进行设置，并结合教师本人课程的前期积累和教学反馈效果，制定实施以学生为中心，构建以超星学习通＋企业微信直播在线课程教学模式。整体教学设计体现在课前、课中与课后三部分（图 5-20 和图 5-21）。

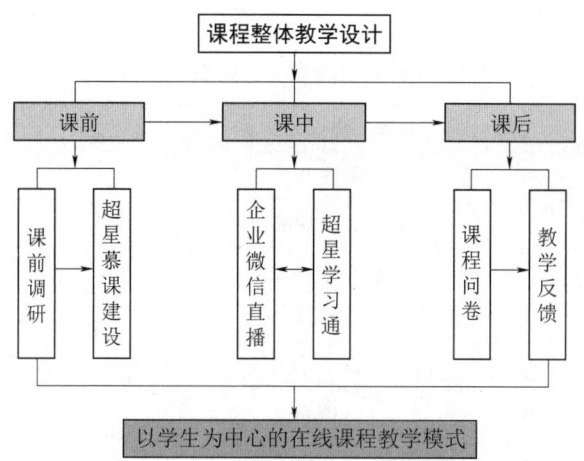

图 5-20　"园林植物与应用"课程整体教学设计

**2. 课前设计——基于超星泛雅平台的在线教学资源建设与设计**

（1）课前调研。调研的主要目的主要有两个：一是了解在抗疫期间，

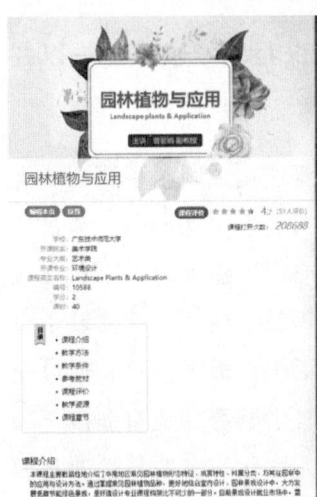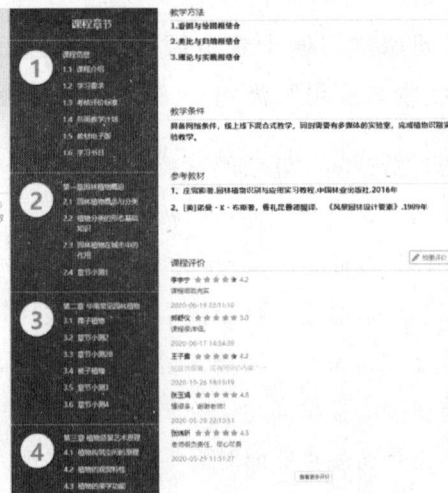

图 5-21 课程门户

授课班级的学生能否具备网络学习条件,能否在课程开课和授课教师同步、双向实现在线课程的"教—学—做";二是了解学生生活环境中,如居住小区内或小区附近,适合步行的安全范围内,园林景观、园林植物概况,以便于学生可以就地取材与进行教学实践。

(2)超星泛雅平台慕课建设。经过积极的准备,最终形成几方面在线教学资源建设内容,见表 5-1。

表 5-1 "园林植物与应用"在线慕课资源

| 序号 | 资 源 名 称 | 数量 |
| --- | --- | --- |
| 1 | 课件 PPT | 20 个 |
| 2 | 教学视频 | 26 个 |
| 3 | 教学实践微课 | 45 个 |
| 4 | 题库 | 250 题 |
| 5 | 章节小测 | 7 个 |
| 6 | 试卷 | 3 套 |
| 7 | 发布作业 | 10 个 |
| 8 | 项目案例 | 6 个 |
| 9 | 知识拓展(网站链接、视频、图书、图书内页) | 若干 |
| 10 | 直播次数(一个班) | 13 次 |

**3. 课中设计——基于超星学习通+企业微信直播的在线教学设计**

在线教学资源录入之后，上课过程中就可以利用现有资源，展开以超星学习通+企业微信直播的在线教学模式进行课程设计和教学组织。灵活运用学习通贯穿于"课前—课中—课后"，不仅使教学过程有条不紊，课堂活动丰富有趣，而且让直播教学也不会过于单调，尤其在网络堵车，视频直播不通畅的情况下。以一次课（三节）120 分钟为例，本课程设计教学模式，如图 5-22～图 5-26 所示。

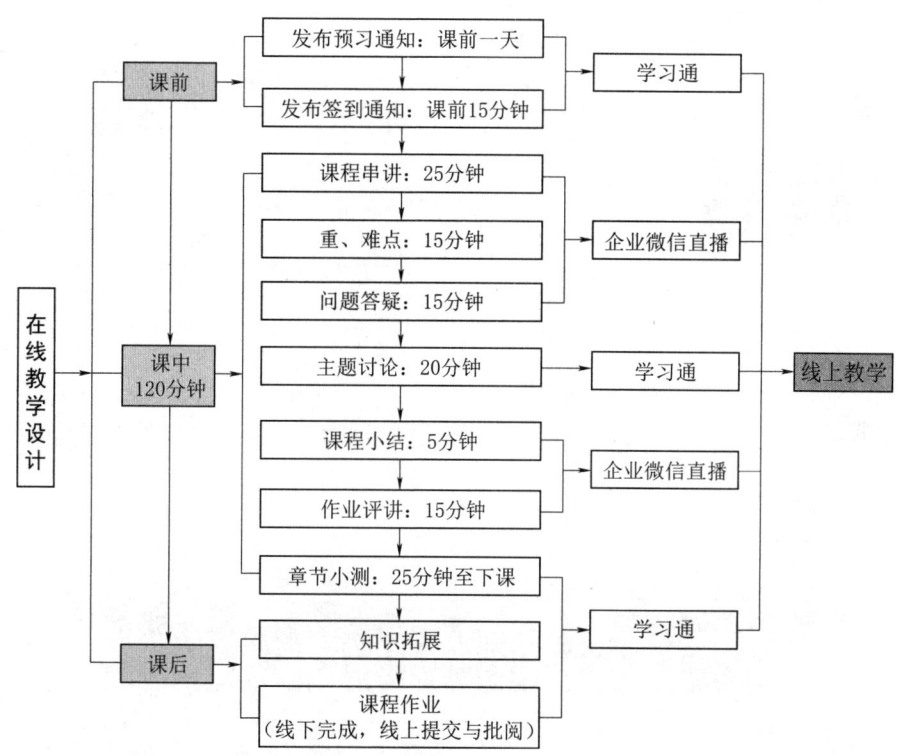

图 5-22　基于学习通+企业微信直播在线教学设计：以一次课（三节）为例

**4. 课后设计——课程问卷与教学反馈**

课程问卷发放主要目的是通过调查课程教学组织与实施是否存在需要改进的地方，发现问题，提高教学质量，不断进行教学改革，建设课程，提高教学质量。通过超星平台统计功能，查看学生在线学习完成情况达到督促学生的作用，且视完成情况开展奖惩机制，从而调动学生的学习积极性和主动性，更好地达到教学效果，为今后的教学改革与完善提供依据。

目前课程教学已结束，所有课程作业提交后，在学习通进行数据统计，即可得出更多数据结果，为后期教学改革提供参考和分析（图5-27）。

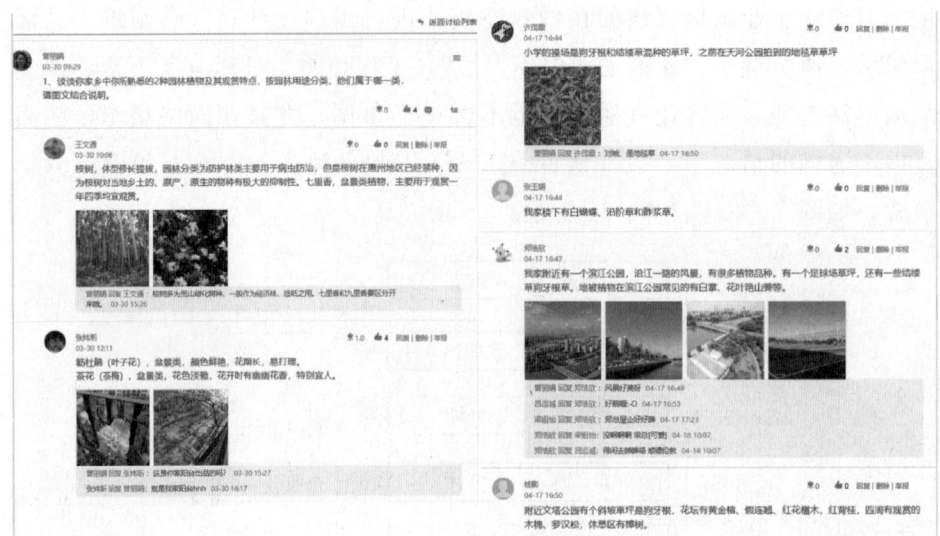

图5-23　主题讨论部分内容

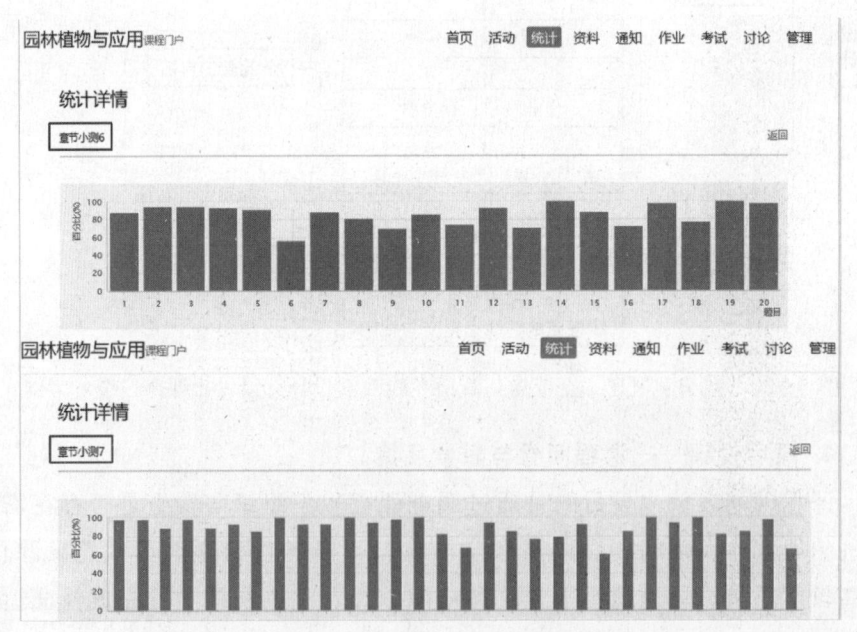

图5-24　章节小测（部分）

第五章　融合创新创业教育的环境设计专业课程体系构建

图 5-25　企业微信直播课堂教学

融合创新创业教育的高校环境设计专业课程体系构建与实践

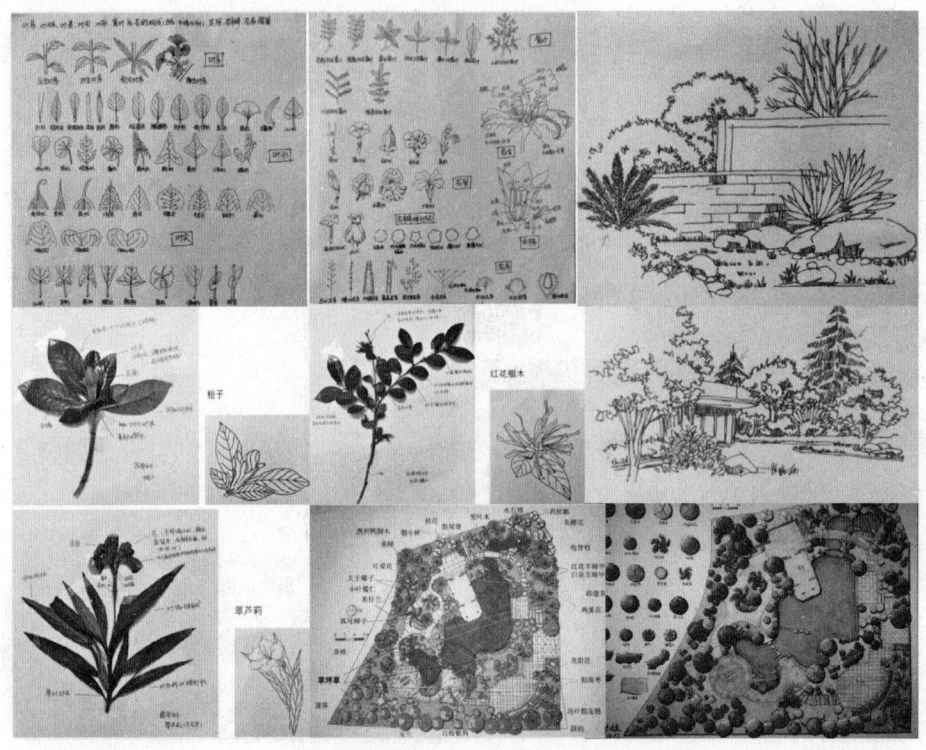

图 5-26 疫情防控期间以手绘为主的学生作业

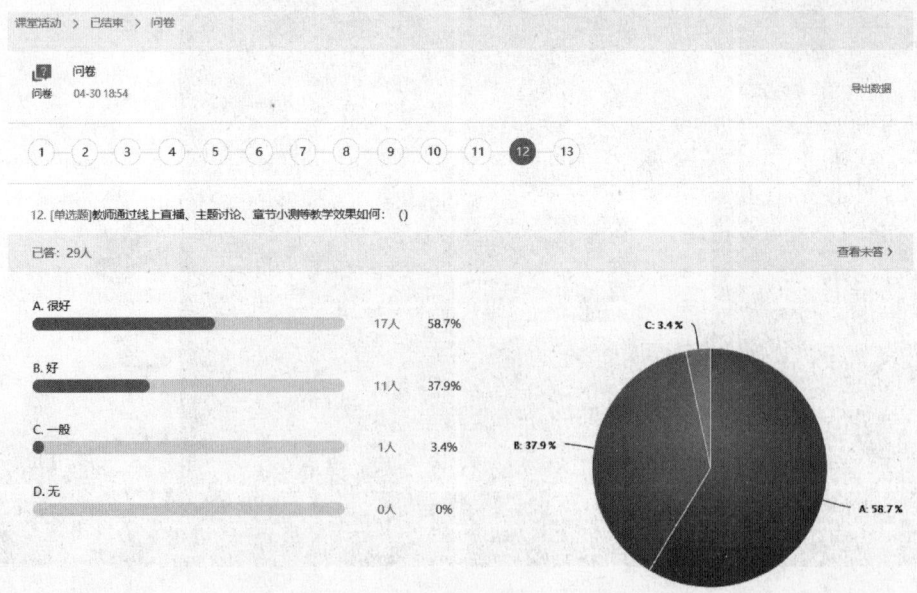

图 5-27 课程问卷数据分析 1（节选）

在线课程，无论是否因为抗疫特殊时期等不可控因素或困难，对教师和学生都是一种挑战，更是教师探讨如何灵活科学实施教学方案和教学模式，加快课程教学改革与发展的机会。课程通过探索基于超星学习通平台＋企业微信直播在线课程教学模式，取得了较好的教学效果，体现在学生不仅能快速掌握与识别常见园林植物，同时能熟练运用于植物景观设计中。总结其教学实践经验主要有以下三个方面：

一是良好的在线课程教学，一定是基于教师课前深度挖掘和广泛整合教学资源的基础上再实施才能获得良好的教学效果，并且是从如何打开学生乐于思考、积极引导学生由易到难、逐渐解决专业问题，循循善诱，教学相长的过程。

二是在线课程教学过程中要密切关注学生上课动态，巧妙运用超星学习通等平台上的功能组织教学，调动学生的学习情绪、营造活跃的课堂氛围、奖惩分明，将冰冷、虚拟的网络教学资源变成有温度、现实生动的课堂。

三是视频直播教学环节非常有必要，在条件允许的情况下，尽可能安排直播教学环节，直接现场面对面答疑解惑，高速有效，让在线课程教学不流于形式，实践以学生为中心，走向人性化、科学化和个性化的线上课堂教学。

**（三）基于线上线下结合混合式课程教学改革——以"建筑模型制作与工艺"课程为例**

本课程在 2017 年 1—11 月，依托学校内网清华优慕课在线课程在线平台完成了课程资源建设，并实施教学组织了 1 个完整的教学周期，2017 年 6 月至今一直在超星学习通平台重新进行课程资源建设，并于 2021 年 3 月顺利通过校级混合式课程教学改革项目结项。

**1. 线上、线下混合式教学的课程教学整体设计**

依托课程资源，开展混合式教学，线上、线下教学设计内容如下：

（1）线上。模块单元学习，包含了 PPT、微课、视频、教学视频等基本理论知识的讲授、实验仪器设备使用讲解与演示操作、学生实践实验项目练习与教师的个别辅导，结合实际模型案例设计制作方法技巧，最后进行分项实验实训、综合实训，达到模型工艺的质量提高，并进行作品展览与交流。线上还可以浏览模块导读、师生进行话题讨论以及在线测试。

（2）线下。线下复习线上的教学内容，完成课程问卷、学习反思、完成并提交课程作业。教学设计框架如图5-28所示。

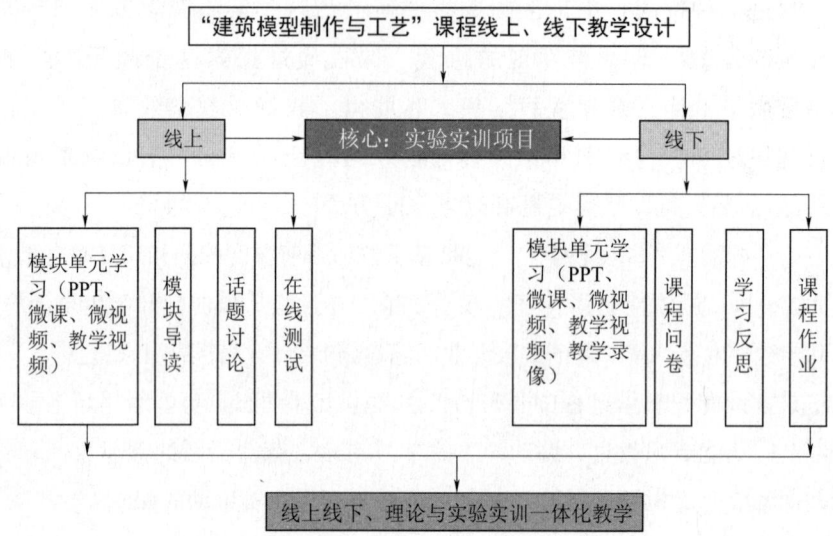

图5-28 教学设计框架

**2. 教学组织实施开展情况**

课程教学中学生和教师先在手机下载超星学习通,并带手机进教室。

(1)教师方面:

1)课前。完成超星网络平台课程教学课件、视频、试题等资料内容的录入。

2)课中。使用超星学习通考勤、投屏讲授课件、提问、小组任务与学生互动,讨论话题,现场加分等调动学生积极性、提高学生注意力的教学活动组织。

3)课后。要求学生完成平台上的知识链接内容,完成章节小测、结课考试、作业提交、主题讨论等。将线上、线下混合式教学灵活度充分结合。

(2)学生方面:

1)线上使用学习通完成教学课件预习、课中学习、使用学习通复习,课后小测,接收作业发布通知、进行话题讨论等活动。

2)线下完成课程作业任务。除了完成平台布置任务点,因本课程是理论+实验实训课程,完成建筑模型作品设计制作需要花费一半的课程学时和额外的课余时间,线上提交作业后,教师可以及时反馈及讨论交流。

**3. 课程组织实施成效**

利用超星学习通在线课程教学线平台,课程实施线上、线下教学模式,组织实施成效体现在以下三方面：

（1）实验实训室课程教学结合网络平台线上、线下教学，兼顾了不同学生的课堂接受能力，学生可以在教师设定在线学习时间内，反复学习网络课程资源，巩固了知识点。

（2）线上、线下课程教学互动效果明显比单一传统的理论教学要活跃多。线上、线下教师可以和学生及时讨论话题，课堂互动有趣及时，发红包、抢答等环节调整了课堂气氛，从而激发了教师的教学热情、学生的学习积极性。

（3）教师根据线上问卷调查、在线测试、话题讨论以及课程作业提交情况，已经将课程资源不断地扩大建设。主要是课程资源有效地整合、链接与课程相关的网络资源，与时俱进，避免落伍守旧的课程内容。学生也能及时从 App 打开获取，效果非常好。

通过项目研发与实施，以实际的教学过程、学生学习与创作特点，在超星学习通网络平台上研发"建筑模型制作与工艺"混合式教学在线开放课程，响应"互联网＋"时代背景下课程教学改革趋势，在实验实训课程中成为先导，尤其在抗疫情常态化情况下，遇到无法线下教学，本课程的线上教学资源丰富，可以完成教学任务，凸显了本课程混合式课程教学其重要性，反映了学校大力支持建设线上、线下混合式课程的远见和目的。

**4. 课程建设改革取得的阶段性成果**

（1）在超星学习通教学平台完成课程资源线上建设。主要数据为课程导学、课程说课、课程总结以及所有章节知识点教学课件视频、微课视频、案例分析视频共 27 个（共 604 分钟）、课后拓展案例视频 7 个（共 51 分钟）；话题讨论 20 个、题库 181 题、章节小测 5 个、结课考试 1 个、理论＋实训作业 3 个；每个章节分别配套覆盖知识链接、图书资料多个课后拓展知识内容（表 5-2）。

（2）在超星平台完成 2 个完整教学周期的线上、线下混合式课程教学组织与实施。在超星教学平台上完成了课程线上建设后，通过超星网络平台及学习通 App，完成线上、线下混合式教学实施 2 个学年，分别为 17 环境设计 1 个班、18 环境设计 3 个班，即 2 个完整的教学周期。授课人数达 115 人。课程内容在教学组织与实施中不断地完善与充实。线上课程内容较丰富，大大提高教学质量与效果，促进学生的能动性与主动性。为环设计专业理论实验一体课程相关课程的开设提供模板。

表 5-2　　　　　　　　　课程资源与学习数据

| 数　据　项 | | 数据 | 备　注 |
|---|---|---|---|
| 授课视频 | 总数量/个 | 27 | 课件同步教学视频、微课视频、案例分析视频 |
| | 总时长/分钟 | 604 | |
| 非视频资源 | 数量/个 | 60 | 课件 PPT、知识链接、网站知识点补充、学生作品案例 |
| 课程公告 | 数量/次 | 8 | 课程通知、小测、作业通知 |
| 测验和作业 | 总次数/次 | 25 | 17 环境设计 1 个班、18 环境设计 3 个班 |
| | 习题总数/道 | 94 | 从题库（181题）中抽取 |
| | 参与人数/人 | 97 | 17 环境设计 1 个班、18 环境设计 3 个班 |
| 互动交流情况 | 发帖总数/帖 | 20 | 主题讨论 |
| | 教师发帖数/帖 | 20 | 主题讨论 |
| | 参与互动人数/人 | 115 | 每人有 1~12 次不等的讨论次数 |
| 考核（试） | 次数/次 | 1 | 结课考试，线上课程考试作为课程平时分一部分 |
| | 试题总数/题 | 20 | 从题库（181题）中抽取，且有试卷库（6套） |
| | 参与人数/人 | 96 | 18 环境设计 3 个班 |
| | 课程通过人数/人 | 96 | |
| 高校使用情况 | 使用课程学校总数 | 1 | |
| | 使用课程学校名称 | 广东技术师范大学 | |
| | 选课总人数/人 | 115 | |

（3）制定新的线上、线下混合式课程教学大纲。形成了一套反映线上、线下混合式教学的教学大纲内容。有效指导教学组织、考核评价及标准，同时以实际工程项目提升学生的专业实训技能，打破传统的教学模式，以新的设计制作工艺，完成作品创作，实现职业技能和创新能力培养为导向课程教学大纲，推动课程改革建设（图 5-29～图 5-32）。

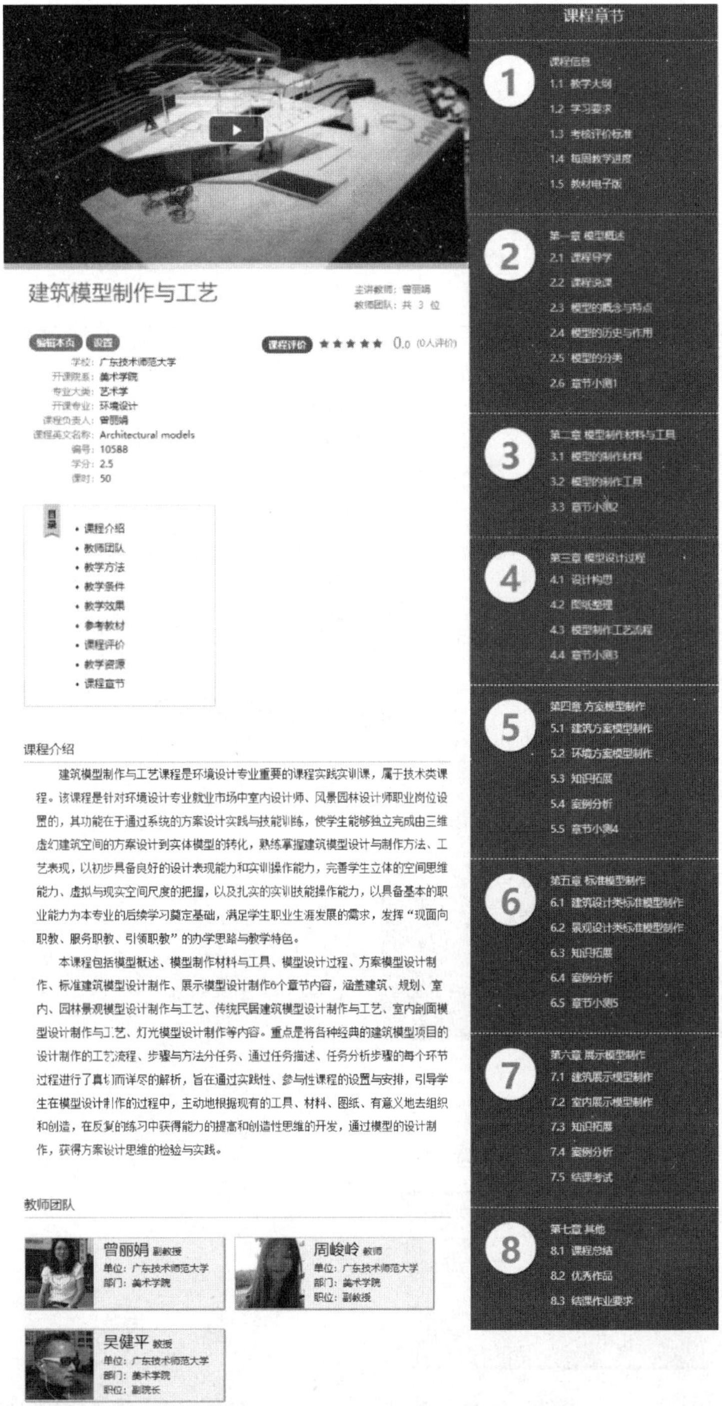
建筑模型制作与工艺
主讲教师：曾丽娟
教师团队：共 3 位
编辑本页
设置
课程评价
0.0 (0人评价)
学校：广东技术师范大学
开课院系：美术学院
专业大类：艺术学
开课专业：环境设计
课程负责人：曾丽娟
课程英文名称：Architectural models
编号：10588
学分：2.5
课时：50
目录
• 课程介绍
• 教师团队
• 教学方法
• 教学条件
• 教学效果
• 参考教材
• 课程评价
• 教学资源
• 课程章节
课程介绍
建筑模型制作与工艺课程是环境设计专业重要的课程实践实训课，属于技术类课程。该课程是针对环境设计专业就业市场中室内设计师、风景园林设计师职业岗位设置的，其功能在于通过系统的方案设计实践与技能训练，使学生能够独立完成由三维虚幻建筑空间的方案设计到实体模型的转化，熟练掌握建筑模型设计与制作方法、工艺表现，以初步具备良好的设计表现能力和实训操作能力，完善学生立体的空间思维能力、虚拟与现实空间尺度的把握，以及扎实的实训技能操作能力，以具备基本的职业能力为本专业的后续学习奠定基础，满足学生职业生涯发展的需求，发挥“现面向职教、服务职教、引领职教”的办学思路与教学特色。
本课程包括模型概述、模型制作材料与工具、模型设计过程、方案模型设计制作、标准建筑模型设计制作、展示模型设计制作6个章节内容，涵盖建筑、规划、室内、园林景观模型设计制作与工艺、传统民居建筑模型设计制作与工艺、室内剖面模型设计制作与工艺、灯光模型设计制作等内容。重点是将各种经典的建筑模型项目的设计制作的工艺流程、步骤与方法分任务、通过任务描述、任务分析步骤的每个环节过程进行了真切而详尽的解析，旨在通过实践性、参与性课程的设置与安排，引导学生在模型设计制作的过程中，主动地根据现有的工具、材料、图纸、有意义地去组织和创造，在反复的练习中获得能力的提高和创造性思维的开发，通过模型的设计制作，获得方案设计思维的检验与实践。
教师团队
曾丽娟 副教授
单位：广东技术师范大学
部门：美术学院
周峻岭 教师
单位：广东技术师范大学
部门：美术学院
职位：副教授
吴健平 教授
单位：广东技术师范大学
部门：美术学院
职位：副院长
课程章节
1
课程信息
1.1 教学大纲
1.2 学习要求
1.3 考核评价标准
1.4 每周教学进度
1.5 教材电子版
2
第一章 模型概述
2.1 课程导学
2.2 课程说课
2.3 模型的概念与特点
2.4 模型的历史与作用
2.5 模型的分类
2.6 章节小测1
3
第二章 模型制作材料与工具
3.1 模型的制作材料
3.2 模型的制作工具
3.3 章节小测2
4
第三章 模型设计过程
4.1 设计构思
4.2 图纸整理
4.3 模型制作工艺流程
4.4 章节小测3
5
第四章 方案模型制作
5.1 建筑方案模型制作
5.2 环境方案模型制作
5.3 知识拓展
5.4 案例分析
5.5 章节小测4
6
第五章 标准模型制作
6.1 建筑设计类标准模型制作
6.2 景观设计类标准模型制作
6.3 知识拓展
6.4 案例分析
6.5 章节小测5
7
第六章 展示模型制作
7.1 建筑展示模型制作
7.2 室内展示模型制作
7.3 知识拓展
7.4 案例分析
7.5 结课考试
8
第七章 其他
8.1 课程总结
8.2 优秀作品
8.3 结课作业要求

图 5－29　课程门户

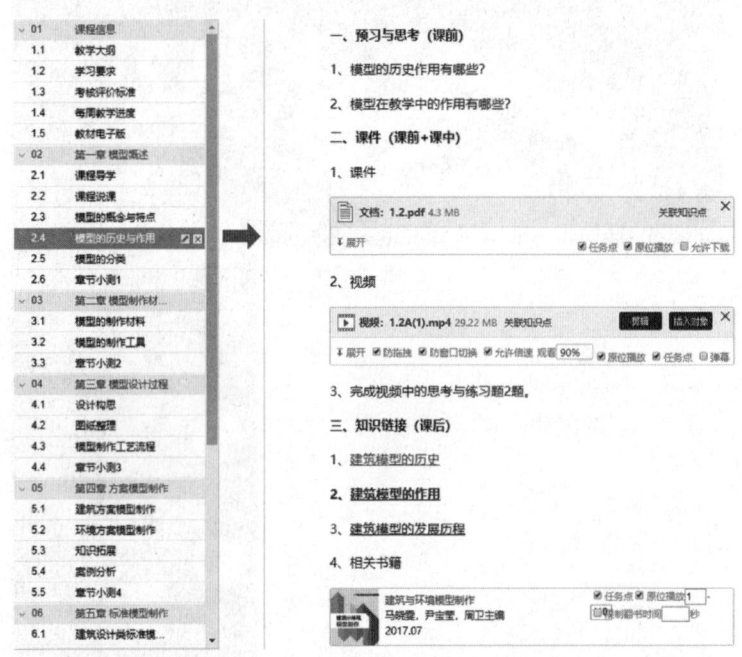

图 5-30　超星泛雅平台慕课教学资源（节选）

图 5-31　教学视频与微课　　　　图 5-32　课中教学组织

学生学习浏览、作业、考试等数据统计资料，还有教学评价、问卷调查等内容，学生在线上、线下可以完成课程有关的讨论、意见与考核评价。教师通过平台自动生成的数据统计，进行客观合理分析与改进，实现真正的课程改革与建设，贯彻以学生为中心的教育教学理念。

课程教学方式的变革必定推动智慧校园建设，人才培养质量得到质的飞跃发展。建立智慧教室、录播室（录制微课、教学视频）、校园网 Wi-Fi 覆盖，创建小班教学环境，促进师生互动。教学过程中，按小组人数随意组合可移动、组装桌子，小组讨论成果可以投影在教室每扇墙上，也可以同步到讲台屏幕，学生可通过自带电脑、平板、手机完成教学讨论活动，通过教学环境的硬件建设，彻底解放了教师传统保守的教学方式与人培养模式。网络课程开设需要教师具备与时俱进，不断学习如何使用网络平台完成课程教学组织和教学活动，让学生全程投入进来，寓教于乐。借助互联网＋信息时代，推动了教师—学生—环境三方的综合提升，从而创新人才培养新模式。

## 三、校企合作共建共享资源平台全方位课程构建

依托校企合作共建共享资源平台，拓展校外创新创业孵化基地，实施"双师"导学，形成企业—学生—教师多方位育人模式，建立大学生创业平台，校企协同创新。目前的网络平台、自媒体、教学平台、教师微信公众号等，功能强大，实现网络资源共享平台、辐射面广，是实现企业运营与高校人才培养优质实践基地。近几年教育部、各省教育厅大力支持校企产学合作协同育人项目立项，旨在利用多方资源，实现资源共享，多方共赢。各高校借力国家优质企业，如北京百度网讯科技有限公司、北京超星尔雅教育科技有限公司等，建立校企合作联合实践基地、校企合作课程建设项目和校企合作中青年教师教学能力提升等项目，为学校实践实验基地、人才培养、课程建设、实验室建设等方面提供协助。

（一）依托省级、教育部校企合作协同育人项目开展课程创新实践探索

项目团队与企业广州华之尊光电科技有限公司建立 2019 年度教育部产

学合作协同育人项目"基于数字技术应用的'建筑模型制作与工艺'教学内容与课程体系改革"（2019年12月立项），将以激光雕刻机为主的数字技术运用于模型制作中，以先进科学技术拓展学生的创新思维——如何将繁杂的手工制作工艺转化为简单地运用设备制作，大大提高了模型作品的质量，实现了学生很多无法通过手工实现的创意，实现了作品创新训练与实践。项目同时促进了课程教材开发出版、教学内容体系构建，以及在线课程的建设与完善。2018年，项目团队与北京超星尔雅教育科技有限公司建立广东省教育厅校企合作协同育人项目"信息化背景下环境设计专业'建筑模型制作与工艺'课程改革"（2019年2月立项，同年12月结项），推动了该课程在超星平台上的资源建设，实现课程教学以学生为中心的线上、线下结合教学模式。

## （二）与企业开展校企横向项目合作带动学生进行创业实践

2019年与广州芳村市政园林建设有限公司开展校企合作横向项目"南源街源溪片区微改造工程施工图深化设计"，将此项目导入到环境设计专业核心课程"园林景观设计"，通过场地勘察、调研、初步设计到方案讨论，密切和企业工程师联系沟通，设计图纸进行修改—二次调研—定稿，最后完成施工设计图纸交付。完成这一个项目实践，把创新创业教育理念，项目策划、实施、管理、经营等步骤融入每个环节中，最终实现学生的创业思维。

2018年与广东众图互联网工程设计有限公司建立广东省教育厅校企产学合作协同育人项目"众图学院高校建筑教育创新项目"（2019年2月立项，2020年12月结项），充分利用企业网络平台为高校提供的实际工程项目，有效组织学生开展设计项目，如幼儿园环境景观设计、校园建筑外观设计等实践训练。新冠肺炎疫情期间还利用该平台在室内设计课程教学中导入平台发布的实际工程项目，企业导师参与到线上评图等教学活动，完成课程项目设计，此外，学生可以获得实际工程项目设计专业指导，如室内材料、施工工艺、施工图纸绘制等；同时对学生形成双导师制人才培养，大大提高了专业知识水平与职业技能，激发了学生专业学习热情，提前在校期间积累创业实践经验。与企业共同设计开发实践课程，有助于学生在校学习与未来工作实现顺利衔接，促使校教师在课程教学获得改革创新实践经验。

## 四、特色创新课程构建案例

教育需要通过特定教学手段与方法来实现育人过程。融合创新创业能力培养与课程教学、实践实训环节，是高等教育育人常见方式、方法。在环境设计专业人才培养方案中，教学进度计划分为5个平台，分别是通识教育平台、学科基础教育平台、专业教育平台、创新创业平台和实践教学平台。下面主要选取专业教育平台、创新创业平台和实践教学平台的专业课程"设计工坊""建筑模型制作与工艺""园林景观设计""室内空间设计"为构建实例，阐述在环境设计创新创业教育中，从最根本的课程教学是如何体现学生创新创业能力培养。

### （一）设计工坊——激发创意创新能力的课程案例

广东技术师范大学美术学院通过建设大师工坊和协同创新中心，打造创新创业+美育课程共享平台。大师工坊建有刺绣、蓝染、皮雕、珐琅彩等7间非遗传承子工坊，设置服装设计研发中心、教师科研研发中心等。子工坊、研发中心结合人才培养方案研发系列非遗创新再设计特色共享课程，如传承弘扬中华优秀传统文化课程、品牌设计课程、创新创业课程等。协同创新中心推进"校企政"合作协同，以校企专兼职教师共同负责的导师制，研发以产品为导向的课程，实现学校课堂与企业的零距离碰撞，促进高校与企业进行技术交流，扩大社会服务，例如接受青年教师进行课程培训。从2018年开始，广东技术师范大学美术学院在产品设计等8个专业的人才培养方案创新创业教育模块中，纳入大师工坊和协同创新中心的传承创新项目设计共享课程"设计工坊"，该课程以专业选修课形式，设置32个学时、2个学分。课程下细分多个子课程，包括"传统蓝染手工艺传承与创新""传统刺绣工艺传承与创新""皮雕工艺传承与创新"以及"珐琅工艺传承与创新"等，由学生根据个人兴趣爱好选择1~2个子课程在规定的教学课时完成课程（图5-33）。

图 5-33 蓝染课程教学现场

**1. 传统蓝染手工艺传承与创新**

传统蓝染手工艺传承与创新课程是从文化角分析传统蓝染手工艺的技术与艺术,运用传统工艺讲述中国先民的思维意匠,洞察图形蕴含的优秀文化与中国智慧,从而启发学生和受众的文化自觉与创意思维,实现多元化教学手段。通过课堂授课、欣赏作品、实践练习等环节,启发学生积极参与课题讨论,促使学生思想交流与实际操作,有益于学生创造性、批判性思维和综合素质的培养;通过提高传统艺术在设计教学中的重要地位和作用,推动设计教学向深层次、全方位发展。课程组建立本校教师+非遗传承人的双导师"二对一"辅导,形成互补的师资队伍,培养学生创意创新思维(图 5-34)。

**2. 皮雕工艺传承与创新**

通过实际动手制作并体悟皮雕手工艺的独特魅力,理解传统皮雕纹样的精华及现代皮雕风格的价值,并能将皮雕的独特之美表现出来。同时能结合实际需要,将其精髓运用到现代艺术创作之中去,丰富设计手段与创作方法,并设计出多元化和个性化的作品系列衍生产品,传承和推广传统艺术之美(图 5-35)。

**(二)建筑模型制作与工艺——"互联网+"工匠精神培养特色课程案例**

**1. 从传统到现代的蜕变**

模型最初是作为供奉神灵的祭品放置在墓室里的。我国最早的建筑模型见于汉代的陶楼。但它只是作为祭祀随葬之用,与鼎、案、炉、镜之类

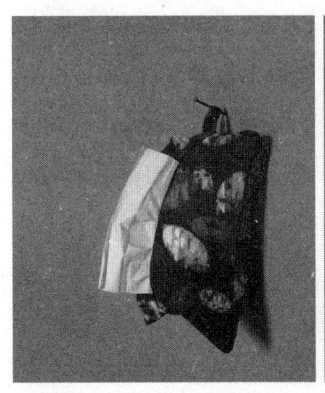
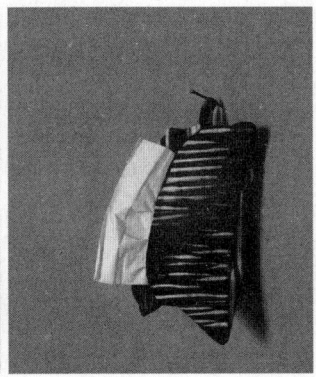

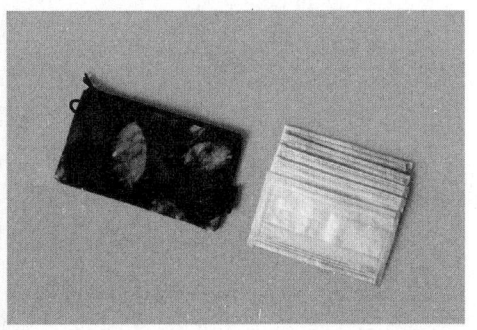

图 5-34 学生作品：蓝染文创产品系列

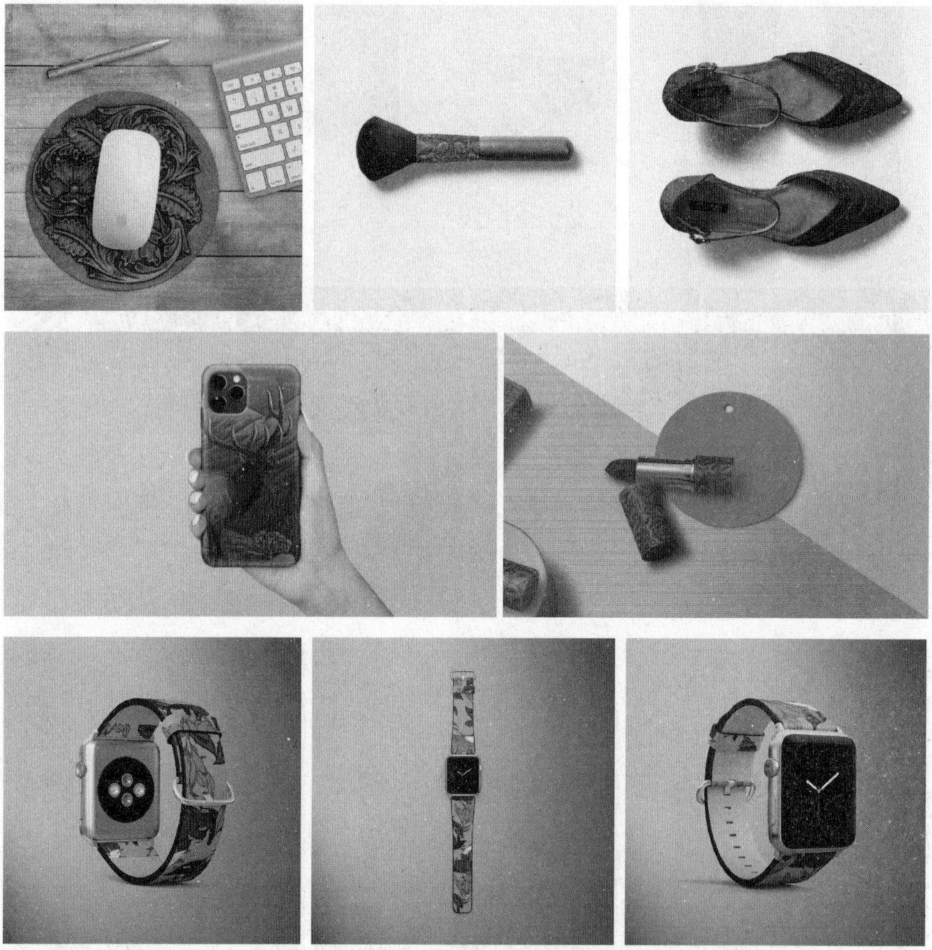

图 5-35　学生作品：皮雕文创产品系列

没有太大的差别。但随着时间的流逝，它逐渐成为设计师表现设计思想的一种手段和方法。模型具有真实而直观的效果，突破了传统二维平面表现手段的局限性，设计通过模型以三度空间实体的形态呈现，从而能够向人们传达出更为生动的形象。模型的作用在于将平面上的图纸与实际立体形态有机地结合起来，让设计者能够在真实空间的条件下进一步观测、分析和研究，处理"物"的形态变化，并将其所包含的设计理念精确地表达出来。从这个意义上讲，模型使得"造型"设计从方法论的意义上取得了根本性的进步。新技术、新材料与新观念的结合，形成了前所未有的艺术创作高潮，同时，建筑和房地产市场的繁荣也进一步带动了模型艺术的飞速发展[3]。

传统的建筑模型课程，以设计制作建筑设计、景观设计、室内设计或城市规划等项目成果的微缩模型，以利于实体项目招标、项目方案研究、教学设计等目的用途。而随着时代的进步，人们审美观的提高，以及工艺技术的进步，人们在不断地通过社会再教育的同时，提高着自身对建模模型的认知、理解与审美能力。2019年，上海中国首个建筑模型博物馆的落成即是很好的证明。上海建筑模型博物馆，结合建筑师建筑模型作品的展览，与时尚、潮流明星等多种元素结合，颠覆与创新了传统思维中的模型作品。它是一种现代造型艺术作品。因此，在当下，这门课程在设计与制作建筑模型作品过程中，对学生或设计师具有极高的挑战，是在"互联网＋"信息化时代下传承创新工匠精神与实践创新能力，完成了从传统到现代蜕变的特色课程。

**2. 多元创意创新式的项目实践**

通过激发和培养学生的创意创新创作能力，从简到繁，从易到难，从小到大，从具象到抽象，逐步推进模型作品的设计创作，打磨学生的工匠精神。充分发挥环境设计专业对灯光要求、材料与构造的理解、项目施工科学客观的逻辑思维，以及结合"互联网＋"、自媒体的发展，要求学生全方位地表现设计作品生成的数据化呈现，即视频剪辑与制作。通过这些实践实训的训练，培养学生综合素质全面发展与创新创业能力。学生就业的工作岗位即使与本专业无关，而掌握新时代表现文化、呈现生活文化的技术方法的人才，在任何行业都是需要而且是优秀的。因此，结合信息化社会的发展，将这些技术方法融合到专业课程实践中，会促进学生在创新能力上的多渠道、多面性发展。

（1）灯光照明设计与制作。在建筑模型课程中增加灯光照明设计与制作，是培养学生具有探索、钻研、创新的工匠精神的有效实训方法，具体表现在：一是满足学生对建筑项目在设计创作阶段的光影空间体验，建筑模型的灯光照明能够极大地表现模型的空间意境美，把建筑内外空间的层次和进深感、渗透力、模型的质感与肌理等效果更加充分地表达出来；二是灯光照明设计制作是日常物理知识的实践运用，不仅有利于施工项目电管铺设知识,也可以提高学生的生活常识,最终提高学生的综合素质;三是给予学生挑战难度的机会,在众多高校环境设计、建筑设计和景观设计专业,建筑模型课程或相关课程,并不会统一作出模型灯光设计这个作业要求,主要原因为工序烦琐,耗时较长,还需配备购买特殊的灯光材料。从以上三方面可见,在建筑模型制作与工艺课程中,设置灯光设计与制作的实验实训环节,是体现环境设计专业创新创业教育在课程体系构建的具体表现。也即体现了教育需要通过特定教学手段与方法来实现育人过程(图5-36)。

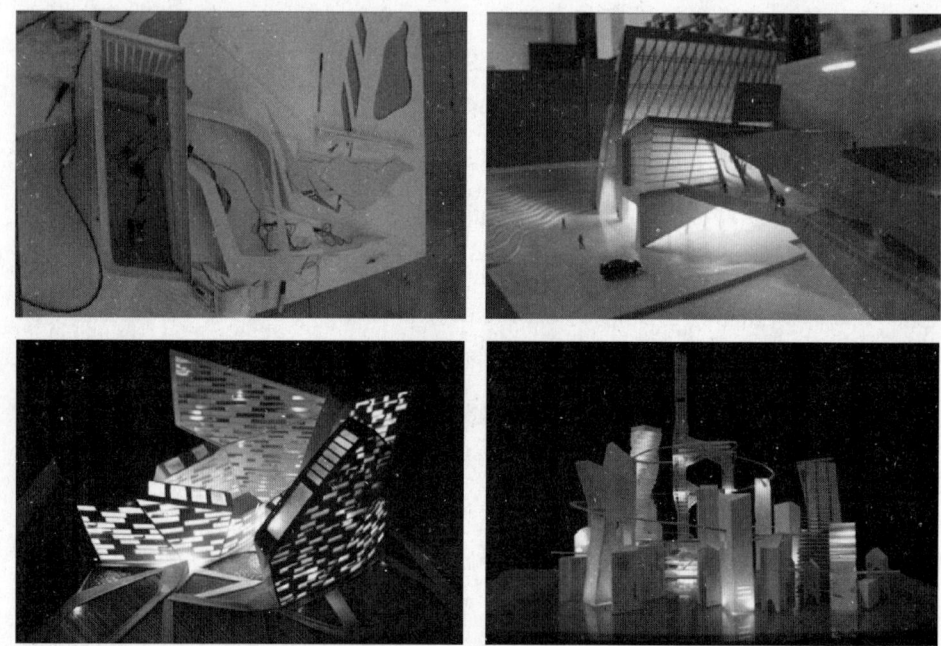

图5-36 模型灯光制作与展示效果

(2)多种材料的尝试与解读。传统的建筑模型制作,以瓦楞纸、亚克力、木板、ABS板为主的常见材料,而学生会根据设计想法,为取得更好的呈现效果,还会尝试不同的材料突出建筑设计。例如在有些模型制作中,会使用到非常规材料,但又是很普通的材料,如竹条、竹片、木片、石膏、塑料管、油泥、荧光粉、纸巾、报纸等,经过一定的工艺方式,使看似普通的材料,经过学生的创意开发运用,结合了模型的设计制作形成新的作品。这个过程实际上是对学生思维开放和创新能力的训练与实践（图 5-37）。

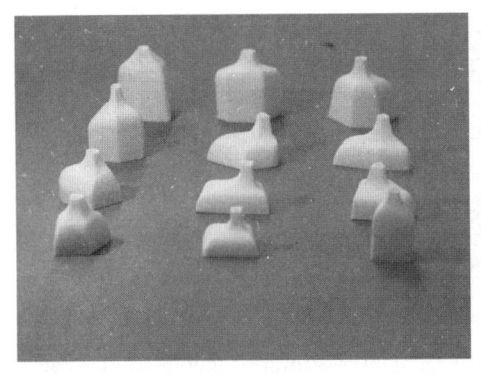 

图 5-37　用塑料材料经过 3D 打印形成的模型建筑细节

（3）逻辑化项目式实践。建筑模型制作与工艺课程，从理论教学到实践教学，形成先完善理论基础学习，再到实验实训实践，从材料市场调研、仪器设备操作学习，到方案模型、标准模型，以及展示模型的不断深入，形成由简到繁的进阶过程。这是一个逻辑严密的教学过程，也是学生创新能力的育人模式。课程围绕"教—学—做"的实施方式，以项目任务，围绕项目训练清单和项目训练报告进行技能提高，并使实验课程系统地、全面地融合了专业其他核心课程知识、技能和态度的要求，实现高等教育本科专业应用型职业教育的转化（图 5-38～图 5-40）。

设定合理的模型设计制作教学模式与方法是以一种有效的设计思维的体验与实践的方式。模型作为一种方案探索的过程，经过演变会成为同一设计但不同深度的模型方案，最终也会走向新的设计思维。设计思维和模型制作的推导—检验实践—确定是相辅相成的论证过程。创意创新思维能力的训练及培养，对学生后期的创业实践打下坚实基础。因此，在课程实训中，注重模型制作的逻辑性思维训练对规避艺术生的发散性思维更有帮助。根据专业设计思维习惯将方案模型、标准模型、展示模型作为打开设计思路的进阶式训练，把复杂主观的二维图纸、三维效果图转化为清晰易懂的客观实体，再次深化了各门专业课程知识的综合运用能力；同时注重循序渐进，从简到繁、由易到难的逻辑顺序，从制作可行性分析、方案推敲过程，设计构思、主体建筑模型制作到作品展示等，以课程作品、项目

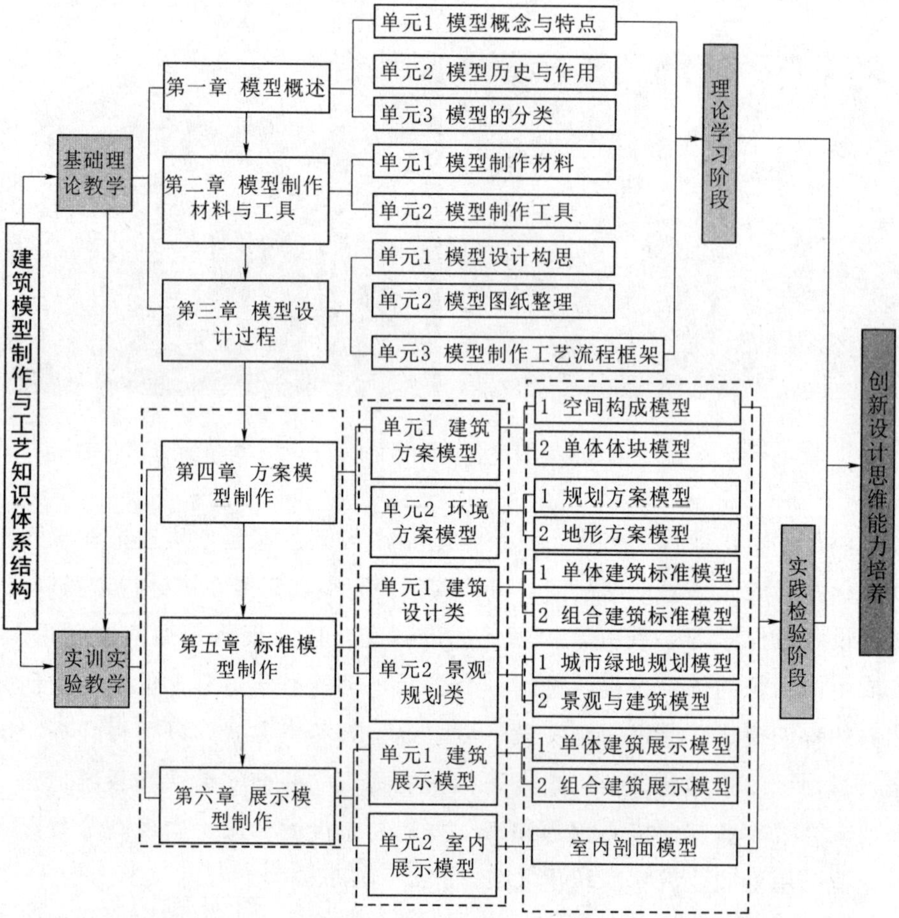

图 5-38 由简到繁的思维开发过程

报告书的形式记录工艺步骤、图片及视频,从而在此将实践过程的经验转化、归纳为理论的过程,形成一种正向、逆向的思维训练理论。

(4) 设计制作全过程的数据化:

1) 设计方案的图纸数据化。主要包括了模型中建筑与环境的CAD图纸,包括平面图、立面图和剖面图,还包括为了了解模型的真实效果,建立三维模型,出具的效果图以及动画浏览(图5-41~图5-44)。图纸资料的出具,为后面模型的设计与制作提供了充分的数据,在材料购买、输入激光雕刻机进行开料,以及后期的模型组合拼装、灯光设计与制作都提前做足了准备,可更快有效完成作品制作。

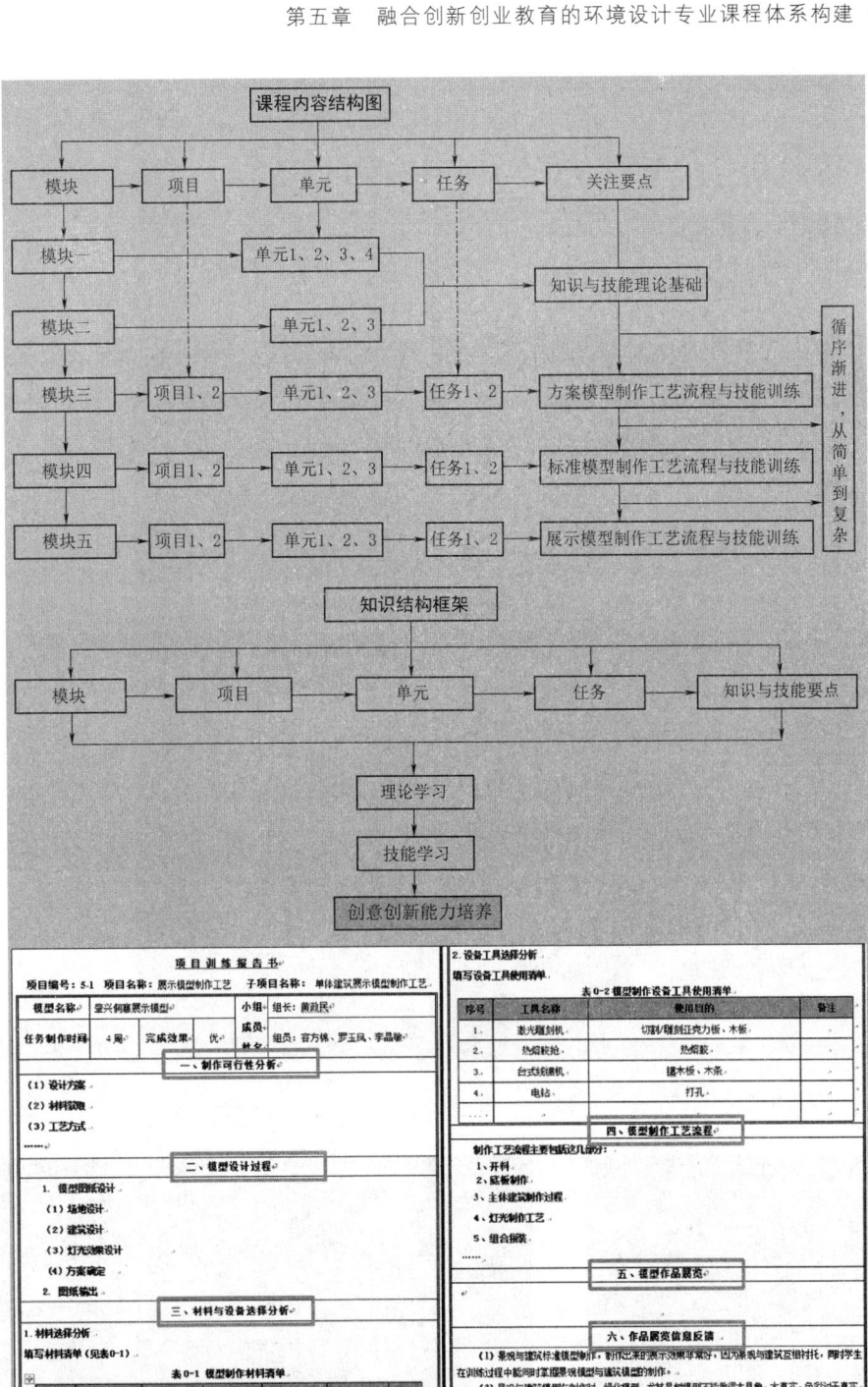

图5-39 将模型制作的实训过程转化为项目任务

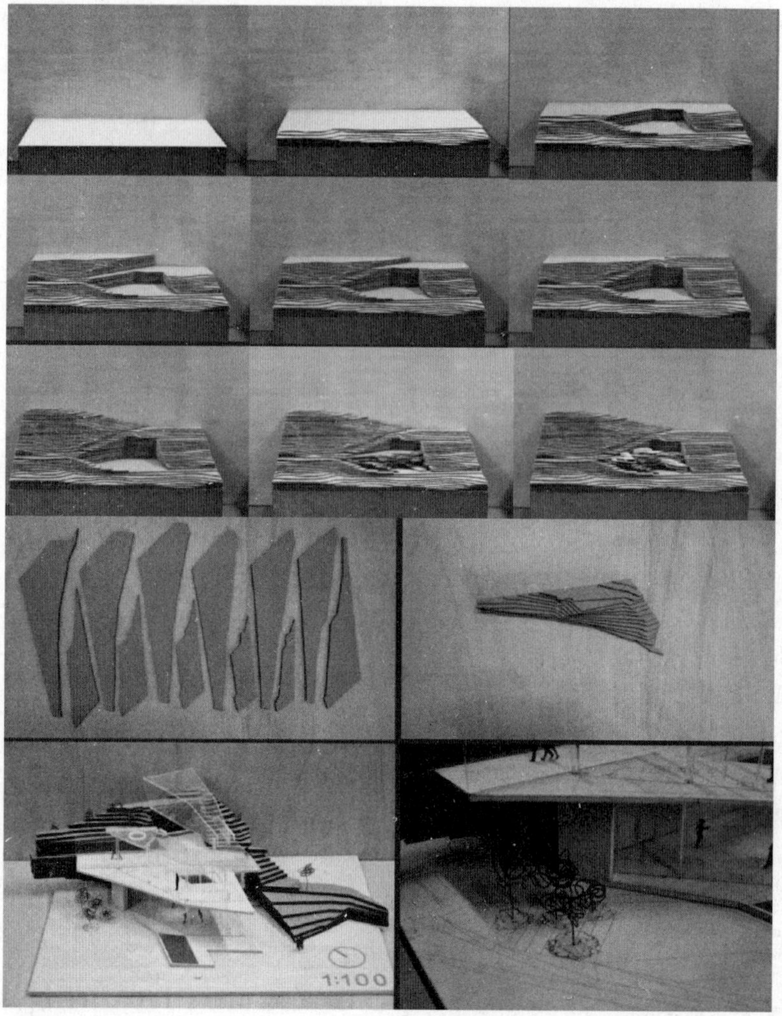

图5-40 逻辑化的实

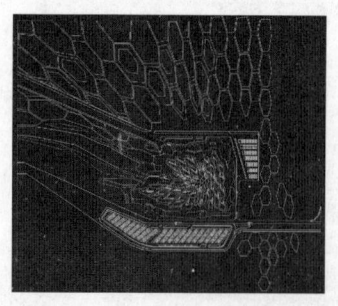

图5-41 建筑平面图

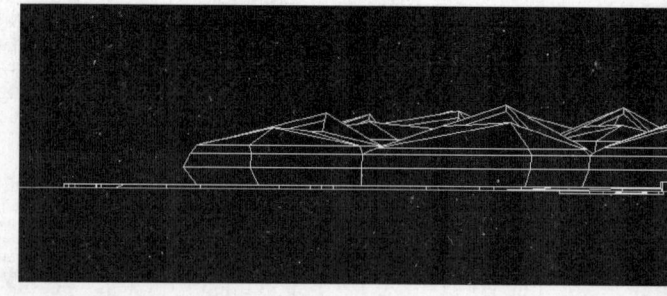

图5-42 建筑立面图

2) 模型制作过程的视频数据化。将每个模型作品制作过程，以视频的方式记录并经过剪辑、配乐、语音等处理，促使作品呈现符合当下自媒体飞速发展的时代需求。对教师来说，更符合当下"互联网＋"时代背景下数字化、信息化课程教学，积累丰富的教学成果；对学生而言，模型作品制作过程的视频制作，更激发他们的创作激情和学习动力。因为对环境设计专业的学生，视频剪辑与制作，并不是本专业的学习内容和特长，但是借助当下网络信息，学习资源和途径多元，学生自主学习能力强，能较快速学习新鲜事物。学生其实需要的是一些机会、氛围和动力，以及教师给予适当的引导。因此借助课程学习和考核的要求，在互相学习与寻找学习视频、及时请教动画专业、视觉传达专业的学生等积极主动的过程下，环境设计专业的学生制作的视频作品获得了非常好的效果（图5-45）。由此可见，专业创新创业教育需要课程教师精心地结合时代背景才能更好地在教—学—做的实施过程中来实现与提高学生的创意创新创业思维。

### 3. 创作案例

#### 案例一　展示模型制作——徽派传统民居建筑

制作者：林友坤、周俊鑫、李耀棕等

指导教师：曾丽娟

传统民居建筑模型，由于在设计与制作工艺较方案概念性模型与其他展示性模型等要复杂、细致得多，这个项目是学生的原创作品。制作的项目方案以安徽省黟县西递—宏村古民居建筑为原形。徽派古民居的基本建筑形式是天井四合院楼居建筑，这种建筑形式的形成过程，深受徽州独特的历史地理环境和人文观念的影响，形成了我国独特的乡土建筑。这是一套古式中国风的徽派民居设计，以"天人合一"为本次设计的概念，在设计中大量选用了徽派民居代表性元素，结合现代的设计元素将古今的文化得到了完美的融合与统一。

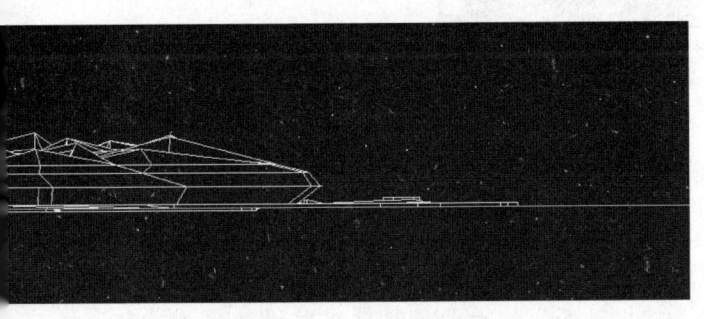

图5-43 三维效果图

图5-44 动画浏览截图

| | | |
|---|---|---|
| 1.风雨桥制作（整体） | 2.地形图模型 | 3.风雨桥部件（一） |
| 4.风雨桥部件（二） | 5.风雨桥部件（三） | 6.风雨桥部件（四） |
| 7.风雨桥部件（五） | 8.开板-雕刻 | 9.制作格扇窗部件 |
| 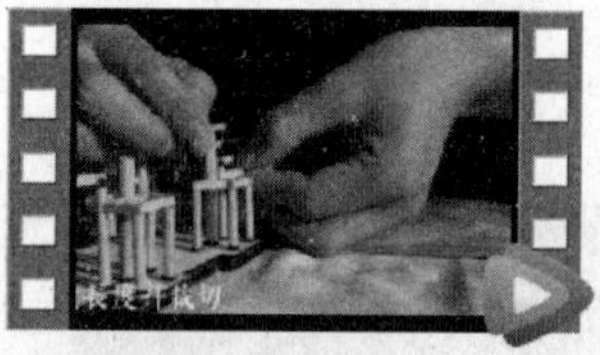 | 10.制作檩子 | |

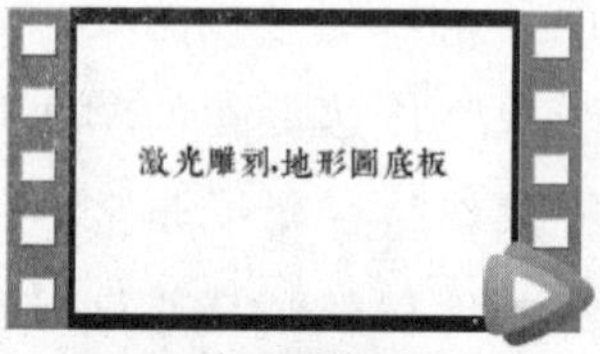

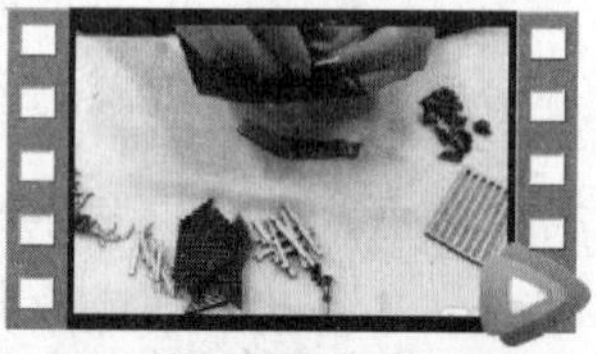

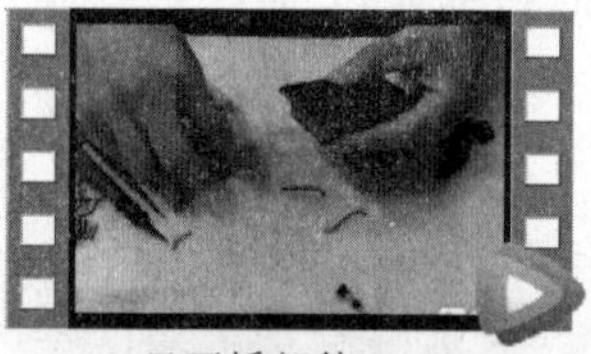

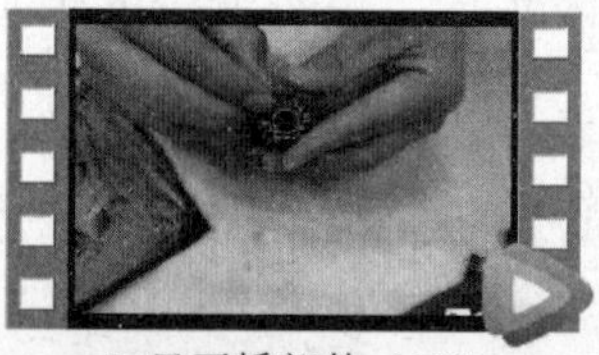

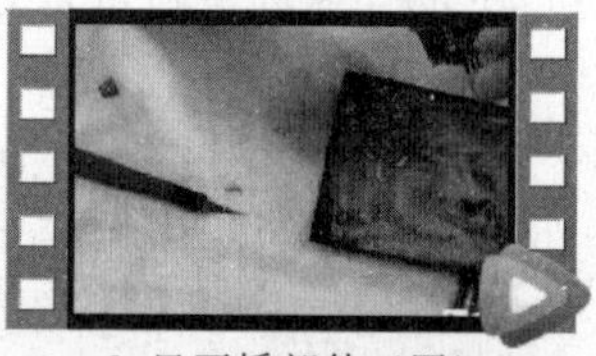

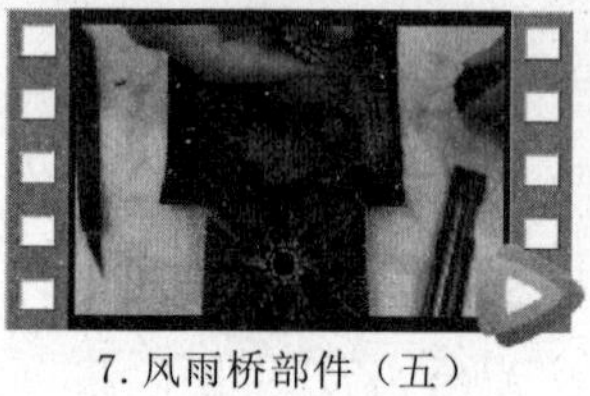

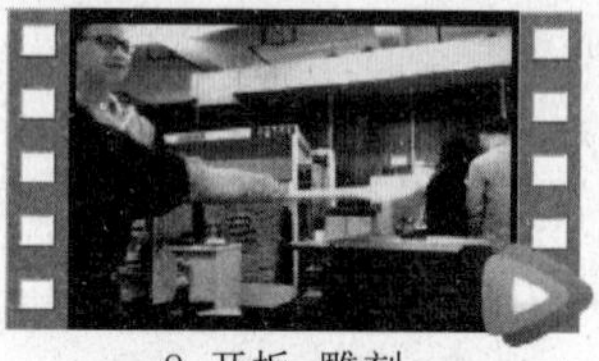

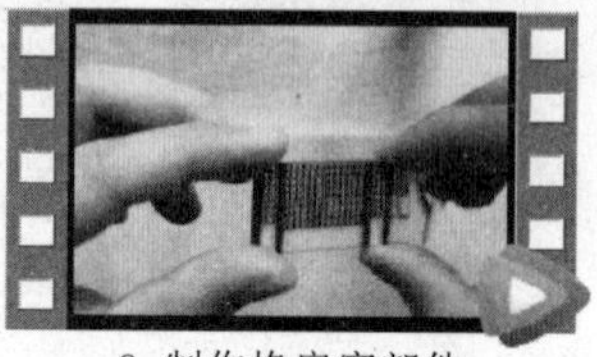

图5-45 模型作品在不同制作阶段的视频记录

制作团队选取该项目作为模型课题作业，搜集的图纸资料非常少，根据有限的图纸资料，经过交流讨论，整理出一套建筑图纸数据，融入了自己的设计理念与创意，对整体的规划进行了思考与再创作，使得建筑模型作品得以面世。主体项目模型很小,但是通过展现建筑艺术意境与室内空间构造,很好地抓住传统徽派建筑的精髓,可作为具典型的项目案例。模型作品从设计构思—制作工艺流程—作品展示都体现了学生团队的思维灵活性和创新性(图5-46~图5-52)。

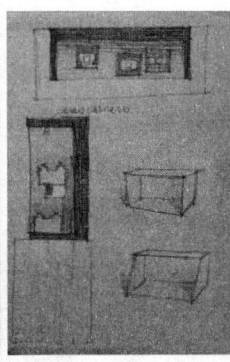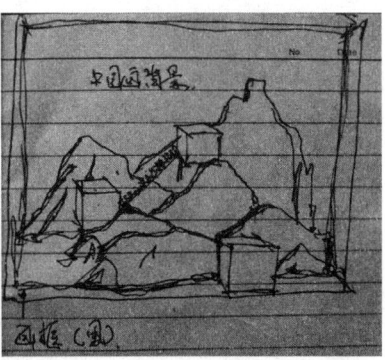

图5-46 模型方案构思设计

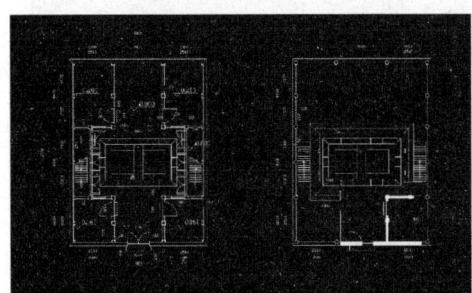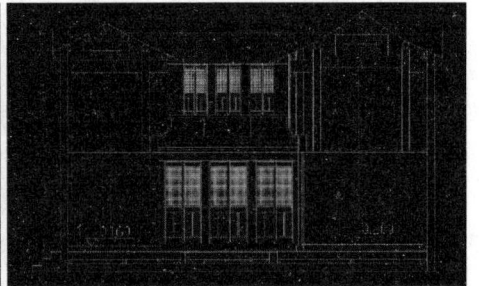

图5-47 绘制详细的模型平面图、立面图

图5-48 用激光雕刻切割机开料

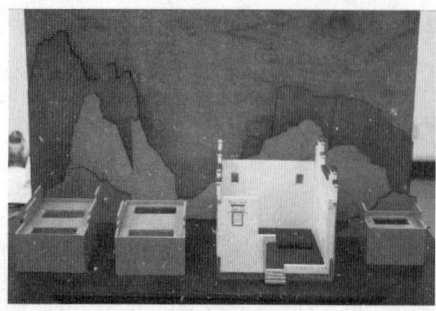 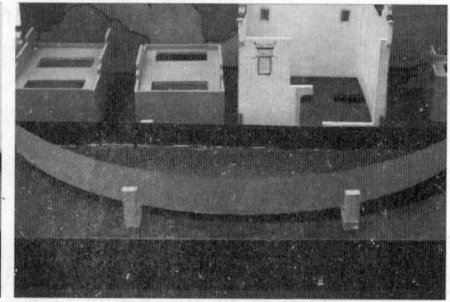

图5-49 大胆运用概念化建筑方案模型制作白色主体建筑两侧的其他建筑

图5-50 创新运用国画的手法进行模型环境场景设计制作

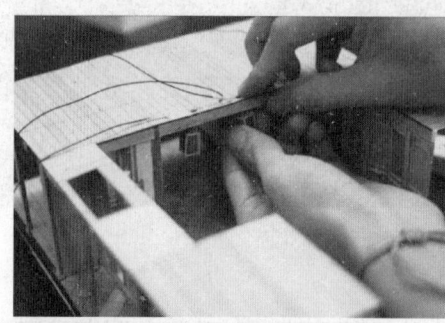 

图5-51 巧妙设计灯光电路体现模型空间氛围

图 5-52 模型展示效果

此外,建筑模型作品的设计创作不仅可用于体现现代语境下的传统建筑,还可以基于传统建筑斗拱、榫卯结构的启发,运用激光雕刻切割机精确开料,使纵向和横向建筑构件凹凸结合,解决曲面建筑模型不易于制作的难题,这也是学生在课程实训中创造力和创新性的体现(图 5-53~图 5-55)。

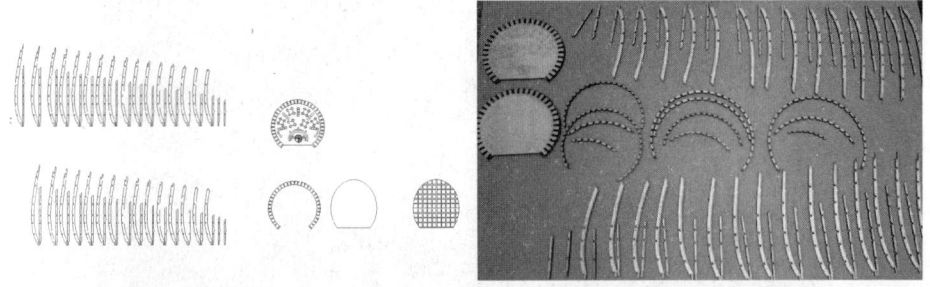

图 5-53 绘制建筑构件 CAD 图与开料

## (三)园林景观设计——践行生态文明建设理念的课程案例

园林景观设计课程是环境设计专业重要的理实一体类课程,属于技术艺术一体类课程。该课程是针对环境设计专业就业市场中风景园林设计师职业岗位设置的,该课程是指在一定的地域范围内,运用园林艺术和工程技术手段,通过改造地形、种植植物、营造建筑和布置园路等方式创造出良好的自然环境和生活、游憩的过程[4]。通过景观设计,使环境更具美学价值和实用价值,并能保证生态可持续性发展。在一定程度上,它体现了

图5-54 大胆创作曲面建筑构件,巧妙拼接组合

图5-55 传统建筑结构在现代建筑模型作品的创作

当时人类文明的发展水平、价值取向及设计者个人的审美倾向。园林景观设计是环境设计专业中室外环境设计的组成部分,掌握该门课程,能为目前环境设计公司、景观设计公司、高中职院校输送专业人才。因此,本课程的学习能有效加强学生职业生涯发展,体现职业技术教育办学特点。

**1. 大尺度的生态文明实践——乡村景观规划与改造设计**

2012年住房和城乡建设部、文化部、财政部联合发布通知公示中国传统村落名录。表明了国家在城镇快速扩张的背景下，开始重视传统村落所带来的精神、生活的文化遗产，并明确列入村落名录进行保护。广东省从2012年进入"美丽乡村"建设实践，并根据中共中央国务院从2018年9月印发《振兴乡村战略规划》的详细规划内容[5]，全面实施振兴乡村战略规划，取得了一定的成绩，并且引起社会的广泛关注。城市的发展离不开乡村的兴衰，而乡村是具有自然、社会、经济特征的地域综合体，承载着生产、生活、生态、文化等功能性，城乡之间互惠互存，共同发展，缩小城乡之间的差异，才能稳定社会的可持续发展。改革开放以来，城乡发展差距越发明显，城市日益增长的美好生活与严重缺乏发展的乡村形成鲜明的对比。如何改变现今大部分乡村沦为"空心村"的现状，缩小城乡鸿沟，加快乡村振兴建设，是如今我国面临的一道难题。

**案例二　乡涧·桂林大圩镇涧沙河滨水景观设计**

设计者：韦炳宇、王子露、刘晓琪

指导老师：曾丽娟

在外来文化的冲击下，桂林大圩地方文化逐渐被同化，当地的传统民族文化在与现代文化的博弈中处于弱势，变得模糊；为了改善居住条件，居民们在原有古建筑的基础上修建了现代钢筋混凝土结构建筑，没有统一的布局规划，杂乱无章，新建筑的高度也不受控制。年轻而强壮的劳动人口向发达地区的转移，导致了"空巢"和传统村落文化的衰落。设计团队在充分调研的基础上，对桂林大圩镇涧沙河两岸景观进行重新规划和改造，以原有的乡村肌理作为蓝本，将乡村文化和乡风乡俗结合起来，通过有机的开发，避免过量的硬性设计（图5-56～图5-58）。一些景观构筑物大量使用当地的竹材料，并结合传统工艺进行建造。我们将场地划分为六大区域进行植物配置，结合当地特有的品种，打造独特且多元的植物景观；对路网进行了新的规划，可通达性提高的同时也设置了引导驻留的路线，焕发场地新的活力也一定程度上保留了原场地的乡村情愫。我们希望通过设计引导当地人重新认识传统文化和风俗的价值及意义，从而能真正展现其独特的景观文化。

图 5-56 效果图

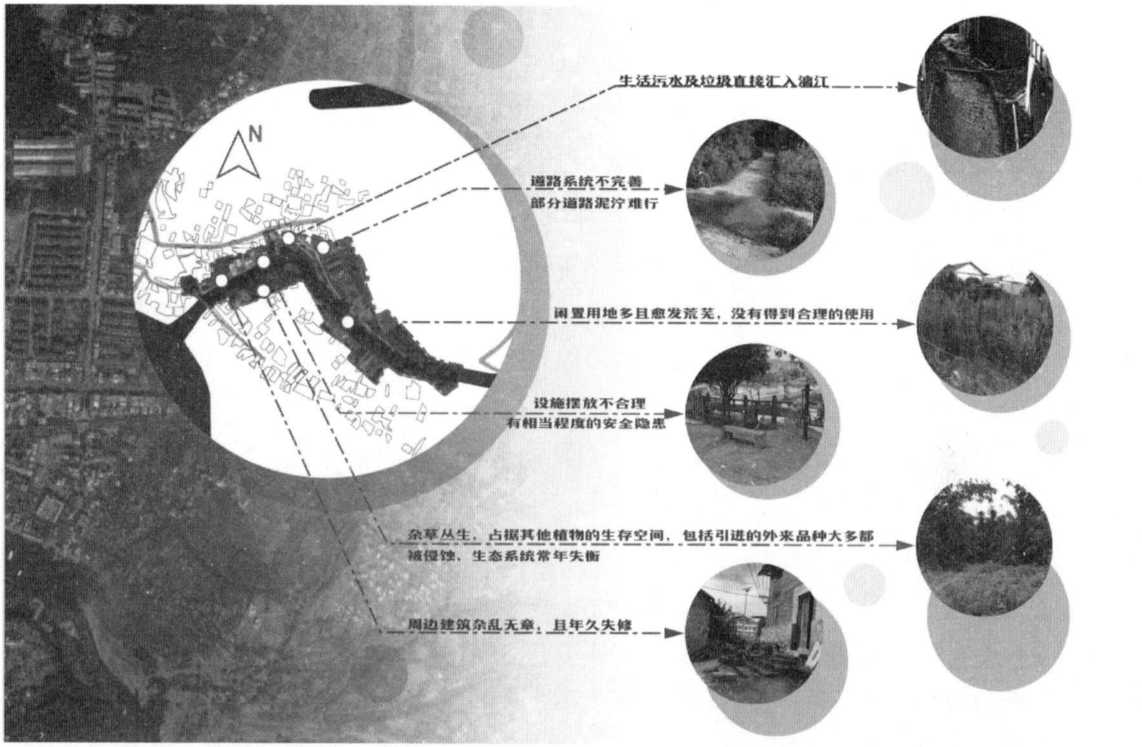

图 5-57　现状存在问题

图 5-58　总平面方案

## 2. 小尺度的人文关怀——城市社区微改造设计

城市的发展变迁促使城市空间格局不断发生变化，产生了数量众多、形态各异且分布不均的微空间。城市微空间是高密度城市发展过程中绿地形式多样性的体现。微绿地因具有选址灵活、面积小、离散性等特点，能见缝插针地大量出现在城市中，为当地居民服务，同时在很大程度上改善城市环境，部分解决了高密度城市中心区的人们对公园的需求。此外，高密度城市社区公园、老旧小区微改造、是目前国家对历史传统文脉的传承与保护，对城市更新中旧城换新颜一系列改造设计的重要内容。

**案例三  社区公园微改造——以广州西围公园为例**

设计者：谢庆潮、袁康铭

指导教师：曾丽娟

西围公园位于广州市天河区西约西边坑大街与西边坑下街交叉口西150米处，为该地段开放性社区公园。项目北临新塘八社小区，东北面是西约西坑大街（商业街），南临和景路公交站交通便利，面积约6500平方米。基于充分的区位、交通、人群、植被等现状调研基础上，提出"健康、自由、轻快"的设计理念，旨在打造一个健康充满活力的社区公园，从功能层面上，补充场地内缺失的娱乐、运动场所、儿童乐园、观赏区域；从精神层面上，给予人们轻松自然的场地氛围，以及有安全感的室外自由活动空间。项目改造设计以山顶凉亭为中心向外发散，设置不同的植物景观与石墙用以遮挡凉亭，有一种犹抱琵琶半遮面的感觉，让人在登山的过程中更加想要向前探索的欲望。在保留原有部分植物的基础上加入一些新品种植物，大力整改清除野草、垃圾、污水重新规划园内观游路线，陡缓有致、弯曲延伸、自由流通，形成一定的节奏感增加空间变化延续性，增添水景、跑道、运动、娱乐、儿童乐园等区域和相关设施让生活充满互动的乐趣。该项目方案出门即可接触大自然，体现了对老旧社区中老人、儿童的人文关怀，具体设计方案如图5-59~图5-63所示。

## （四）室内空间设计

环境设计专业室内空间设计系列课程划分为三个专题，分别有室内空

第五章 融合创新创业教育的环境设计专业课程体系构建

| 随处晾晒衣物 | 臭水沟 | 草坪绿化 | 抄近路 | 缺乏运动区 |

图 5-59 现状分析

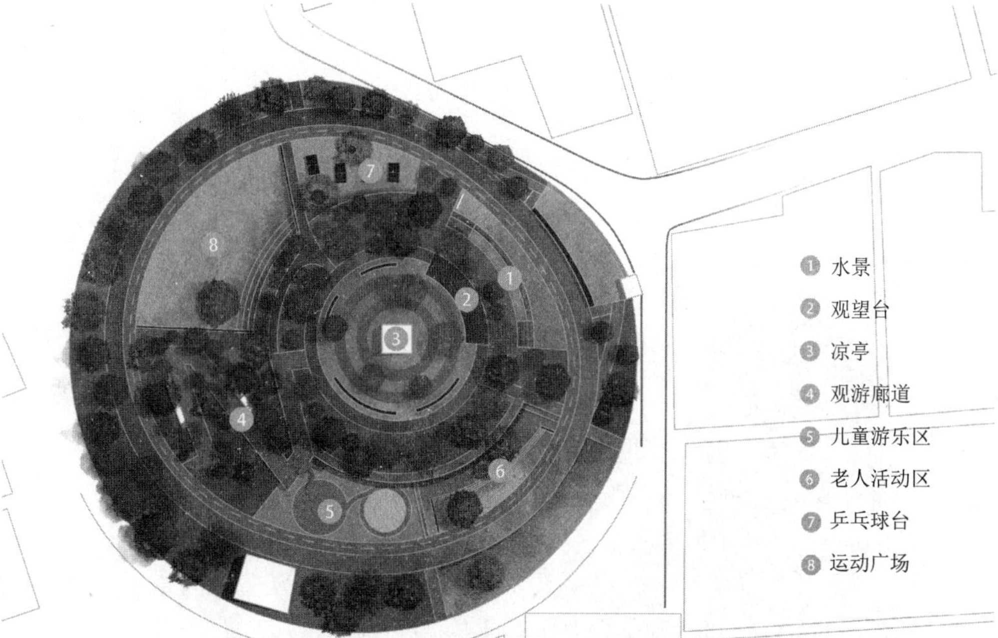

① 水景
② 观望台
③ 凉亭
④ 观游廊道
⑤ 儿童游乐区
⑥ 老人活动区
⑦ 乒乓球台
⑧ 运动广场

图 5-60 平面方案

149

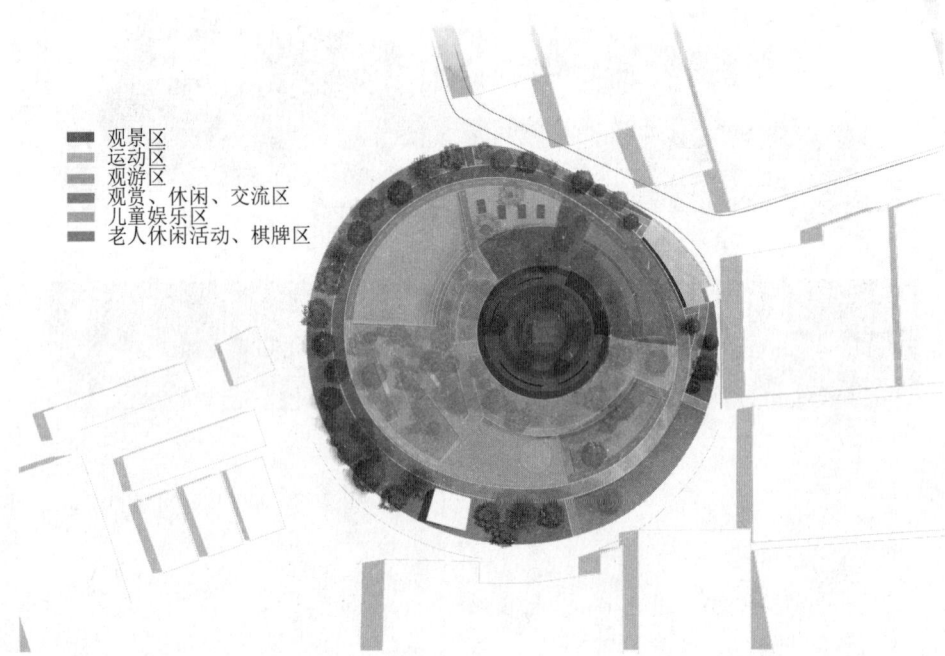

图 5-61　功能分区

图 5-62（一）　剖面图

第五章 融合创新创业教育的环境设计专业课程体系构建

图 5-62（二） 剖面图

图 5-63（一） 效果图

图 5-63（二） 效果图

间设计Ⅰ（住宅空间设计）、室内空间设计Ⅱ（展示空间设计）、室内空间设计Ⅲ（酒店空间设计）。住宅空间设计专题，对室内设计模块是最基本主要的内容之一，主要由于学生毕业就业很大一部分工作内容会接触到居住空间的改造与设计。在应对不同审美需求和智能家居的影响下，本专题的学习对学生来说也是机遇与挑战并存的课程现状。课程教学过程中，一方面注重引导学生对当下生活品质、时尚元素、智能科技等方面的调研和理解，以便于形成新设计理念，从中提取关键词，进而进入设计创作，例如对"线""静"在室内空间设计的运用与理解，如图 5-64 所示。另一方面引导学生注重材料质感、色彩关系、空间氛围、光线营造、空间分割、人流动线，以及风格流派特征等方面的组织与诠释，不断创新对住宅空间的探索。

**案例四　云顶书屋——大浪社区图书馆设计**

设计者：方圆、吴磊、李高鹏

指导老师：陈怡

在"全民阅读"和"双减政策"的感召下，设计团队以"社区图书馆"为主题，以深圳宝安区大浪社区一处街角空间为基地，致力于打造一处以社区图书馆为中心的复合式公共活动中心。社区居民除了来这里阅读、自

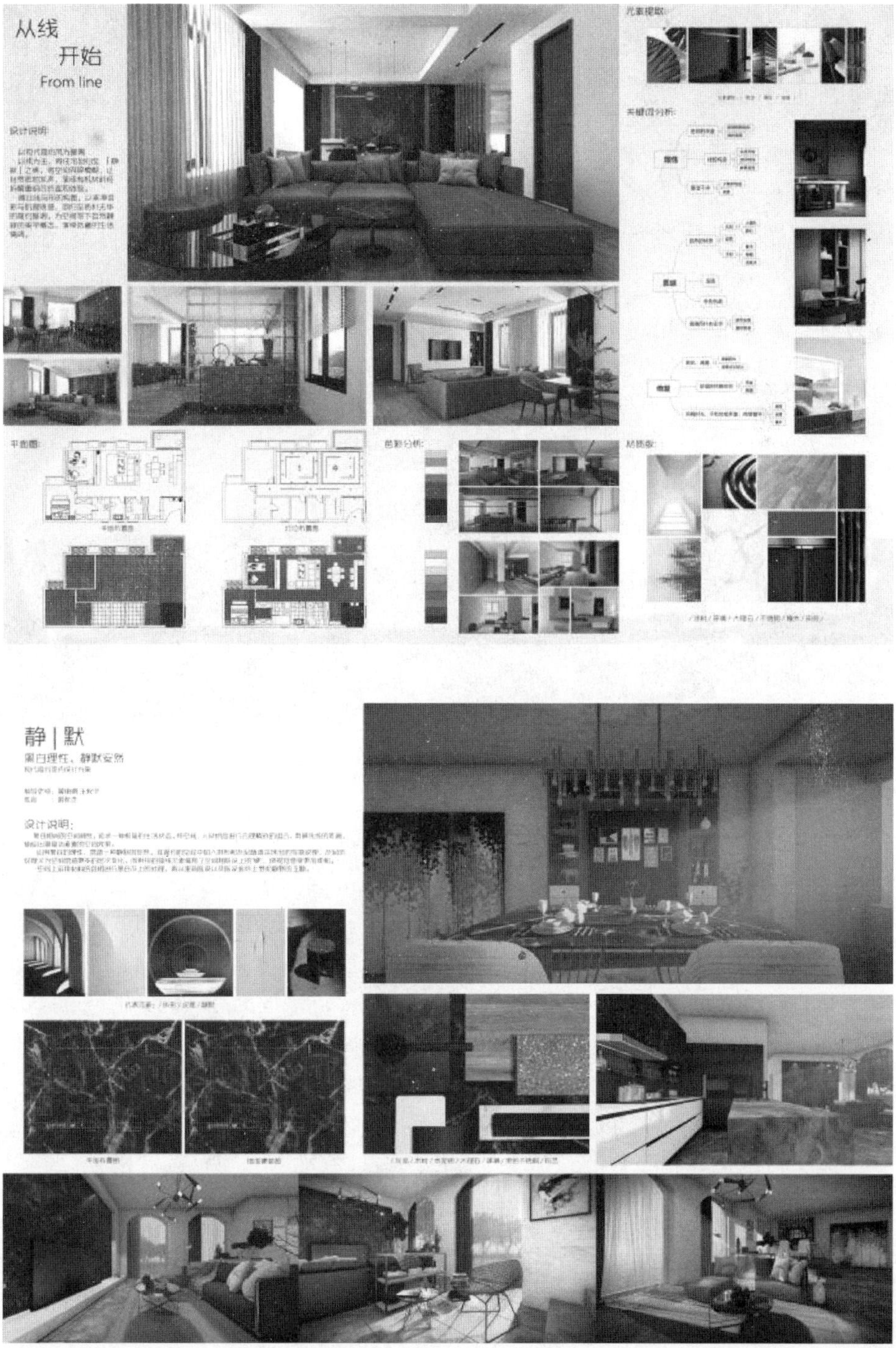

图 5-64 "线""静"的室内空间设计表达（黄嘉健、朱荣杰 绘）

习，还可以来这里饮茶、看表演；小孩可以在平台上自由奔跑；老人可以在广场上闲庭信步；年轻的上班族能够以最便捷舒适的通勤方式，丰富休息日的生活模式。

为达到上述目标，我们对周边社区人口结构和活动诉求展开认真调查，针对不同人群定制了特定的功能，并采用可变界面、错峰使用等多样灵活的组织方式，将这些功能空间整合在有限的场域中，设计还引入了"自动分拣书库""VR体验"等场景，以响应智能化阅读的趋势。为了减少对环境的压迫感，设计化整为零地把建筑体量分散在隐匿于公园的三个小房子

图 5-65 周边环境分析

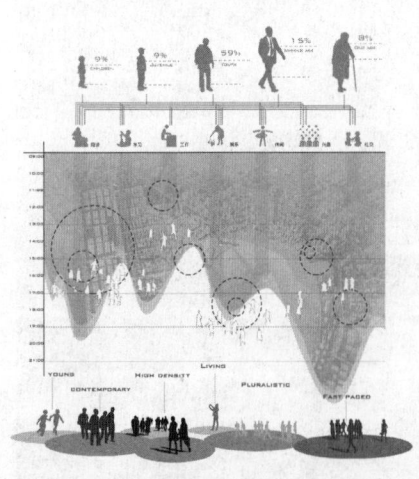

图 5-66 人群分析

中,并采用人类对"家"形最基本的认知——坡屋顶,对建筑形态进行雕琢。三个"家"之间的云朵状平台,不仅围合出亲切怡人的下沉广场,也以自身轻盈活泼的形态,为整个场所平添了灵动自由的基调。由"家"和"云"界定出的户外活动空间,不仅形态和功能各异,还充分运用雨水花园、可回收建材等低影响、低维护的方式,为困在钢筋水泥中的城市人,营造一个家门口的可持续自然的生态设计。本设计是运用专业知识,对现存城市社区公共空间粗放式发展作出的小小回应,集合设计团队的专业热忱,对美好城市人居环境铺陈的小小愿景(图5-65~图5-75)。

## 五、课程教学成果展览

环境设计专业教学成果展是对专业阶段性成果的总结、检阅与展示,有利于本专业教研室教师及全体毕业生与校内师生、校外兄弟院校和企业进行较全面的交流学习与互动,从中发现可值得借鉴或者改进的地方,以更好地推动课程教学在内容、方法等方面的改革建设,促进人才培养质量提升,激发学生创新创业积极性与热情,实现专业创新创业教育成果转化。环境设计专业教学成果展主要包括专业课程教学成果展以及毕业设计作品展。

### (一)专业课程教学成果展

各高校环境设计专业课程教学成果展会根据阶段性的课程教学成果进行汇报展。展出的课程类型、课程内容与形式也非常自由。主要通过课程主讲教师与学生的探讨,完成展览过程。展出的课程可以是专业基础课程、专业核心课程,也可以是专业课程思政教学呈现过程展示(图5-76)。专业

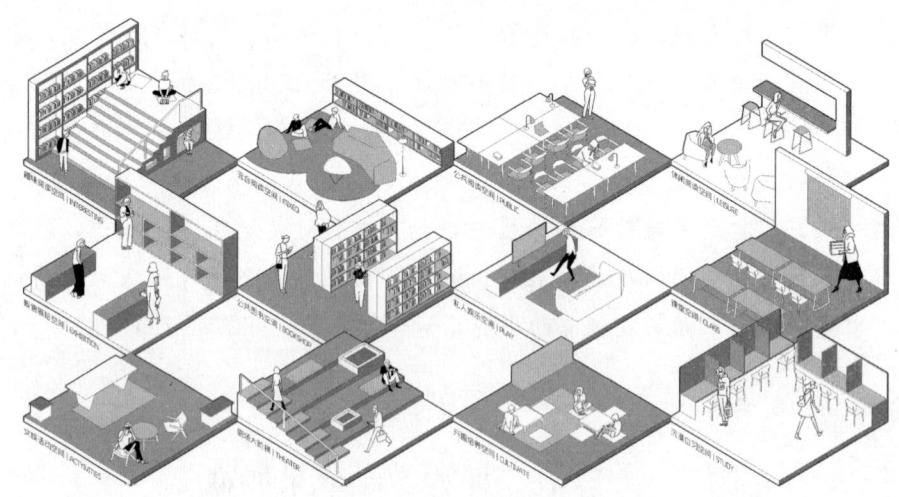

图 5-67 室内节点

课程教学成果展,逐渐成为高校创新育人有效路径,在培育学生的同时,提升了教师教书育人的能力。

### (二)毕业设计作品展

毕业设计是学生在校期间的最后一个综合性教学环节,是整个教学计划中对学生所学知识进行综合训练、综合应用的重要教学环节,通过设计,学生在专业老师的指导下,能够独立完成所要求的毕业设计全部内容,包括毕业设计开题、设计调研、搜集和查阅有关图纸、方案制图和绘制效果图、动画视频制作、模型制作、布置毕业设计展览、毕业设计答辩等。毕业设计创作是学生能力提高集中提升和爆发的关键阶段,也是将前期创意、创新与创业能力集中体现的环节。毕业设计选题中,一部分来源于学生的自由创作,另一部分来自社会实题,即与企业实际工程对接项目,因此,毕业设计创作的最终成果,反映了整个专业在大学四年人才培养质量和水平的总体情况,也集中体现了专业教育在创新创业能力培养成效。从展览的形式、作品选题意义、创作路径、效果呈现、展示设计等方面,均能发挥学生的创意、创新与创业精神(图 5-77~图 5-79)。

第五章 融合创新创业教育的环境设计专业课程体系构建

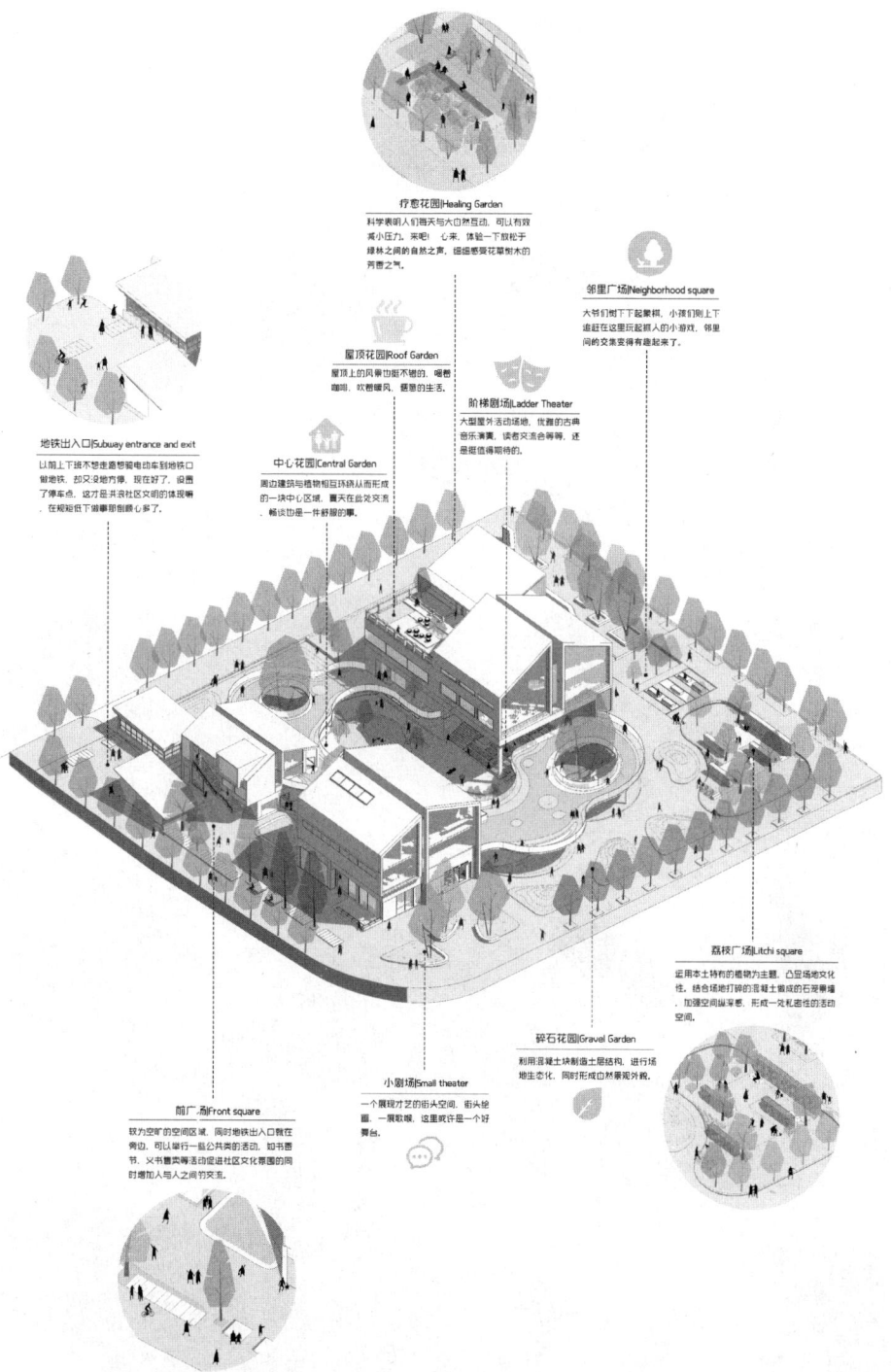

图 5-68 功能分区

次入口
后广场
BACK SQUARE
CRACK GARDEN
次入口
主入口
前广场
FRONT SQUARE
次入口
SECOND ROAD

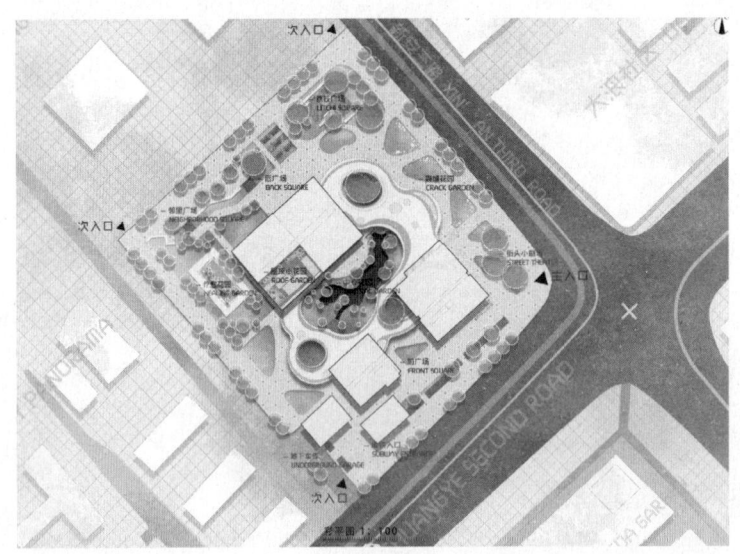

图 5-69　总平面方案

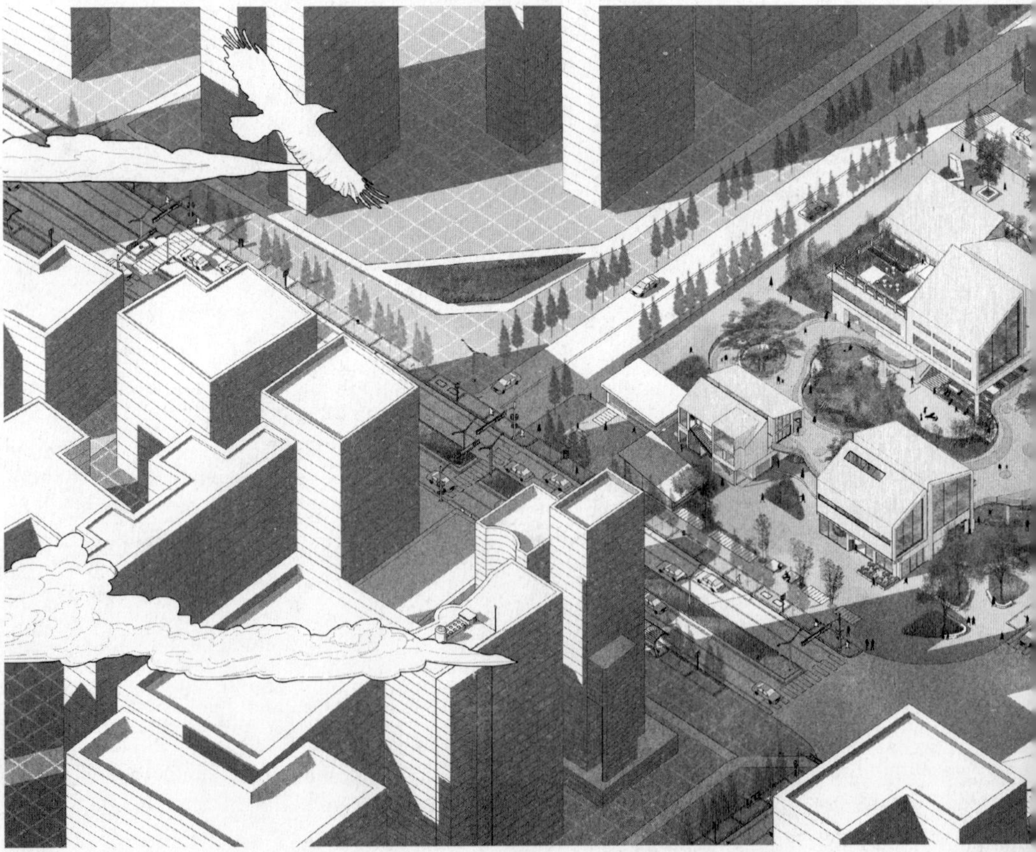

第五章 融合创新创业教育的环境设计专业课程体系构建

图 5-70 立面图

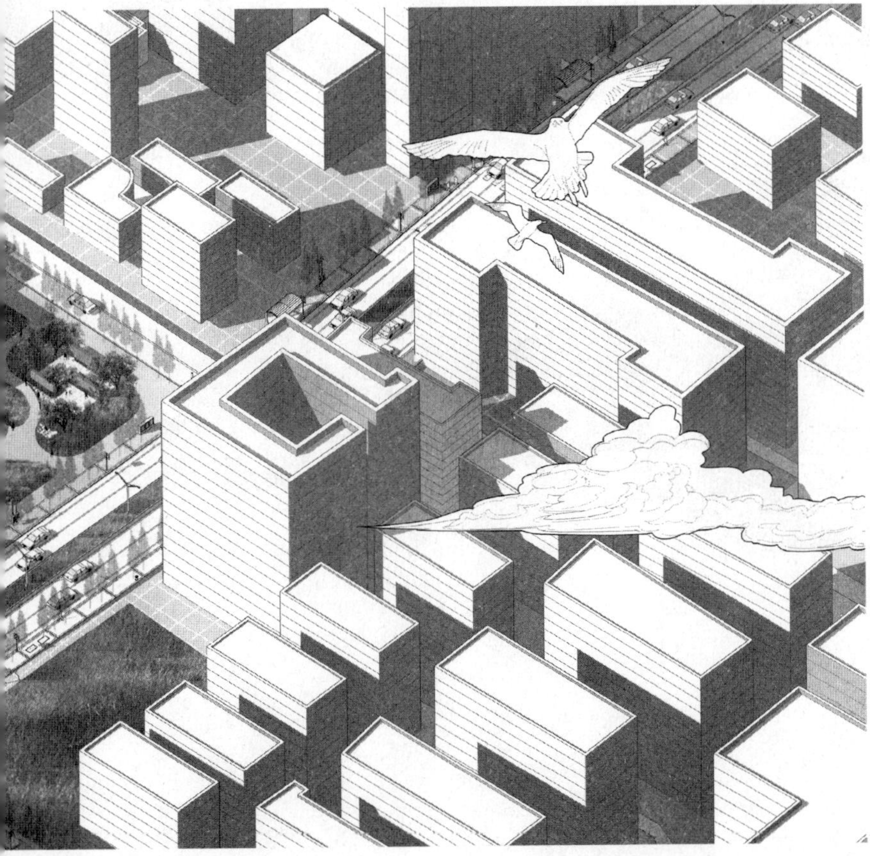

图 5-71 鸟瞰图

图 5-72 室外景观效果图

第五章 融合创新创业教育的环境设计专业课程体系构建

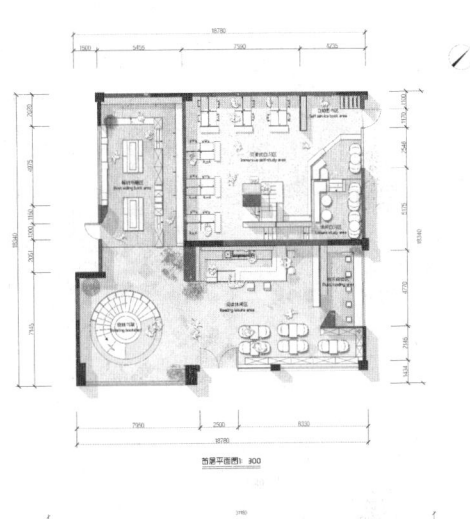

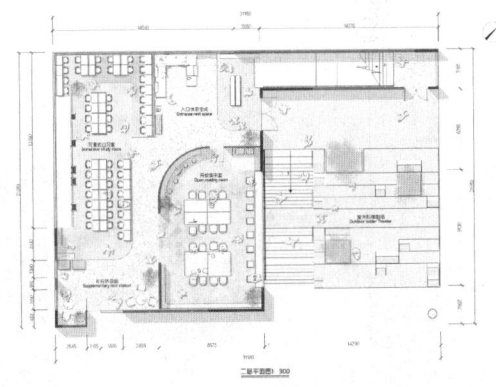

图 5-73 部分室内平面图展示

融合创新创业教育的高校环境设计专业课程体系构建与实践

图 5-74 儿童阅读区效果图

图 5-75 文化展区效果图

第五章 融合创新创业教育的环境设计专业课程体系构建

图 5-76（一） 广东高校环境设计专业课程教学成果展

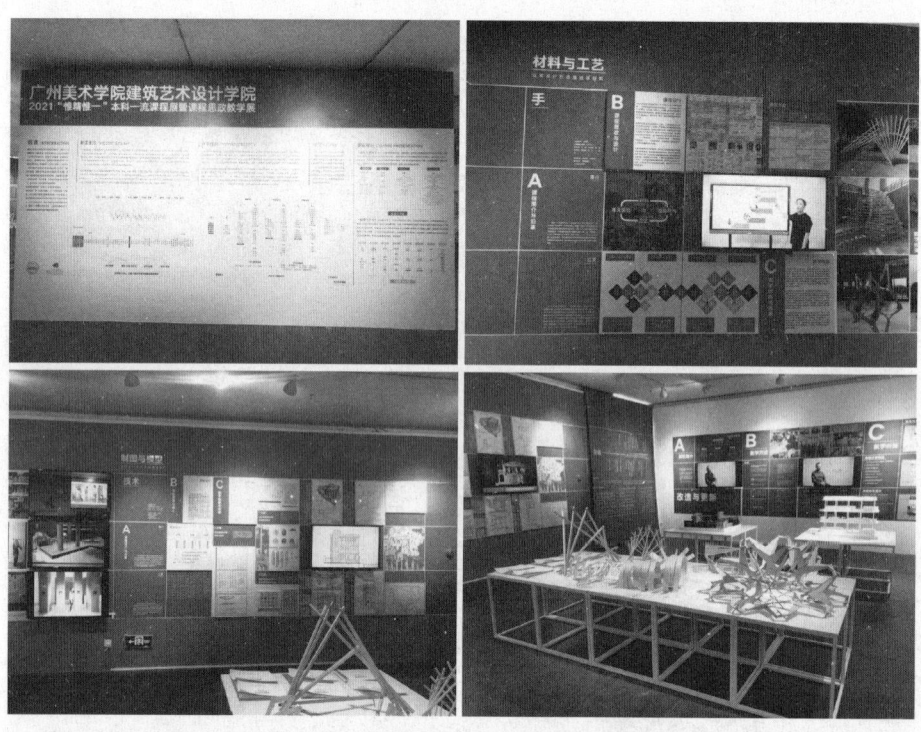

图5-76(二) 广东高校环境设计专业课程教学成果展

图5-77 广东技术师范大学毕业设计作品展

第五章 融合创新创业教育的环境设计专业课程体系构建

图 5-78 广州美术学院建筑与环境设计专业毕业设计作品展

图 5-79 清华大学美术学院环境设计专业毕业设计作品展

## 参考文献

[1] 曾丽娟,陈静敏,周峻岭. 创新创业教育导向下高校环境设计专业人才培养模式研究 [J]. 创新创业理论研究与实践,2021 (18):78-81.

[2] 舒凯征,冯浩,吴彦乐. 行业特色地方高校产教融合协同育人体系构建的探索:以景德镇陶瓷大学为例 [J]. 中国轻工教育,2021 (10):67-71.

[3] 张引,王维. 建筑模型设计与制作 [M]. 南京:南京大学出版社,2011.

[4] 聂毅. 论园林工程设计中艺术性的表达 [J]. 知识经济,2012 (8):1.

[5] 曾朝辉. 广府传统村落文化遗产发掘及可持续设计研究:以勒北村为例 [J]. 中国民族美术,2021 (2):10-14.

# 第六章 高校环境设计专业大学生创新创业训练项目实践

## 一、依托粤港澳大湾区发展建设特色创新人才培养

### (一) 创新人才培养目标

环境设计专业创业教育理念从整体上来看是技能型创业教育和素质型创业教育的结合,专业老师开展多层次、多层面的指导工作,将创业教育纳入完整的人才培养体系之中,通过"专创融合",确保环境设计创业教育人才培养定位清晰。

结合粤港澳大湾区建设和国内外教育的发展趋势,广东高校对人才培养目标方式都相应做出了调整,以广东技术师范大学环境设计专业为例,作为省一流本科专业,人才培养充分利用地方人文、社会、环境等各方面特色资源和优势,确立"立足大湾区、凸显特色、开放办学、融合实践"的办学思想与理念,着重内涵式发展,使学生具有高等人才的基本素质,同时能有国际视野和地域认知,相对完备的学科知识结构,良好的调研、分析、团队合作,综合与创新思维和解决实际问题的能力,满足社会主义现代化建设和人民的需要。在逐步调整应用型人才转型建设密切结合粤港澳大湾区发展需要,以培养服务粤港澳大湾区建设为主,在建筑装饰企业第一线设计、施工、项目管理等方面的专业型、实践型的德才兼备职教应用型本科人才。力争把本专业建设成为国家职教一流专业且在国内高校中具有一定知名度与社会影响力的职教本科示范性专业。

在专业建设和教学改革探索和实践中,按照"厚基础、宽口径、强能力、高素质"的人才培养模式,使学生具有扎实的手绘表达技法基础、建

筑学基础、三维空间设计软件基础和室内外景观设计方法;接受系统、全面环境艺术与工程项目、管理、设计科学方面的训练,具有较强的实践能力、艺术修养;具备较强的语言和文字表达能力、信息获取和沟通能力;具备较强的分析和解决问题能力、调查研究与决策能力、组织与管理能力、创新创业能力;了解本专业的理论前沿和发展动态,掌握文献检索、资料查询的方法,具有一定的科学研究能力;具有良好的政治思想品德和职业道德[1]。

本专业将学生的创新创业意识与能力的培养纳入人才培养计划中,构建与创业教育相适应的系统完整的课程体系,激发学生创业热情,促进学生创新创业素养的实质性提高。一方面在理论课程中注重创业教育的渗透;另一方面在专业课程中注重创业知识的传授,主要侧重市场经济、公共关系、税收法律、经营管理等相关知识的宣讲,学生在进行专业课程的学习中,同时学习创业知识。如在室内空间设计Ⅰ课程课中,除了讲解居住功能空间分割、装饰材料、软装设计,还要告诉学生如何才能成为一名专业优秀的室内设计师,如何进行项目现场协调、施工管理、图纸跟进,如何经营室内设计公司等相关创业知识;老师在授课过程中可以介绍行业技能、企业的经营管理、组织架构、市场行情等诸多问题。通过这种形式的教学,可以加深学生对创新创业的理解,激发学生对创新创业兴趣,促进学生对专业知识的掌握,培养与提高学生创业意识和创业技能,将室内设计专业技术人员社会责任感、创新意识、市场经济观念、处理问题的能力的培养融入整个教育过程。

## (二) 创新人才培养模式

在创业教育与专业人才培养相结合的过程中,探索出一种有效的模式,归纳起来就是"一条主线、两个阶段、三种能力、四个模块、五个突出"。

一条主线:以职业能力、创新创业能力培养为主线。

两个阶段:大一大二两年基础教育阶段和大三大四两年专业技术教育阶段,且创业教育贯穿于大学的大二至大四阶段。

三种能力:室内设计、园林景观规划设计、建筑概念设计等专业技术能力,专业实践能力以及就业创业能力。

四个模块:一是基础理论知识模块,如中外建筑史、中外园林史、设计概论、环境设计导论以及形势与政策、职业生涯规划、大学生就业创业指导、计算机等基础知识；二是主要技术应用能力知识模块包括建筑制图（室内制图、园林制图和建筑制图）、景观设计学基础、手绘表达技法、园林植物应用能力、三维空间设计电脑软件（如PS、ID、SK）等专业知识；三是室内外空间设计和空间能力培养模块，此模块为必修模块以室内空间设计（居住空间、展示空间）、园林景观设计、建筑模型制作与工艺、材料与构造、室内陈设设计等内容，以学生应用能力培养为主线，对学科分类中的各种知识进行重组优化，降低理论知识的深度，突出实用性、实践性和可操作性；四是综合素养拓展能力模块，如展示设计、专题设计——住宅空间、室内外效果图表现、设计工作坊、全学院选修课（各个专业推出供其他专业学生选修的课）等拓展提升学生综合素质。

五个突出：突出以服务学生为宗旨、以就业创业为导向、以学生学习技能为中心、以产学研为途径、以教育质量为根本。

## 二、依托区域特色打造"创新创业＋"共享平台

广东技术师范大学美术学院依托非物质文化遗产大师工坊（简称"大师工坊"）（图6-1和图6-2）、文创设计产业学院、协同创新中心、广州市非遗传承科普基地、广东省粤绣非遗技艺传承基地、大学生美育工作室等资源共享平台，进一步推动传承中华优秀传统文化和技艺提升文化自信，推进产教融合和实现应用型转型。学院通过建设大师工坊和协同创新中心，打造"创新创业＋"一系列资源共建共享平台，如创新创业＋美育科普服务、创新创业＋专业实践教育、创新创业＋党支部建设等多样化、全方位的资源共享平台。大师工坊建有刺绣、蓝染、皮雕、珐琅彩等7间非遗传承子工坊和3D打印研发室（图6-3），设置服装设计研发中心、教师科研研发中心，逐步建立从作品—产品—商品的产业化创新创业平台（图6-10）。子工坊、研发中心结合人才培养方案研发系列非遗创新再设计特色共享课程，如传承弘扬中华优秀传统文化课程、品牌设计课程、创新创业课程等。协同创新中心推进"校企政"合作协同，以校企专兼职教师共同负责的导师制，研发以产品为导向的课程，实现学校课堂与企业的零距离碰

撞，促进高校与企业进行技术交流，扩大社会服务。2018年，学院在环境设计等8个专业的人才培养方案创新创业教育模块中纳入大师工坊和协同创新中心的传承创新项目设计共享课程，课程以专业选修课形式，设置32个学时、2个学分的创新创业模块课程"设计工作坊"，同时将传统文化传承课程群纳入全校公选课，以"创新创业＋"共享平台辐射整个校园，进而服务校园、服务社会，扩大平台辐射力。

图6-1 非物质文化遗产传承大师工坊

图6-2 大师工坊内的挂牌基地（冯江华 摄）

第六章　高校环境设计专业大学生创新创业训练项目实践

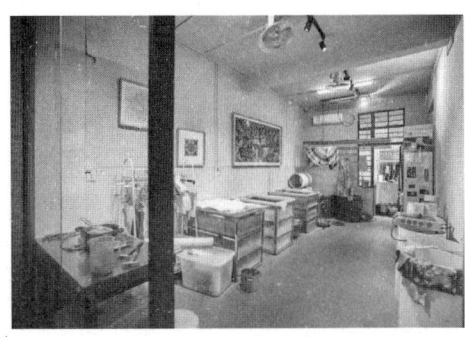
蓝染子工坊

皮雕子工坊

手拉壶子工坊

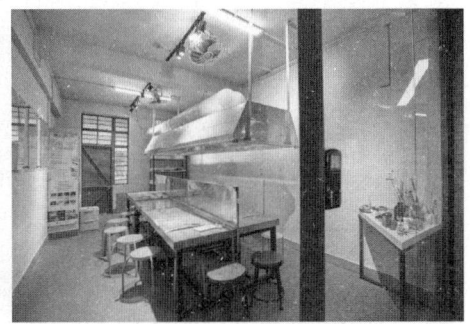
珐琅子工坊

刺绣子工坊

3D打印研发室

图6-3　大师工坊（冯江华　摄）

图6-4 大师工坊内非遗传承大师与校内师生作品(冯江华 摄)

**1. 创新创业＋美育科普服务平台**

习近平总书记提出,"做好美育工作,要坚持立德树人,扎根时代生活,遵循美育特点,弘扬中华美育精神",依托非物质文化传承大师工坊,广东技术师范大学美术学院建设并立项广州市非遗传承科普基地和广东省粤绣非遗技艺传承基地,打造面向社会群体的美育科普服务平台,弘扬优秀中华传统文化。非遗传承科普基地以青少年和中小学生为主要的受众群体,围绕美育服务社会理念和中华优秀传统文化传承与创新的主题,结合中小学生研学旅行项目,开展系列可触摸非遗传承相关主题的体验式科普活动,包括粤绣、珐琅彩、皮雕、蓝染科普课程等的体验活动(图6-5)。粤绣非遗技艺传承基地以"绣娘"和社会人士为受众,整合优化粤绣技艺和文化资源,科普粤绣技艺,推进粤绣人才培养、技艺传承、社会服务,实现粤绣非遗手工的"活态传承"。2018年、2019年,粤绣非遗技艺传承基地为广东广播电视台《国乐大典》节目设计和制作节目使用的民族服装服饰,通过实体民族服装服饰科普民族文化。

图6-5 大师工坊非遗传统技艺学习体验

**2. 创新创业＋专业实践教育平台**

建设文创设计产业学院、大学生美育工作室,构建创新创业教育融合专业教育实践教育平台。学生结合大师工坊的共享课程自主设计作品,注册"一工一坊"共享品牌商标,将作品转化成产品、商品,打造作品、产品、商品"三品"递进的人才培养模式。2019年,实现转化产品、商品的作品共计4500多件。大学生美育工作室围绕"思想政治教育＋美育"的理念,以"实践教育＋志愿服务"为方式,构建美育宣讲团、教学团、科研团和双创团,开展系列支持城乡、少数民族地区发展等美育服务社会活动,实现美育资源共享,为创新创业教育融合专业教育实践教育整合资源,共建共享资源平台。

**3. 创新创业+党支部建设平台**

高校基层党组织在积极对标新时代党建工作新要求时,不断探索党建+双创人才培养,实现党建与业务"双融双促",需要有力抓手才能更好实现。以广东技术师范大学美术学院艺心党支部为例,以习近平新时代中国特色社会主义思想为指导,立足美术学院专业特色和学生特点,通过依托大师工坊构建的多样化基地+平台,创新设置以"教师—研究生—本科生"三级梯队模式的党员组成体系,建立服务于教育教学、科研、传统文化技艺传承和推动大学生创新创业的特色党支部,不断打造"双融双促"建品牌,构建新时代党建工作样板支部,在支部成立后的两年成功立项广东省党建工作样板支部。艺心党支部围绕整体工作思路"三动"与"三创新",通过"双带头人带动、重点项目联动、师生党员流动",力求做好设置形式、工作思路、建设内涵"三创新",探索应用型高校转型背景下党支部"双融双促建品牌"路径,实现基层党建在促进专业学科建设、传统文化传承、创新创业教育,以及美育共建共享的工作特色,提升支部党员服务粤港澳大湾区建设能力。

首先,支部立体式搭建平台,创新党员教育管理模式。创新设置"教师—研究生—本科生"三级梯队模式的党员组成体系,采取"固定+流动"相结合的教育管理模式,激发党员的积极性和创造力。其次,引领式思想建设,打造支部特色品牌活动。继续围绕"艺心向党"的主线采取全方位、多样式的方式开展系列特色主题思想教育活动,活动开展均通过"艺+主题词"来提炼表述,如"艺·党建""艺·微党课""艺·初心与使命""艺·学术""艺·实践"等。再者,导向式科学培育,构建双创人才培养体系。以此实现构建"党支部+双创"育人模式,培育双创人才。支部建在重点培育的协同创新项目团队上,科学孵化和培育创新创业训练项目,并取得了不错的成绩,充分发挥了新创业+党支部建设平台的作用(图6-6和图6-7)。

图6-6 与广州怡盛产业园怡祥党　　图6-7 美术学院艺心党支部
　　　支部探讨双创教育实践　　　　　　　双创项目培育

依托大师工坊,构建的创新创业＋党支部建设,在2018年5月,由艺心党支部党员牵头组建的"苔花开留守儿童美育计划""数字化技术在建筑模型制作与工艺的运用"等18项创新创业训练项目入驻支部进行创新创业项目孵化与培育；2019年5月,由艺心党支部党员牵头组建的"'有机'社区花园农场微设计计划""援救飞毯''互联网＋'高空援救无人机"等29项创新创业训练项目入驻艺心党支部进行创新创业项目孵化与培育；2019年8月,支部党员参与的"苔花开留守儿童美育计划"项目团队参加中国"互联网＋"创新创业大赛广东省省赛荣获银奖；2020年5月,由艺心党支部党员牵头组建的项目"蓝染工艺在现代生活中的创新与推广""国潮文创中的皮雕运用"等34项创新创业训练项目入驻支部进行创新创业项目孵化与培育；2020年7月,支部党员参与的"原上草——中国乡村儿童美育公益践行者"项目荣获第十二届挑战杯广东大学生创业大赛终审决赛金奖；2020年8月,"细语文化工作室——以文创助力公益,用故事诉说中国""原上草——中国乡村儿童美育公益践行者"荣获第六届中国"互联网＋"大学生创新创业大赛省赛铜奖。

## 三、依托学校平台优势开展大学生创新创业训练项目

开展丰富的实践活动锻炼学生处理实际问题的能力能促进学生的成长。环境设计专业人培养的是具有室内设计与景观设计技能及项目管理应用型

人才，在学校开展的突出区域特色的大学生创新创业训练项目，以粤港澳大湾区为例，非物质文化遗产丰富，例如开平碉楼、潮歌、连南千年瑶寨、茂名高州木刻画等资源的挖掘、保护开发、活化利用均可以与环境设计专业密切联系，开展以民宿、书吧、餐厅为主题的碉楼建筑活化利用、室内装饰改造设计等项目，形成设计作品，编写商业计划书的实践活动，从作品到产品，再到商品，学生体验从创作、生产到经营的角色或岗位扮演，逐渐培养创新意识与创业素养。开展区域特色创新创业实践活动，建立以大学生为主体，指导老师为辅的创新创业工作室，能快速有效地将实践活动或项目深化并实施。多所高校通过创新创业实践活动项目建立创新创业学分银行制，体现差异化学习和个性化学习思想的学分兑换方式，助推创新型高技术应用型人才培养，将专业教育与创新创业教育以客观量化考核评价及激励制度有机结合，加快高校人才培养模式生态圈建设。

## （一）依托学校非物质文化遗产大师工艺坊等多个平台拓宽双创训练项目

环境设计专业创新创业教育，依托广东技术师范大学非物质文化遗产大师工艺坊、文创产业学院、协同创新中心、广州市非遗传承科普基地、广东省粤绣非遗技艺传承基地等文化传承教育基地，打造创新创业教育平台，创新专业人才培养模式，健全专业创新创业教育机制，挖掘"双创"品牌，依托平台加强创新创业教育，为本专业学生开展创新创业训练项目提供新的思路。如环境设计专业学生在大师工坊，跟着非遗传承大师，学习蓝染、皮雕、潮绣和珐琅等工艺，结合专业特色，制作各类作品，实现跨专业具有创新性的跨界设计产品，如图6-8～图6-13所示。如广东技术师范大学16环境设计学生徐乐翼蓝染作品，经过简洁的加工制作，可以形成室内陈设品，最后作为商品销售，完成创业训练实践，如图6-14和图6-15所示。

创新创业训练项目实践通过多专业联动，设计并推广文创产品助力粤港澳大湾区建设。发挥视觉传达专业、产品设计专业和工业设计专业优势，设计推广非遗文创产品，推动中华优秀传统文化与技艺传承与创新，提升文化自信。利用VI设计等技术为珠三角地区的企业设计产品包装，为共同助力粤港澳大湾区经济发展提供各类艺术人才和智力支撑。

第六章 高校环境设计专业大学生创新创业训练项目实践

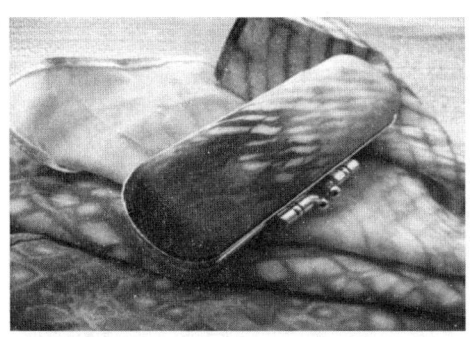

图 6-8 环境设计专业学生蓝染作品（左图作者：许潇伊，右图作者：赵观燕）

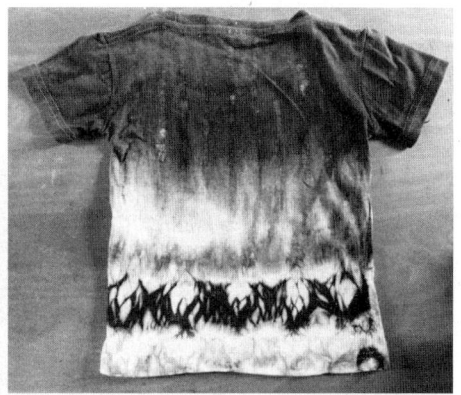

图 6-9 环境设计专业学生蓝染作品（赵观燕 作）

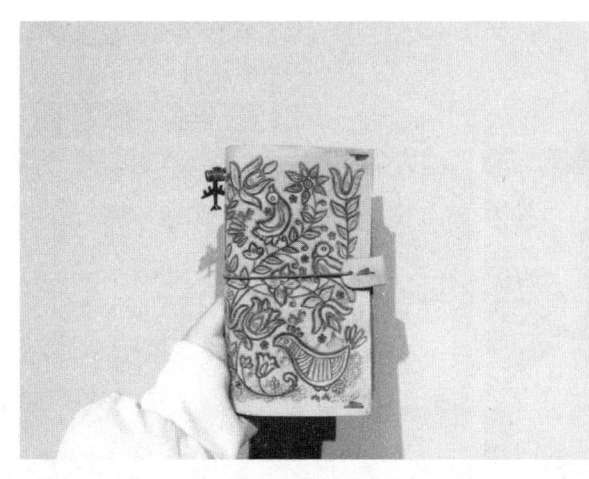

图 6-10 环境设计专业学生皮雕、刺绣作品
（左图作者：黄敏晴，右图作者：兀磊晶）

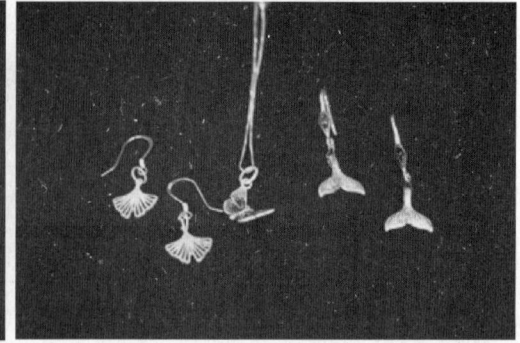

图6-11 环境设计专业学生珐琅作品（左图作者：黄裕琼，右图作者：卢淑婷）

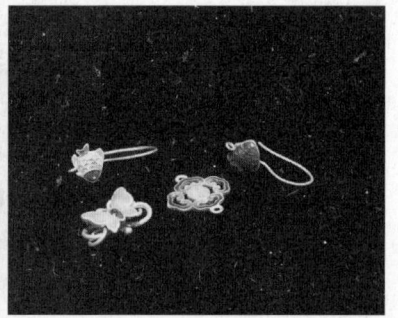

图6-12 环境设计专业学生珐琅作品（左图作者：侯晓彤，右图作者：王欣欣）

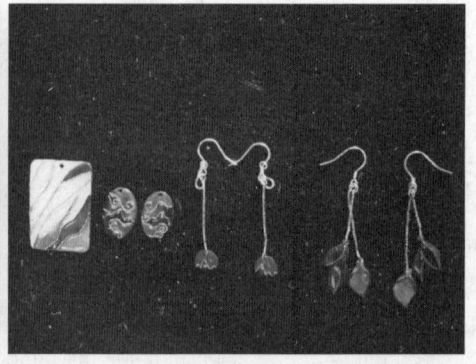

图6-13 环境设计专业学生珐琅作品（左图作者：杨霓汶，右图作者：伍美华）

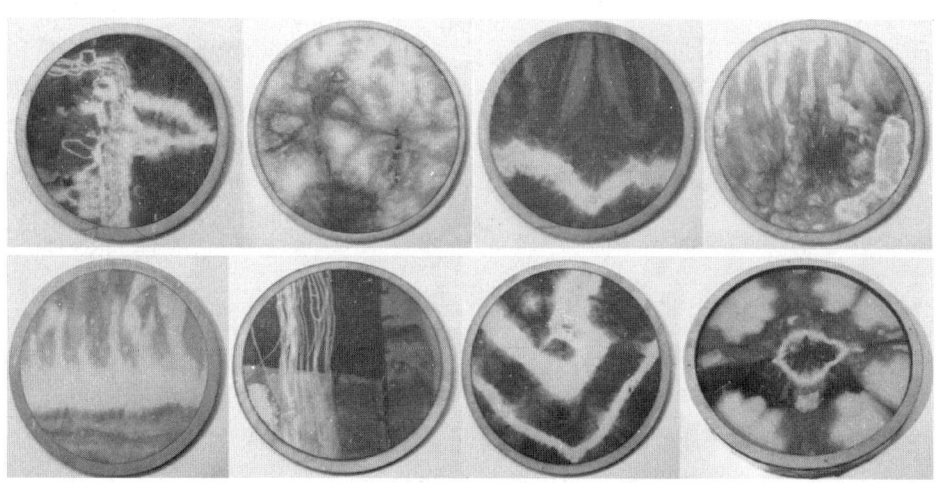

图 6-14 学生蓝染作品（作者：徐乐翼）

图 6-15 将蓝染作品形成室内陈设
产品再到商品（作者：徐乐翼）

## （二）建立互联网+环境设计工作坊

环境设计工作坊以项目实践的形式，围绕提高学生解决实际问题的能力，主动适应区域经济社会发展，服务于以粤港澳大湾区为主的建设和高等教育发展需要，有针对性地对环境设计专业就业市场中环境设计师的岗位需求进行人才培养；依托工作坊与企业制定的能力提升方案，促使学生在专业项目运作实施中接触更多交叉学科知识，以扎实的专业水平及多维立体的思维拓展创新能力，在项目实践中培养学生的创新素养和创业人格。工作坊以校园为平台，以师生为主体，鼓励实践型教学与交叉性创新，以期培养并发挥学生的主动性及群体力量，强化环境育人的教学效应，推进生态实践教学与研究活动的常态化[2]。

工作坊还积极推动并提供技术支持，促进校园环境生态实践的可建成项目的落地，以提升校园生态环境质量；理论与实际深度结合，从教育研究的角度推动生态实践教育和生态智慧的培育[3]。以课题组成员常娜老师在华南师范大学环境设计专业通过工作坊的教学指导，对华南师范大学美术学院第三课室大楼前左侧的一块废弃地进行环境改造，为学校留下一个公共环境艺术作品（图6-16~图6-18），成为一个探索创新创业教育人才培养的实践案例项目。

图6-16 废弃广场改造前（常娜 摄）

工作坊邀请社会企业人员参与到项目设计指导到实施过程中，并录制了视频。借助"互联网＋"线上课程平台，项目视频实现与更多的校内外师生和同行爱好者进行学习互动。环境设计工作坊逐步将教学与实践研究，围绕以关注校园、社区、工厂、企业环境景观质量提升为主题，积极加强与校外企业单位的合作与实践，拓宽学生创新实践能力，逐步形成产学合作、多方协同的创新设计实验实践教学平台，创新人才培养模式，实现"互联网＋"与创新的专业化发展目标。

图 6-17 改造中（常娜 摄）

### （三）贯穿课内外的创新创业教育

创新创业教育要落到实处，仅仅依靠课程体系、课堂教学是不够的，还要通过创新创业教育和学业指导体系化；专业学科竞赛常态化、层次化和校内外实践环节多样化，才能将创新创业教育贯穿于课程内外，通过润物细无声的方法让创新创业的意识在学生脑海中自然生长。

**1. 创新创业教育和学业指导体系化**

（1）建立"五位一体"加强学生学业指导体系。即"专业导论课程＋寝室之友＋科技导师＋创新导师＋本科生导师"五项制度[4]。各个高校环境设计专业新生进入学校后，各专业会组织开设新生入学专业教育，可以同步开设"环境设计专业导论"的见面会，详细说明环境设计专业学科体系、学科特点和学习方法等，同时环境设计专业学科与相近学科的关系与特点。并且从一年级开始为每个学生寝室配备一名教师作为寝室之友，可以是专业老师，也可以是辅导员，解决学生生活和学业上的问题；每个班配备一名专业科技指导教师，提供课程、科研立项以及生活、身心方面的指导；创新导师可以是校外有经验的行业专家、技术人员，他们可以对

融合创新创业教育的高校环境设计专业课程体系构建与实践

图 6-18　广场改造后的景观效果（常娜　摄）

学生创新竞赛活动提供帮助和指导，使学生积极参与到第二课堂过程中；本科生导师可以是校内的专业教师，也可以是校外的行业专家，提供小规模的学生学业指导，除了学术上面的培养，还能经常组织学生进行岗位职业角色的扮演，不断渗透校内专业知识与校外企业岗位对接所需要具备的素质、技能。激发学生更清楚自身条件，更早培养学生的学术兴趣和及早面对就业现实情况。从生活上、校内专业到校外职业的各种渗透与关注，以学生为本，让学生主动有意识地思考如何从学生转变到社会工作人员，减少他们的困惑，提高他们的创新创业意识。

通过"五位一体"的学业指导体系，将学生和辅导员、校内专业教师、校外企业导师紧密联系起来。许多在学业中常见的问题，得到及时地反馈并解决。逐渐会衍生出小课堂、小组讨论会，不仅仅为了响应学生的需求与解决他们的疑惑，同时也是为创意、创新和创业思路的形成与诞生做好铺垫。因此，在日常的生活、学习中，有专业教师、辅导员、校外专家三方的介入，将会对创新创业教育理念融入专业教育提供良好的氛围。

（2）提供专业细致的包含交叉学科的专业咨询机构或平台。创新创业教育在环境设计专业中的融合，需要解决和面对的问题，除了前面第四章所提到的与专业人才培养、与教学模式改革结合之外，学生比较困惑的还包括不同学科问题如何解决，如何衔接。因此，建立由不同专业人员，可以是专业教师、研究生、优秀本科生形成的咨询机构或平台，可以以讲座、邮件、电话、微信群等方式及时回答学生在创新创业项目中所遇到的问题，也可以采取集中或者分散相结合的指导方式，对学生给予专业到位的咨询，大大提高学生的积极性，科学有效地孵化和培育创新创业项目。专业咨询机构或平台的建立，这就需要涉及细致全面、不同专业的指导与支撑。

（3）定期开展"创新创业论坛"。学院层面定期举办"创新创业论坛"，论坛每期由学院组织指导创新创业获奖的指导教师、项目负责人介绍项目的孵化、运营和商业计划书等的撰写。参赛学生与论坛的指导教师及项目负责人教面对面交流，形成一种沟通联络、打磨项目的形式。创新创业论坛的主要职能：一是就学术研究方面的工作对学生开放，介绍最新的研究成果或可能的研究方向；二是市场行业新动态面向全院学生对实习实践、学科竞赛、岗位需求等多方面的问题进行交流提问，分享职场经验。如环境设计专业的行业新动态，可以包括是装饰材料、施工工艺、设计的流行趋势、用户需求和行业发展等方面。

**2. 专业学科竞赛常态化、层次化**

（1）常态化的学科竞赛：一是从教师层面，指导学生参与科研项目以及参加科技竞赛常态化；二是从学生层面，学生参加学科竞赛也需要常态化。学科竞赛能全面考查学生的综合素质，包括创新创业、学术、口头表达、团队合作等各方面的能力，是落实创新创业实践的重要形式。不仅能提高教师的指导能力，也能促进学生的创新创业能力。

（2）层次化的学科竞赛是指为了体现不同的层次，为争取更高的奖项做准备，包括学术科技作品竞赛、创业计划竞赛、暑期社会实践、"三下乡"活动、学生科技作品竞赛带课题下乡活动等方面，让更多的同学可以参与其中，并在其中选择优秀的项目，参加校级和省级乃至国家级项目竞争，如"互联网＋"、挑战杯等学科竞赛。

**3. 校内外实践环节多样化**

在人才培养方案构建中，体现多样化的实践教学环节，包括实验实训、专业实习、毕业设计、社会实践、艺术考察、艺术写生等。通过合理配置构建以实践应用能力培养为主体，按基本技能、专业技能和综合技术应用能力等层次循序渐进地安排实践教学内容，将实践教学的目标和任务具体落实到各个实践教学环节中，让学生在实践教学中掌握必备的、完整的、系统的实践技能[5]。结合环境设计专业，需要扎实的工程项目施工与管理的实践经验与知识支撑基础，将室内设计与景观设计不同模块的课程，与实践进行有机结合。这一体系主要包括基础实践（建筑制图、园林植物与应用、手绘表现技巧等）、综合实践（室内设计、园林景观设计、三维空间设计课程、毕业设计、毕业论文等）、创新实践以及社会实践，将创业竞赛、课程实践实训、专业实习、寒暑假社会实践等与学科学术理论研究有机地结合起来，有效提升学生的实践能力以及创新精神（图6-19~图6-22）。

通过校企合作建立实践基地，为学生提供理论与现实磨炼的平台。通过前期的准备和建设，与高校所在地区的优质企业，如广州尚诺柏纳空间策划事务所、广州尚逸装饰设计有限公司、广州合星信息科技有限公司等知名企业建立校企合作实践教学基地，有效地为专业顺利完成实践性教学

图 6-19 建筑模型制作与工艺课程实训现场

图 6-20 材料与工艺课程实训现场

图 6-21 公园绿地常见园林植物应用实习调研

图 6-22 毕业论文答辩现场

任务提供坚强的硬件保障。在各实习基地中，需要配备一支校内教师和校外企业业务素质高、认真负责的实践指导老师队伍，学校与企业需制定明确的实践教学任务和相关注意事项。校内专业教师需要对校外实习的学生进行动态的跟踪了解，需要不断地与实习基地进行密切的联系与沟通，不定期组织学生和老师到实习基地进行参观、交流，实行过程监控，促进专业教育与社会实践有机结合，不流于形式，提高人才培养质量（图6-23和图6-24）。

基于与广州尚诺柏纳空间策划事务所良好的校企合作基础，环境设计专业在中职班开展探索"创新班"的人才培养模式。"创新班"是根据企业岗位、人员需求的实际情况，在学校内进行"二次招生"后单独成立的班级，实行高校与行业企业的协同培养，并根据职业技术教育发展的要求，紧密结合学校"面向职教、服务职教、引领职教、特色发展"的办学定位，基于"订单式"的人才培养模式（"3+1"模式），培养适应现代化

融合创新创业教育的高校环境设计专业课程体系构建与实践

图6-23 建立校企合作实践教学基地（冯江华 摄）

图6-24 建立创新班深化人才培养质量（冯江华 摄）

社会发展需要，有益于培养德、智、体全面发展与健康个性和谐统一的人才。在广州尚诺柏纳空间策划事务所生产第一线工程技术、工程管理方面的创新型、应用型并具有一定的国际视野的高级人才。通过更新教学内容，加强专业实际项目和基础课教学，达到拓宽专业口径，加快推进创新班职业教育多元投入机制改革，促进建立多元投资办学机制，推进校企合作和产教结合，注重发挥行业、协会等组织的作用，形成"政府主导、行业指导、企业参与、多方投入、资源共享、优势互补、合作共赢"的职业教育发展格局[6]。

除了固定的实习基地外，还开辟了一些临时的实习基地，组织学生服务地区经济社会发展需要。例如以园林景观设计课程为例，不少高校近年来利用课程实践、寒暑假，不定期组织学生对老城区微改造设计，与学校附近的社区、街道办建立临时实习基地，探讨如何通过微改造提升社区环境景观质量和生活品质。教师组织学生广泛深入到社区、工厂、街道等基层进行调查研究，同时也通过问卷调查、个别访谈、座谈会等形式真切体验民情，拓展学生的知识面，在社会实践基础上完成的高质量调研报告，在社区改造中提升专业技能，并通过参加广东省团省委的攀登计划项目的哲学社会科学研究，获得立项项目。

定期邀请学术大家开设学术讲座，相关企业中高层开设专业讲座和创业讲座，每年召开全国性的学术会议，积极参加专业学术研讨会，这些高质量的讲座和会议涵盖学术和创新创业教育相关的理论和实践内容，极大拓宽了学生的视野，提高学生对学术和创新创业的热情和能力。

此外，结合近几年，国家在生态文明建设、乡村振兴等领域的政策，在课程中带领学生创意产业园、美丽乡村、特色小镇等示范样板项目，增加学生对环境景观项目规划设计的认识。同时选择部分企业，有针对性性地让学生了解企业家的创业经历和丰富的经验，安排学生与企业家面对面地进行交流。而且所参观的企业，不仅限于大企业，小型室内装饰公司和景观设计公司等的创办及其不断成长过程也可为学生提供许多感触与收获。

## 四、广东高校大学生创新创业实践及比赛成果展示

### （一）广东技术师范大学创新创业训练计划项目

**案例一　筑梦工作坊——红色文化在当代文创设计中的精神传承与再造**

项目团队：周诗琴、俞祉清、卓雅蓉、陈佳昌、彭依凤

指导老师：张璐璐、曾丽娟

1. 项目简介

项目团队致力于传播红色文化，传承文化基因，落实红色文创产品的开发。通过研发、推广"红色文创"产品、设计红色文化课程和结合"研学旅行"等富有现代性、创新性的形式，将红色文化的创新发展融入现实生活、紧密结合人民生活需求，力图让红色文化在生活中的传播更具温度也更有深度，润物细无声地传播好红色文化的优良传统，引导和培育红色文化的接班人，增进青年一代对党史、新中国史、改革开放史、社会主义发展史的认知，增强青年一代对中国共产党"从心出发"的认同感知，从而增进党和人民的文化自信心。以"红船"红色元素为例，设计者从事件

本身的红色精神出发,先对图案进行绘制与设计,基本元素采用船、波浪、文字标语、党旗、镰刀斧头等,寓意中国革命的航船从此扬帆起航、乘风破浪,赞扬中国共产党的"坚定理想、百折不挠"的奋斗精神,并通过部分放大、图案组合、色彩重构的方式对其中红色元素应用于日常用品之中,如雨伞、杯子、手账胶带、口红、帆布包等。在保有红色文化特殊含义的同时与现代设计碰撞结合,让红色文化"活"起来,以年轻的姿态出现在大众面前,创作出既富有红色特色符号且符合现代审美的系列文创产品,从而使大众对红色文化产生更多的共鸣并深刻铭记历史。以达到我国红色文化的普及推广作用,产生更大的社会效益。

2. 项目创新点

一是研究视觉的创新,研究方向为红色文化的创新传播方式,打破研究思维惯性。此次课题研究选取红色文化的创新传播方式作为研究方向,打破以往红色文化自上而下的传播方式,冲破传统的红色文化传播的固有形式。结合新时代,新气象,探索红色文化传播的新方向。迎合时代发展的潮流,结合线上网络平台和线下教学点,将传统的红色文化传播的庄严性与当代青年喜欢的娱乐性相结合。

二是围绕红色文艺作品的设计和制作,以富有创意感、时代感的形式,向青年一代传播红色文化,播种红色基因,坚定青年一代的理想信念。

三是研究主体具体化,以往红色文化传播的主体是泛化的,本课题将研究对象聚焦到具体的青年一代身上。

3. 项目特色

首先,重视青年一代对红色基因的继承。团队研究的主体聚焦于青少年群体,探索更合适青少年群体的红色文化传播方式,激起青年一代自主学习红色文化,继承红色基因,回顾红色记忆的激情,引导广大青少年树立正确的世界观、人生观、价值观,提高青年一代的道德境界,从而推动社会树立正确的舆论导向,打造奋力实现中华民族伟大复兴中国梦的精神动力和文化品格的基本认识与一贯主张。

其次,多层次结合,拓展红色文化传播新形式。项目团队紧跟时代的发展方向,结合中国特色国情,运用新时代普及的短视频网络平台、"信息交流,资源共享"的App平台等新兴传播媒介,结合与红色教育紧密结合的线下教育公益平台，用具有时代色彩的新形式向青年一代传播红色文化，弘扬红色基因。

最后，寓教于乐，潜移默化地传播红色文化。让红色精神的种子在中小学生的心中生根发芽是项目团队的目标，项目团队深入社会基层，结合中小学研学旅行方案、红色教育方案。在中小学第二课堂带领中小学生手工制作"红色文化创意作品"，在研学旅行中带领中小学生感受现实红色资源和创意的、形式的、抽象的红色符号之间的神奇碰撞，激发中小学生对红色文化的自主探索热情，让红色文化传播不再形式化、被动化，从而使红色文化在中小学生群里中的传播水到渠成，增加中小学生集体对党的认同感、对中国文化的认同感，增强青年一代的文化自信心。

4. 指导教师意见

本创新项目利用红色文创产品，将记忆中的红色事迹、革命故事、民族精神以另一种形式呈现在青少年面前，为红色文化注入新的生命力，将红色文化教育同青少年的生活场景结合，并由此引导青少年了解党史，培育社会主义核心价值观。项目团队发挥自身特长，开发了一系列以日常生活常见的产品，并成功推销出去；项目团队合作意识强、精诚合作，锐意创新；项目负责人具有很强的执行力和创新创业能力。该项目经调研、实施、经营和管理，现今，已取得了良好的市场发展和盈利空间，获取了创业的红利。鉴于此，同意该项目结项。

5. 项目内容展示

红色文创产品设计如图 6-25 所示。

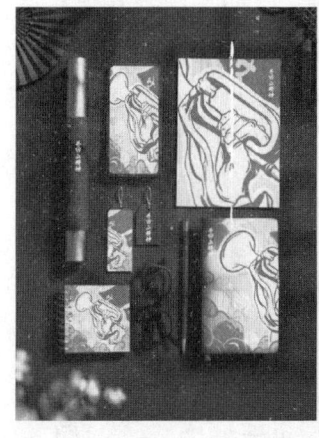  

图 6-25（一） 红色文创产品设计

图 6-25（二） 红色文创产品设计

第六章 高校环境设计专业大学生创新创业训练项目实践

图 6-25（三） 红色文创产品设计

### 案例二 "有机"社区花园农场微设计计划

项目团队：李高鹏、吴磊、蒋磊业、梁淑敏、谭嘉敏

指导老师：曾丽娟

1. 项目简介

"绿色""有机""低碳""微设计""微改造"是高密度城市老旧社区更新改造的新方向。随着科技的飞速发展，大城市的水泥地、沥青路也几乎取代了泥土地，一幢幢的高楼逐渐占领了现代城市，生活变得单调机械，缺少浓浓生机的渲染。在高密度城市，人口的老龄化，越来越多的老年人成为留守家园的角色。大部分老年人腿脚不便，基本只能在小区内、高楼内或就近在社区花园中进行活动。这些地方成为老人渴望绿色、向往大自然的窗口。但是由于缺乏专业的设计、养护管理，阳台、屋顶通常也杂乱无章。以此契机，项目花园、团队提出了《"有机"社区花园农场微设计计划》，是针对这一部分老年人所在社区的花园、住宅阳台、屋顶拟定出的一个绿色的微设计、微改造方案，也专门为这些老年人根据房屋阳台、屋顶私人定制迷你花园农场设计图，从方案到实施，把绿色、生态的自然带进家门。此项目主要为老龄人提供微公益服务，在老旧社区微绿地、高楼阳台、屋顶设计迷你花园、药圃、花圃，从设计到实施，充分让腿脚不便的老年人接触绿色自然，让身体和心理得到缓解、体验到社会对他们的关爱与关心。

2. 项目创新点

（1）以"绿色有机、家中绿园、生态农场"为理念，为老龄人提供微公益服务。在老旧社区微绿地、高楼阳台、屋顶设计迷你花园、药圃、花圃，从设计到实施，充分让腿脚不便的老年人接触绿色自然，让身体和心理得到缓解、体验到社会对他们的关爱与关心。在老旧社区，为弱势群体开创城市农场，创造有机环境。为他们的生活中增添一点生意盎然的绿，把生活中的绿色和自然引入他们的单调且枯燥的生活中去。老人们可以利用他们的空闲时间来打理这些绿植和花花草草，不仅丰富生活色彩，还可以改善老旧社区微气候环境。

（2）壹心设计工作室是走半公益、半盈利的经营模式，与社区、街道联手，用所学专业服务、回馈社会。不忘初心、牢记使命。每个人都有年老的那一天，在年轻的时候，用专业技能服务社区，传承中华民族尊老爱

幼的优良传统。通过我们的市场调查，阳台、屋顶和天台的景观设计，因为其在家中和位置的特殊性，在价格上普遍较贵，壹心设计工作室是走半公益，半盈利的经营模式，通过团队及学院其他同学的环境设计专业背景，充分发挥专业特长来完成项目设计与实施，项目成本大大降低，其成本约是在大市场同类公司企业的 1/3 左右。在学校里，同学之间创立的小组，建立设立相应的奖励基金，同学们的积极性也会比较高，通过校内导师、企业导师的指导，可以提升同学们的专业能力水平和职业素养，可顺利完成创新创业能力训练和提升。

3. 指导教师意见

该项目在当下具有较强的理论意义和现实意义，操作性强，可行性高，且具有较强的创新性和创造性。申报成员积极、热情，态度认真，准备得当，具备课题研究的专业能力和研究必要的科研能力、协作创造能力，团队组成结构合理，具有创新创业训练实践意义，项目思路清晰，计划可行，具有科学合理的可操作性，项目团队在项目开展前进行了详细的社区调研、实施和经营管理，不仅取得了策划微公益项目的盈利汇报，更重要的是体现了当下对老旧社区老年人群体的关爱，对其旧房阳台、屋顶进行了微改造；此外，还在项目研发过程中，协助指导教师完成实用新型专利 2 项，实现了团队科研技术的提升。同意结项。

4. 项目内容展示

（1）广州市天河区棠下社区公园微改造设计。该项目位于广州市天河区棠安路，整个社区公园面积约为 2.21 公顷。公园左侧为天盈创意园，公园右侧为棠德综合市场。通过对场地现状的调查分析，结合周边所建建筑物的景观设置、道路交通情况，要求在保存场地位置不变的条件下，以人性化的设计理念进行改造。经调研，发现公园存在植物配置单一，显得枯燥乏味缺乏景观艺术感，空间规划不合理；没有提供居民休闲娱乐的场所，来游玩的人没有休憩的地方，缺乏居民运动设施，公共设施不完善，共享自行车乱停乱放，影响环境和人们出行；景观绿化长时间无人打理，显得杂乱无章等问题。根据现状问题，项目团队提出以主题为"多元化运动公园"，以"鱼"作为本项目的设计元素进行改造，建造一个具有观赏性的同时也能把休闲娱乐发挥出来的景观（图 6-26～图 6-30）。

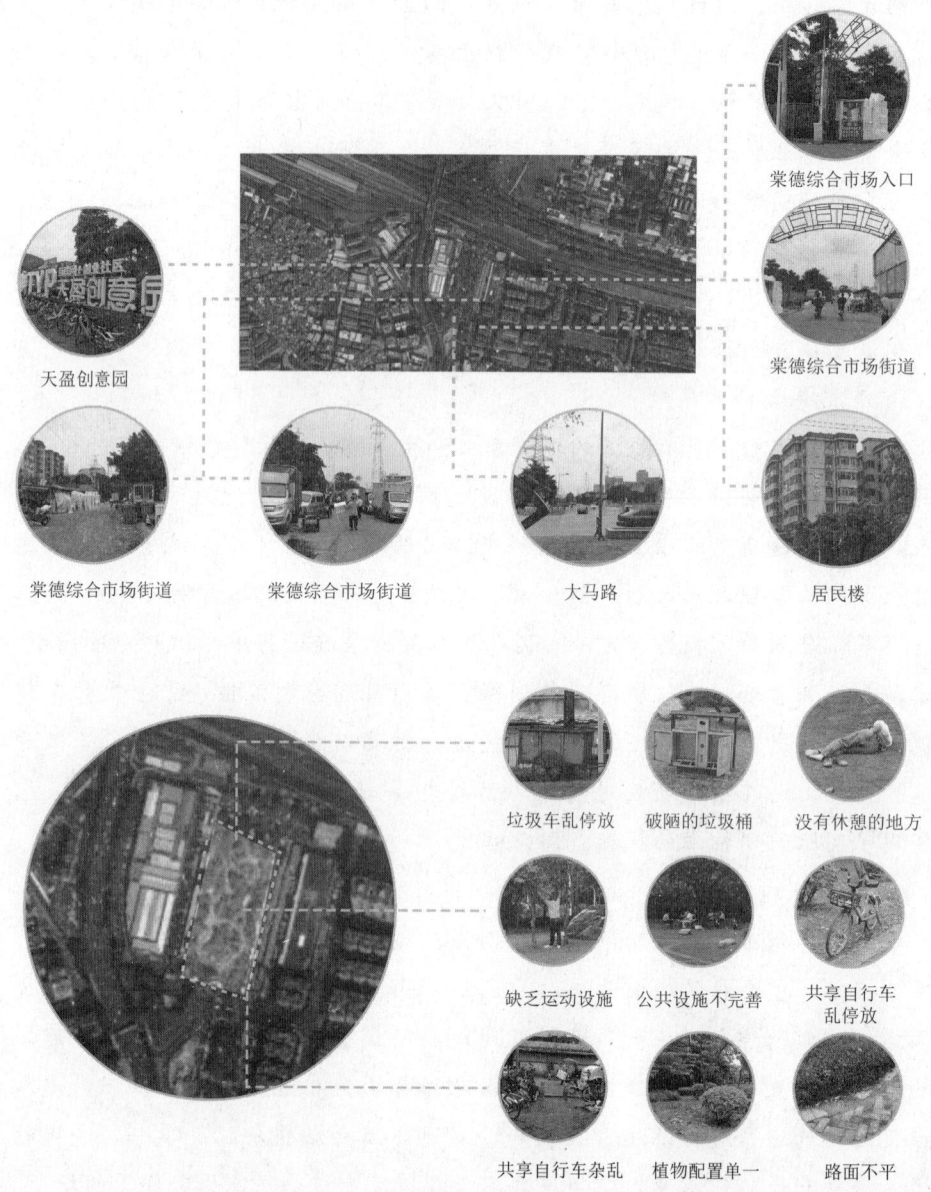

图6-26 现状分析

(2) 实用新型专利。

1) 一种立体式绿化景观生态架（专利号 ZL 2020 2 1765950.0），利用滴灌替代现有技术中的喷淋，不仅节约水资源，还能避免水落地对地面造成污染。

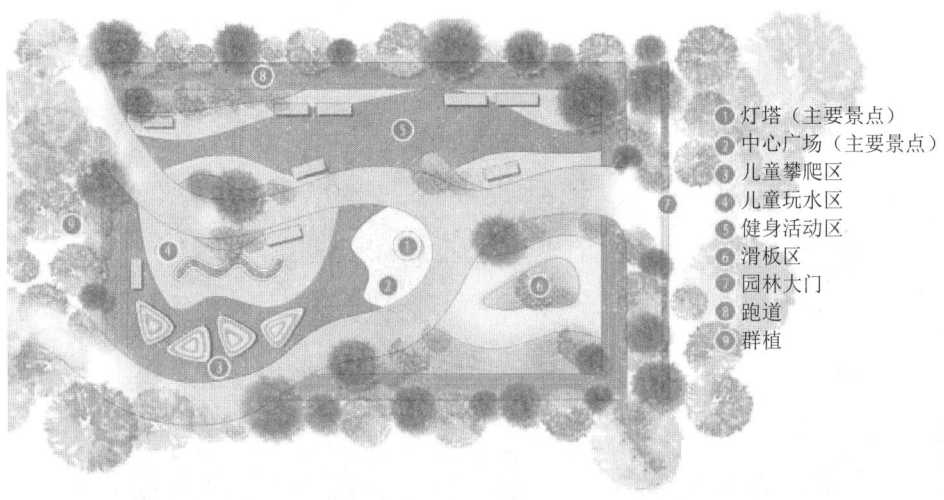

图 6-27 平面方案

① 灯塔（主要景点）
② 中心广场（主要景点）
③ 儿童攀爬区
④ 儿童玩水区
⑤ 健身活动区
⑥ 滑板区
⑦ 园林大门
⑧ 跑道
⑨ 群植

■ 老年区
■ 儿童区
■ 滑板区
■ 主路
■ 游玩水景
■ 运动跑道

图 6-28 功能分区分析

2）一种角度可调可移动式立体绿化花架（专利号 ZL 2020 2 1765921.4），可以调节任意角度，随意移动，还节约了水资源，非常实用。

通过学生团队以及指导教师的共同努力，项目获得了较好的实践成果，学校给予充分肯定与鼓励，颁发了"优秀"结项证书（图 6-31）。

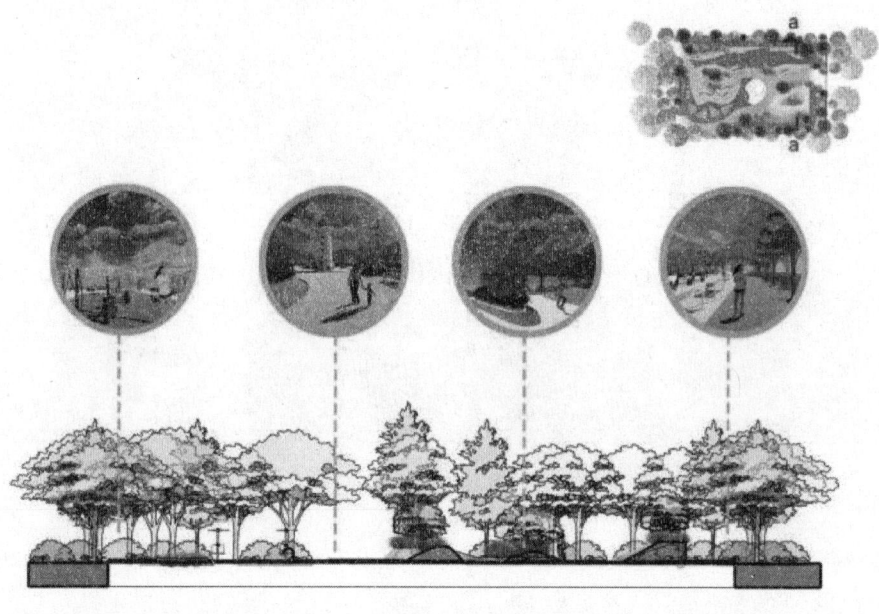

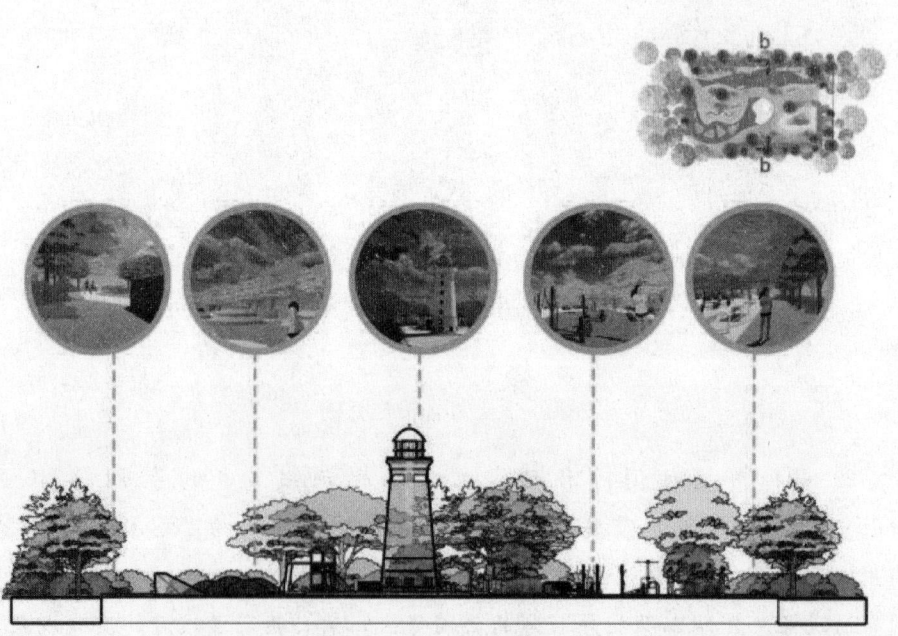

图 6-29（一） 剖面图

第六章 高校环境设计专业大学生创新创业训练项目实践

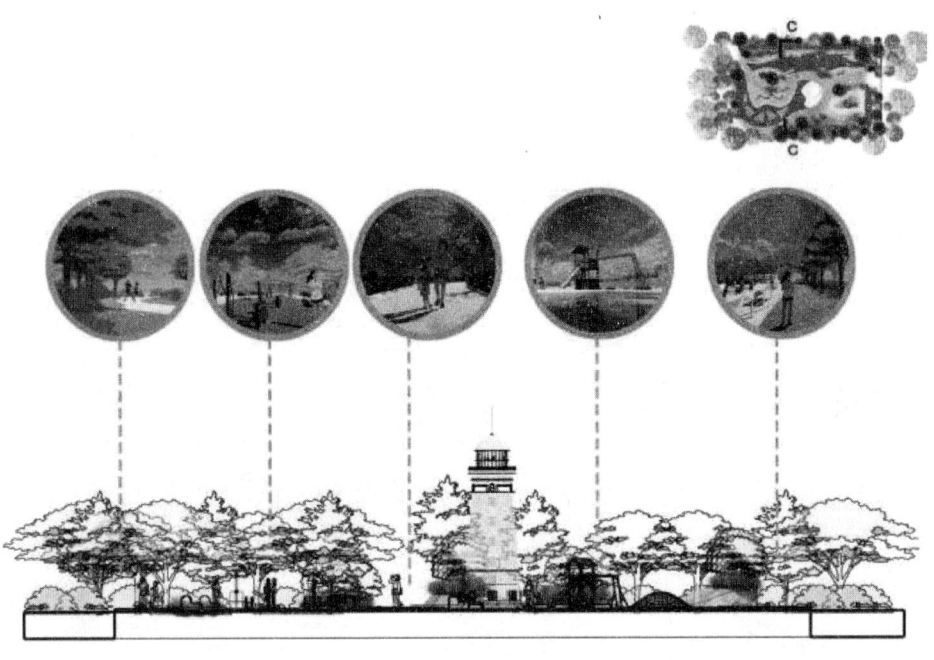

图 6-29（二） 剖面图

图 6-30 景观效果图

图 6-31 结项证书

## (二) 广东省科技创新战略专项资金("攀登计划"专项资金) 项目

广东省科技创新战略专项资金("攀登计划"专项资金) 项目是广东省政府推进广东省大学生科技创新培育项目的专项资金项目。每年拨付财政资金 3000 万元,在全省遴选、培育和资助大学生科技创新团队开展具有前沿性、开创性的科技创新实践研究。申报项目类型参照"挑战杯"全国大学生课外学术科技作品竞赛的分类,分为科技发明制作、自然科学类学术论文、哲学社会科学类调查报告和学术论文等三类。项目通过培育、孵化、竞赛、提升等形式,鼓励大学生参与到科技创新中,并为广东省培养一批具有创新精神和创新能力的青年大学生。

**案例三** 《近代广州华侨园林装饰艺术传承与保护策略调查研究》(项目编号: pdjhb0349, 共青团广东省委员会, 2018 年 5 月立项, 2020 年 1 月结项)

项目团队: 廖森乾、罗玉凤、邓长景、李佳茵、陈嘉明、黄宝莹、朱荣杰

指导教师: 曾丽娟

1. 项目简介

旨在通过展开对近代广州华侨园林装饰艺术的现状调研分析,挖掘其优秀的艺术品质与精湛的装饰工艺,传承其优秀的装饰艺术,调查探索出可行的保护策略,以丰富广州华侨史学资料、梳理与补充我国建筑园林装饰艺术宝库,从而对今后华侨园林开发与建设,为建设历史文明广州城提供参考与借鉴。

2. 项目研究内容

通过实地调研近代广州华侨私园案例,进行归纳、对比分析,形成较为系统的关于近代岭南华侨园林装饰艺术的传承与保护策略。本课题主要研究内容包括三个方面: 一是近代广州华侨园林现状与问题分析; 二是近代广州

华侨园林装饰艺术特征;三是近代广州华侨园林装饰艺术传承与保护策略。

3. 项目研究价值

展开对广州华侨园林装饰艺术的传承与保护调查研究,提出可行性的有效保护策略,对包括广州城市景观在内的当代景观设计具有现实指导意义。在现代园林景观创作表现民族风格上创新发展,使传统园林艺术在新的时代背景下形成新的发展模式,有利于理解侨乡园林艺术与文化,从而为华侨园林艺术的传承探寻更为切实有效的方式和路径;拓宽园林艺术研究的基础理论,同时为专家学者和在园林行业一线工作的设计师提供具有可借鉴的经验和资料;以扎实的理论研究为促进并提高广州城市开发与改革建设、精神文明内涵发展带来的社会效益,以及侨乡园林旅游资源保护与开发带来的经济效益。

4. 项目成果

发表论文一篇,顺利结项(图6-32)。

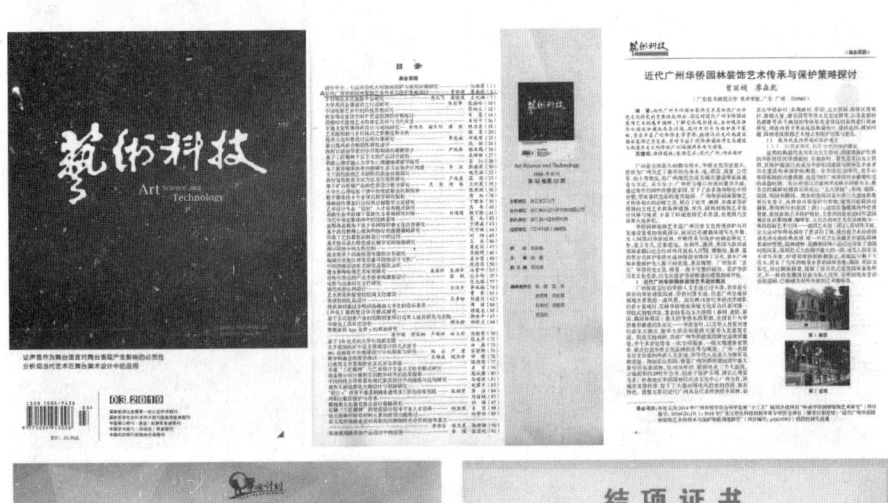

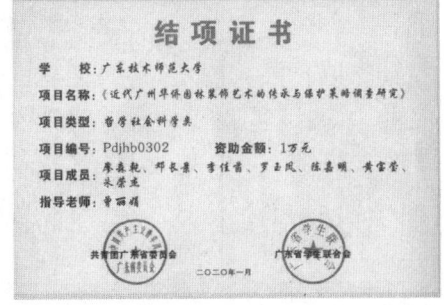

图6-32 论文发表及结项证明

## (三)广东高校大学生创新创业大赛及成果展

广东高校大学生创新创业大赛及成果展,如图6-33~图6-36所示。

图6-33 仲恺农业工程学院大学生创新创业大赛、挑战杯比赛情况
(图片来源:仲恺农业工程学院团委提供)

第六章 高校环境设计专业大学生创新创业训练项目实践

图6-34 广东技术师范大学大学生创新创业大赛

图6-35 2018年挑战杯创青春广东大学生创业大赛展览现场

第六章 高校环境设计专业大学生创新创业训练项目实践

图6-36 2018年挑战杯创青春广东大学生创业大赛作品展

# 参考文献

[1] 陈淑萍，余乐. 园林园艺类专业创业教育模式与途径的研究与探索：以江苏农牧科技职业学院园林园艺系为例［J］. 重庆电子工程职业学院学报，2015（5）：127-130.

[2] 常娜."专创融合"理念下的项目式景观设计教学探析［J］. 文化产业，2021（4）：138-139.

[3] 常娜. 环境设计工作坊的教学与实践探索［J］. 艺术教育，2019（5）：170-171.

[4] 卢洪雨. 国际贸易专业创新创业教学研究与改革探索［M］. 杭州：浙江工商大学出版社，2019.

[5] 王春艳，王丽雪，尹志娟，等. 应用型本科院校实践教学内容体系改革［J］. 教书育人，2013（11）：76-77.

[6] 姚波. 走近澳大利亚职业教育［J］. 教育与职业，2014（28）：106-107.